大数据背景下
环境治理的挑战与法律对策

DASHUJUBEIJINGXIA
HUANJINGZHILI DE TIAOZHAN YU
FALÜDUICE

秦 楠 等著

中国政法大学出版社

2024·北京

声　明　1. 版权所有，侵权必究。
　　　　 2. 如有缺页、倒装问题，由出版社负责退换。

图书在版编目（CIP）数据

大数据背景下环境治理的挑战与法律对策 / 秦楠等著. -- 北京 : 中国政法大学出版社, 2024. 12. -- ISBN 978-7-5764-1869-9

Ⅰ. D922.680.4

中国国家版本馆 CIP 数据核字第 2024CW8312 号

出 版 者	中国政法大学出版社
地　　址	北京市海淀区西土城路 25 号
邮寄地址	北京 100088 信箱 8034 分箱　邮编 100088
网　　址	http://www.cuplpress.com（网络实名：中国政法大学出版社）
电　　话	010-58908586(编辑部) 58908334(邮购部)
编辑邮箱	zhengfadch@126.com
承　　印	固安华明印业有限公司
开　　本	880mm×1230mm　1/32
印　　张	9
字　　数	230 千字
版　　次	2024 年 12 月第 1 版
印　　次	2024 年 12 月第 1 次印刷
定　　价	56.00 元

前　言

一般来说，科技的出现速度，总是会快于法律的迭代发展，因此我们说，法律具有调整上的滞后性。生成式人工智能、数据生命周期、行为自动化执行等技术在当前大量出现，而在此之前，技术从没有像今天这样对我们产生如此深刻的影响。按照大陆法系的通说，法律大体上可以将所调整的事物分为人、物，以及实现以上人和物利益分配的程序，也即关于人的法律、关于人的利益所指向的物的法律。不仅如此，在法律发展的漫长岁月里，还形成了一套对于法律的固有认知，也就是说，无论法律如何细分，调整范围如何扩大，作为"何谓法律"的边界这一点，学术界存在着一套关于法律本质的认知。换句话说，在涉及调整一个新出现的事物时，法律总是会用基本的逻辑或者衍生的理论来纾解社会难题，但是对于当今出现的数据新事物，如果用严格的法律逻辑或者原理来论证，就会出现困境。对此，有的学者花费了大量的精力，利用其聪明才智对法律进行解释，以容纳新事物；也有的学者采用审慎的态度，先不着急解释，而是持续观望，希望"让子弹先飞一会"，再行讨论。

但是，如果从理论回到现实，随着数据新技术的普遍落地，新型社会利益的出现，新的社会纠纷已经产生，成文法对于新事物的调整，显得机械而缓慢。例如，我们常说的互联网流量，到底算不算民法上的客体呢？面对新事物，想要维护自己的权利，其过程可能会变得艰辛困难。以上的这些现象理应得到及时关注，并被妥善处理。

  以往的环境法律事物，不仅包括政府行为，也包括私人行为，并且在数字加密技术出现后，还出现了机器的自主行为。同时更加复杂的是，政府行为、私人行为、机器的自主行为还可能掺杂在一起，这不但会导致很难用传统的法律主体资格、法律行为等概念来分析问题，还可能引起社会组织的重构。因此，在法学研究上，我们已经很难将所谓的大数据时代的人的行为，简单定义为数据信息的收集、处理、利用，以及由此诞生出现的数据权益归属、数据权利侵权等类型化处理方式，抑或狭义的个人数据权利的法律保护问题。面对复杂的关于技术的法律讨论，本书认为，此时，我们需要做的就是回到议题的原点，以解决环境问题为目标来思考技术发展问题，这样所延伸出的论述和结论才是具有法律意义的。换言之，本书希望从头定义议题，通过对既有环境法理论的梳理和论证，找到议题的核心原点，理清法律问题的本质，这样不但可为解决环境问题提供一种新颖的方式，也避免法学研究为了讨论技术而讨论技术。

目 录

前　言 ································· 001

引　言 ································· 001

导　论 ································· 021

 第一节　议题的缘起与依据 ························ 021

 第二节　对议题论述范围的限缩 ······················ 029

 第三节　议题是对环境保护现实的回应 ·················· 036

 第四节　关于议题的国内外研究综述和域外法律介绍 ······ 040

 第五节　议题的研究思路和研究方法 ··················· 055

 第六节　创新点与不足 ···························· 067

第一章　大数据时代环境保护问题的相关表达 ············ 076

 第一节　与环境保护有关的法律概念辨析 ··············· 076

 第二节　大数据技术是解决问题的可行办法 ············· 092

 第三节　"双碳"加速环保法律的数字化进程 ··········· 117

 第四节　大数据技术在法律中引起的改变 ··············· 133

第五节	大数据技术是解决环保问题的可行手段	137
第二章	**大数据技术赋能环境治理的法律需求**	**169**
第一节	当前我国环境治理的数字化体现	169
第二节	大数据技术赋能环境治理的基本法律需求	178
第三节	我国现行法律规定对大数据技术支撑不足	186
第三章	**域外相关法律的规定**	**193**
第一节	国外大数据技术赋能环保法律的介绍	193
第二节	大数据技术赋能环保法律的典型制度介绍	202
第三节	相关国际条约的规定	208
第四章	**大数据技术赋能环境治理的法律建议**	**215**
第一节	环境数据要素确权	216
第二节	大数据时代背景下的环境智慧司法构建	229
第三节	构建数字化生态保护补偿机制	242
第四节	大数据技术赋能环境治理中的公私合作	256
第五节	大数据技术赋能环境信息披露制度	264
参考文献		**274**
后　记		**281**

引 言

在当下,对于环境法学界来说,最为重要的事件之一就是《生态环境法典》的编纂,大量环境法学者的研究集中在不同领域的法典化方式上。本书也恰逢其时,阐述的内容与"构建环境法律"息息相关,可谓是赶上了环境法学的热点话题,希望能为中国特色视域下的环境法律建设贡献自己的一份微薄之力。对于任何法学的研究,包括环境法学的研究,都需要一种统一的进路,这种进路的选择不仅仅是中国特色社会主义法治道路对于法学研习者提出的要求,以及法学界对于自身的行业自律,也是法学研究内生的一种需求。具体来说,进路的选择,不但可以为环境法的研究提供模型化的思路,使法学研究有相对明确的提示和传承性,同时,对于以制定法为主要形式的国家来说,在环境法实践中,诉讼程序或者执法程序主要以法官或者执法者为主导,为了保证程序的合法性和合理性,特别看重书证,这就允许在程序适用时可以用演绎推理来克服成文法的机械性和滞后性,是一种模块化的思考方式。所以,我们可以说,进路的选择其实是在强调一种法律研究和适用的标准,以赋予法学研究和法学实践可以用一定的标准化、模块化的思路,来维护法律理解和适用的统一性和可期待性。以成功颁布并实施的

《民法典》[1]来作为例证，其出现的意义有很多，尤其是对于法律的制定来说，对统一适用民事法律规则，并将民事实体法与民事程序法高效衔接起来，具有启示作用，丰富了中国在民法法律理论研究中的话语权。从《民法典》本身的构造看，其法典化的特征之一便是系统化地打造了"请求权体系"，以及围绕"请求权"形成了法律要件事实、抗辩、免责等对应的具体法律规则，这样不但可以将实体法与程序法通过"请求权体系"连接起来，也可以将民事法律关系在诉讼中标准化为如下的步骤：首先，民事法律关系的当事人通过查找民事实体法，知晓自己在民事诉讼中的权利及其诉讼请求；其次，其查找自己所主张的权利及诉讼请求是否具备法律中基本事实的要件门槛；最后，法官据此作出裁决。

但是，如果将上面的类似民法的法律分析方式代入到具体的微观的环境案件争议过程中，环境法学研究者发现，无论是在普通的民事诉讼中，还是在涉及环境的民事诉讼中，抑或其他有关环境的特殊诉讼中，现实中的民事诉讼都存在一个常见的"不是问题的问题"，即在这些诉讼中并没有将"以请求权体系化的处理纠纷"模式一以贯之，相反，时不时会出现去"请求权化"的现象，即程序没有围绕具体的请求权要件的辩论而展开，追求的是一种以单纯解决双方争议为目的的程序方式。这种单纯以解决双方争议为目的的方式，对于陷入纠纷久拖不决的当事人来说具有吸引力，能够吸引当事人到庭，并使当事人服从法庭的裁决，以此类推，最终使社会秩序得以安定，但也会引起环境法学的形式化议题。例如，在国家发展和改革委员会办公厅发布的《关于违背市场准入负面清单典型案例的通

---

[1]《民法典》，即《中华人民共和国民法典》。为表述方便，本书中涉及我国法律文件，均使用简称，省去"中华人民共和国"字样，全书统一，后不赘述。

报(第六批)》中,涉及"油烟"是否可以作为餐饮行业准入准营条件的案件。在该案件中,某地的生态环境保护部门发现在其管辖的辖区内,存在部分餐饮门店油烟污染较多的问题,基于此,其将"油烟"作为餐饮行业的准入准营条件,以使产生油烟污染的餐饮单位达到"减存量、禁增量"的清理整治要求,最终实现对于污染源的控制。在该案件中,当地生态环境保护部门适用的有约束性的法律文件,不是有关专门性的餐饮行业准入准营的文件,所以,虽然"油烟"确实会产生环境污染的问题,影响民众正常的社会生活,但是法学本身有其形式化的要求,也就是将社会中的某种行为预先规定在法条中,并规定触发该法条适用的要件,当案件中的基本要件事实被获取后,并经过法律专业人士的"加工和裁剪",如果能符合法条中预设的关系,即可以适用相关法条,属于某个法律调整的范围。在本案件中,当地生态环境保护部门所提取的法律事实是"油烟的污染",支撑"油烟的污染"法律事实的理由是:"源头管控不力""监管力度不大""日常监管缺失""问题整改不实""经营者环保意识不强""产业规划不合理"等,虽然"油烟的污染"确实是一个客观存在的污染现象,但"油烟的污染"出现后,是否能与餐饮行业的准入规则在法律上关联起来呢?这还是要看在获得法律事实后,能否用严格的、形式化的法律推理(例如"三段论"式的演绎推理)得出法律上的结论。而对当地生态环境保护部门所列出的如上述所说的法律事实,以及适用的有约束性的文件[1]进行法律推理后,至少不能得出有关"准入门槛"的法律结论。所以,对于此案件,国家发展和改革委员会办公厅认为"该地要求餐饮油烟及噪声污染综合整治工

---

[1] 例如当地的《餐饮业环境保护技术规范》《城镇污水排入排水管网许可管理办法》等。

作领导小组办公室对拟新开办的餐饮店（点）的油烟、噪声排放等情况进行检查，检查合格后，当地市场监管局方才可为经营者办理营业执照"的相关行为，属于违规设置经营主体准入前置条件，违反市场准入负面清单制度要求。并进一步要求该地有关部门取消"餐饮油烟检查合格证明"办理环节，有效规范餐饮行业市场准入。

从该案件的分析中，我们可以发现，快速定案止争代替了严格的法律形式化的论证要求，也能体察出法律规则形式化的缺失，以及法律形式化背后所暗含的法学研究进路的必要性。如果以发展较早，形式化较为完备的民法思维作为参考坐标，可否解决以上问题呢？《民法典》将"预设法律关系"表示为权利，首先将法律事实转换为权利，然后通过对权利的争议进行讨论，最后得出法律结论。具体来看，我们生活在一个个性化的时代里，每个人的文化背景可能差别巨大，体现在"伦理道德""生活习俗""语言理解"等各个方面均有不同。当有"差异"的双方发生争执时，该适用谁的"标准"进行裁决呢？对此，民法规则设定了一个统一的标准——权利，这就可以将社会背景差异极大的不同人群，纳入同一个争端解决的框架中。而这种"权利"式的法律技术是民法形式化的表现，为民法提供了统一的研究进路。为展现权利，具体在民法规则中，大体体现为两大类方式：一是构建基本模型，并为法律模型提供解释，让其可以容纳未来更多的新事物。例如，构建"法律行为"作为模型，并将"法律行为"模型拆分成更小的组成因素（法律事实），这样能将其他因素排除在争端程序外，实现规则的统一。二是类型化。虽然民法是以权利作为本位的法律，但是不一定所有的法律要件都直接与行为人的权利相关，或者会由于某种原因无法进行模型化。此时，民法的解决思路是将其要调整的事物类型化。例如,《民法典》并没有在总则部分通过"提取公因式"的方式设定关于"法律客体"的概念,而是通过列举的方式,将当今常见的法律客体分别置于不同的法律概念中,如在关于知识产权的第 123 条中,提到了知识产权的客体;在关于物的第 115 条中,提及了不动产和动产是物的客体。《民法典》之所以如此设置,一个重要的原因在于,客体关联到法律行为的内容,涉及数量、性质、作用等问题,而这些事物会依社会的交易观念发生变化,或者可能涉及敏感的人格利益(即以生命、身体、自由等与法律主体无法剥离的事物而设定的权利),并通过采用类型化的方式展示出来,如遇"新的可称之为法律上的客体"的事物,也可再行讨论。

如果从法律哲学的角度看待以上的问题,法律的发展其实就是社会规范在法律领域内的演化。如果先搁置法律不谈,社会规范本身的内容即通过设置"允许"或者"禁止"的方式来建构社会秩序,例如道德、家规等,都反映了如此的特点。但是随着近代工业生产生活方式对社会思潮不断产生影响,法律这种社会规范方式在保留"允许"或者"禁止"的方式的同时,逐渐通过构建权利的方式来维护社会秩序。关于权利本身的内容。例如,权利的起源、本质、结构等都是法律哲学的元问题,也是法律哲学的终极问题,本书在这里并不想讨论这些法学的基本问题,而只就权利造成的现象来看,权利的存在虽然可以为私人垄断某种利益提供法律上的力量,从而维护人际交往的界限,但是这种垄断,根据以往学者的通说,必须是以保障全社会的共同利益为前提的。这种论断至少包含两层法学内涵:其一,与国际法相比,国内法中的权利是一种社会化的事物,是与国家、社会相协同的概念,对其既然是在社会形成之后的背景下进行谈论,那么为了维护社会秩序,就必然不存在"超越国家"或者"超越社会"的权利。其二，既然国内法中的权利与"国家、社会"等概念捆绑在一起，也意味着只有个人利益与国家和社会的利益相互妥洽时，个人权利才能获得公权力的保障。这就意味着权利这种传统的法律技术，虽然本身私人属性极其强烈，但如果从上述的论断出发，其本身也蕴含着公共性的一面。由此逻辑，当权利中私人属性的一面过度"张扬"，使私人行使权利时，社会公益和国家利益的向前发展受到阻碍，那么权利中私人属性的一面就可能面临收缩，而公共属性的一面就会得以扩张，环境法的出现，可以说是这一逻辑的体现。但是此时，环境法要面对的问题与其他新型法律所遇到的问题一样，即该如何界定与以往法律的边界，形成独特的形式化特征。对于环境法来说，其对这个问题需要审慎的回答，因为过急地构建新型法律制度会面临对于"私人权利否定"的危险，甚至与传统法理中的正义、自由等核心法律概念直接产生冲突。为了解决这一问题，立法者通常在民法规则中采用"社会公共利益""绿色原则"等框架性的概念加以限定，防止"限制私权利"的法律制度被滥用，同时制定对应的公法（环境法）来配合民事规则中的改变。这种法律形式的出现，有积极的作用，但也引发了新的问题，那就是环境法自身带来的研究进路分散化的问题。总结起来，原因可能如下：

第一，法典化的缺失。虽然我国的法律众多，但是采用法典化立法模式的较少。这就导致在环境法领域，虽然有作为环境保护综合性法律的《环境保护法》存在，但该法并不能涵盖所有的环境保护领域，这就使得环境保护领域缺乏体系化的、统一的实体法根据。例如，涉及土地使用的法律非常多，《土地管理法》《森林法》等中有大量关于土地使用的规定。此类规定由于与其他环境要素相互关联，所以有关土地使用的内容各不相同。另外，实体法无法统一适用，还可能导致程序上的不统一。因为，实体法中的权利以及围绕权利打造的法律事实等基本实体法概念，在程序法中反映为"诉讼标的""证明责任"等基本诉讼制度。如果对于实体法的理解不统一，就会导致对于诉讼理解的不统一。例如，为了解决环境问题，法律实践中存在着不同种类涉及环境的诉讼，如行政公益诉讼、民事公益诉讼、刑事附带民事公益诉讼等，各个具体的诉讼中该如何进行程序的设计和衔接，以及明确每种具体的诉讼程序的适用范围等，都需要相应的实体法作为理论支撑。如若没有，就会造成适用上的模糊。

第二，调整环境问题时，法律是否能独立于社会现实？一直以来，法学研究都有一个争议，即法律是否可以独立于社会现实进行规范性研究。具体到环境法来说，学者们是否可以放弃习惯、历史、金融等社会现实对于环境行为的影响，从而构建起一种类似"凯尔森纯粹法学"的环境规范。围绕此种争论，大体上形成了两种不同的法学研究方法，一种是从法学的内部出发，注重法学的规范性研究。持这种观点的学者认为法学内部的各种结构应当是逻辑自洽的，从而能像宇宙中的天体相互物理互动那般运行，由此，无论是对于已知事物或者是未知事物，只要是处于世界之中，都可以用提前设计好的法律规范进行精密的法学计算、推演。按照这种逻辑进行下去，法学研究就具有了类似"物理学"的研究动力，通过把法学体系看成拥有数学函数般高度理性的形式化结构，把法学的调整对象当作星球运行，依据天体运行规律，进行数学计算，从而计算事物发展的结果。依照此观点，权利是法学体系中典型的"函数"体系，权利之下的权利束相当于"函数的展开"。"法典化"被此类学者认为是法律形式化的巅峰，"法典化"可使法律的逻辑自洽在形式上达到趋于完善的地步。以潘德克顿的编纂方式为例，其体例虽然是对生活实践的总结，但是经过"法律行为"等高度抽象化的思维总结，法律条文也可以被认为是一种人类意识反映的对象，此时的部分法条需要专门研习法律的行业人员才能进行解读。例如，部分法条的字面意思，有时需要适用专门的法律工具（如三段论）才能加以解读和适用。高度形式化的法律构建必然导致另一种法律研究方法的产生，也即从法律的外部视角入手，持此类观点的学者认为法学不是凭空产生的，而是历史的一种筛选，所以法律的内容中应有一条通道与社会生活连接起来，以运用社会既存的、真实的事物来研究法学。法学此时应当是真实生活在法律体系里的映射，例如法经济学、法社会学等社科法学的出现。该种研究方式具体到环境法学来看，尤其是崇尚市场经济的学者认为，环境法学所调整的领域可以将其比作一个市场（例如环境法中的碳交易、排污权交易等），既然是"市场"，那么理性的形式化规则就不代表"市场"的全部属性，"理性"之外的事物对于市场的运行也会产生巨大的影响（例如人性的多变、天灾的出现等），此类事物的出现会使市场达到自由市场理论学者所认为的"均衡态"，例如环境金融中的期货等金融工具。也就是说，社科法学的研究者认为，法律虽然需要逻辑自洽，但是也不能忘记其所调整的法律事实是镶嵌在社会生活之中的，而这些事物本身就会受到政策、伦理、习俗等其他非法律手段的调整，此时的法律手段就未必能做到超脱于其他事物之外，或者成为号令其他调整手段的元规则。所以，从这个角度看，这类学者认为，法律并不能在理论上独自自洽，并成为社会的元规则，相反，其还要受到非法律手段的影响和挑战。两种研究方法在法律形式化上的争论，实际上体现了对于"环境法本身调整事物时，是否能独立"的思考，此时在具体适用法律的当事人眼里，复杂晦涩的法律形式化的逻辑并不能立即带给其收益，而最终诉讼文书里的判词才是其眼中具有适用性的法律。

第三，国际软法对国内环境法的影响。软法是一个国际法概念，源于国际社会的历史发展。在第二次世界大战之后，为了重建国际社会秩序，促进全球化交流，需要有与国内法不同的国际互动规则。原因在于，国际社会是一个"平权"社会，也即国家不分大小强弱，一律平等。基于罗马法中"平等者之间无管辖权"的法谚，不可能适用类似于国内的"纵向管理"式规则体系，因为国际社会中不能存在"超国家实体"，从而凌驾于国家之上，这时体现"横向互动"的国际法规则体系便应运而生。除了数量甚少且含义模糊的国际强行法外，国际法规则的制定主要依靠国际社会成员之间的"同意"，意即协商一致。但是，在国与国之间的高级外交领域（例如军事领域），以及新的互动领域（例如外空、深海等领域），要么无法达成一致的规则，要么暂时缺少国际社会实践，导致缺少造法的素材，此时软法会用框架性的协议作出原则性的规定，以达到约束各方的目的，待时机成熟时，再协商出具体的规则。软法虽有瑕疵，但却起到了团结各方的作用，促进了国际秩序的安定。因为有此功能，软法的调整方式获得了我国法学者的青睐，并将其应用于不太适合规定详细法律规则的国内场合。具体到环境法来说，中国地大物博，生态环境的维护既不能完全依靠政府，同时也不能完全依靠市场自发形成秩序，因此产生了环境保护中经常提及的"公私合作问题"，以及"公私之外的调整手段话题"，此时环境法不得不讨论产业政策、环境伦理、国际合作等诸多影响环境保护的话题，而这些话题恰恰不能完全适用法律手段，或者只能在某种程度上适用法律手段，这就使"软法思维"有了发挥的场景。例如，有关循环经济中的产业调整的政策性法规，有关固体废物中的全流程治理的原则性规定，涉及战略性稀土矿石开采的政策性法规等，均体现了"软法思维"。相比体现具体规则的"硬法"，"软法"由于没有体现"硬性规则"，所以在现实中适用时遇到的阻力较小，同时由于法律效力较"硬法"低，可以容纳更多的法律主体参与到环境保护中来，提高彼此的合作可信度。此外，由于软法更多地体现为原则性规定，所以其立法程序更快更灵活，可以尽快适用到环境的突发状况中去。这里要澄清的是，本书认为环境法中有类似国际法中"软法"的存在，并不等于承认环境法本身适合成为"软法"，而只是说"软法"与"硬法"的融合适用，确实可以解决单纯公法或者私法无法解决的问题。同时，基于以上的分析，也可以回应上文提出的问题，环境法中"软法"的广泛适用，确实会造成环境法研究进路统一化的缺失，导致的结果可能是环境法法律效力的"软化"，以及通过"软法"容纳的事物过多，容易使环境法的调整边界含糊不清。

第四，权利概念的争执不定，影响环境法律的安定性。环境法历来都有对权利设置的争执，比如，涉及通过设定"环境权"的方式，来锚定法律上的强制力，分配有关环境方面的利益，进一步激发权利人的功利思维，从而实现环境关系中的当事人主动维护私有利益的同时，也维护环境保护中的社会公共利益。但有学者认为，这种在其他部门法中经典的法律技术在环境法中并不适用，其中最核心的问题在于，"环境权"中的权利和义务应当怎么设定，其既要与其他既有的权利不相冲突，同时还不能与政府对于环境的治理行为产生摩擦，这至少在法律的形式化上很难达到理论自洽，更不用说在法务实践中，关于"环境权"的要件事实、举证责任等一系列现有制度该怎展开,都是十分棘手的问题。因此,类似"环境权"的法律技术在环境法中一直存在争议。本书在这里讨论"环境权"的目的,并不是讨论其在法律中的合理性问题,而是想从更本质的角度来讨论"环境权"在环境法律体系中的应有之义。权利之所以能作为法官定分止争的依据,还隐含了一个非常重要的逻辑前提,即在传统上,法官只有通过将案件事实转化成权利之后,才能进行法律的专业分析。此时,权利充当了世俗争论与法律规范分析之间的桥梁。如果法律中没有相应的权利设置,那么案件争议的事实就可能无法被法律所调整,也就是说,法律本质上(至少在民法上)讨论的是权利之争(包括物权、债权),有了权利就可以引导当事人来到法庭,使用公权力解决纠纷。由此,我们可以说,"环境权"与其说是要设定某种利益,倒不如说它是法律技术化思维的立足点。如今,关于"环境权"设置的问题,已经不是一个"有或无""权利与义务,哪个应更多"的问题,而是一种法律操作技术的失去。行文至此,我们也可以说,失去如此重要的,人们习以为常的法律分析工具,如果还没有找到替代者,同样会引起环境法研究进路的不统一。

第五,调整领域多,导致规则之间差别大,最终造成提取法律事实的困难。在法律发展的早期,也即在向现代法律过渡的进程中,各个国家,各个时期,"法律"这个词所关照的对象都非常广泛,可能涉及侵权、订立合同,以及"采邑权""东欧家族共同体""王室成员继承权"等特殊法律制度。从历史的角度观察,法律发展的早期,对以上事物的调整,涉及的规范大多是民事规则。由此,民事规范所奠定的基本法律模型被以后的各类别法律所接纳,也即"有争议的双方对抗,中立的裁决者居中"的结构模式。大公司的出现以及公权力机关介入诉讼,也没有改变以上所说的结构模式,而是为了均衡"对抗"模式中的各方法律力量，相应诞生了刑法、消费者权益保护法等公法的出现。由于环境法调整的是社会公益，涉及政府对于环境的治理，自然而然，公权力机关会参与到诉讼之中，所以，作为偏向公法属性的环境法，也具备了上文所论述的"均衡诉讼中各方力量"的特色。按照"诉讼中平衡各方力量"的方式不同，可以将法律分成不同的门类，事实上，很多学者也的确将其作为学科独立性的依据，将自己的研究区别于其他。从法律的形式化上看，诉讼涉及的事物不同，使环境法具有了"独立成章"的学科依据。但是如果将上文提及的"有争议的双方对抗，中立的裁决者居中"的诉讼结构具体落实到法律技术上，环境法的特色未必是鲜明的，而且会导致研究路径的不统一。例如，开采自然资源时形成的环境损害，既造成了私人利益的损害，也造成了社会公害，而民法本身的制度是围绕私人利益设计的，无法完全顾及社会公共利益，此时，通过政府主导，维护环境公益，是更优的选择。面对强大的政府介入涉及环境问题的法律程序，需要使用特殊的制度，来均衡其他主体在诉讼中的法律力量，这是环境法产生的重要原因之一。环境法的出现，在具体法律技术上的反映，可以表达为"在裁判居中的三方关系中，争论有关环境的法律事实，从而让裁判信服，作出裁决"。这里所指的法律事实，一定是有环境法意义的法律事实，比如，废水污染了田地，工厂使用了落后的环保技术等。法律专业人士在获取这些有环境法意义的法律事实后，通过一定的说辞，将其转化为对自己有利的成文法概念，再通过程序制度将其呈现给裁判，从而实现自己所期望的法律目的。基于以上的论述，"有环境法意义的法律事实"对于环境法的特色形成有至关重要的意义，可以认为它是与其他法学门类进行区别的重要因素之一。而这种法律事实，至少在环境法内部，并没

引言

有形成统一的法律规则。究其本质，一个可能的原因在于，由于环境法调整范围广泛，各个领域的属性差别大，涉及的行政部门也比较多，很难用一套统一的逻辑来对法律事实进行描述，从而使该事实符合法律中预设的法律关系。在民法中，通过设定法律客体的概念，可以方便描述法律事实。而在环境法律关系中，随着辐射、热能、油烟等能量型物质的大量出现，环境法律事实所涉及事物的可抽象归纳性逐渐降低，对此该如何精确地界定其在法律中的概念归属？应该具体纳入何种制度，论证其法律逻辑？以上都是环境法学者需要进一步回答的问题。

当然，法学研究的进路不是固定不变的，当有新的要素对社会造成巨大影响时，法律就要考虑将其作为新的法律渊源，以解决上文所论述的问题。在当前的信息化时代，大数据技术对于社会的影响十分深刻，随着手机、电脑等数字设备的进一步智能化和普及，包括环境行为在内的人际活动都可以被电子技术所量化，此时对于大数据技术的应用不仅仅是人与人之间的互动被数据化记录，更加本质的变化是其几乎可以将所有客观的社会活动在硬盘端进行数据复刻。由此导致，在社会生活被数据化的同时，通过数据分析，还可以预测人的行为。数据对于社会管控的功能，引起了以"风险预防"为主的环境法的注意。此时，自然引起环境法是否要数据化，并借此机会形成新的、统一的环境法研究路径的思考。

本书认为，之所以引起如此讨论，原因并不全在于大数据技术的新颖性，而是此议题触碰到了法学的一个传统核心话题——法律的稳定性。也就是说，当前的环境法律在经过我们常见的法律的解释、法律的修订等方式后，仍需要一个全新研究路径吗？此外，在大数据技术自身所含有的"数据类"风险没有解决好的同时，是否应当将其引入到法律中，并作为法律变革的选择之一呢？只有回答好这些前提问题，才能让世人信服，从而更好地展开大数据技术在环境法中的构建。换言之，此问题的讨论涉及，法律是一种权威的解决社会纠纷的手段，为了保持社会对法律的认可，是否可以以牺牲当前业已被大家所接受的稳定规则为代价，将社会风潮中的事物吸纳进法律中呢？

但是，只要当前法律的形式化还是采取分门别类的方式制定（例如分为民法、刑法等类别），就总是会碰到新出现的社会事物处于某种法律的调整边界附近，引起是否用该法律调整的话题；或者是处于不同法律的调整范围之中，引起该用哪一部法律调整的议题，以消除法律之间的冲突。例如，偷窃人工智能生成物到底是侵权，还是犯罪？到底是适用民法调整，还是适用刑法调整？在很多事物出现的早期，都面临法律选择的难题。实际上，环境法在我国发展的早期，有部分学者认为环境法是"边缘学科""交叉学科""环境民法""环境刑法"等之一种，也是基于以上的原因。随着近几十年的发展，虽然环境法的理论体系逐渐形成，可以独立成为一门法律学科，但是目前仍然存在着对此议题的争论，因为人类社会本身是复杂的，在此基础上，又把生态环境作为调整人际关系的媒介，将使法律调整复杂世界的难度提高到一个新的高度，以往将法律分类化，来应对复杂生态环境的做法，愈来愈困难，挑战增强。

法律研究遇到的困难，实际上也是人类思考方式的困难，解决问题的关键就是进一步对外界进行了解，获取信息，从而构建新的逻辑思维，并将其反映在法律之中，如此往复，法律因要容纳现实世界中的事物而不断被修订，同时也在不断扩大调整范围，以增强适用性，努力使社会纠纷可以适用法律手段解决，化解矛盾。在英美法系中，这种趋势的反映是参考更多的先例,进而从不同的先例中总结出相应的逻辑,以此作为自身观点的依据。这种查找先例的方式,不但耗时耗力,同时也没有一种清晰的逻辑。而在大陆法系,为了保证上文所论述的法律安定性,法律也形成了"机械性""滞后性"等特点,也就是说,立法者通常选择在保持现有法律形式不轻易做修改的前提下,通过法律技术的方式来解决"法律面对复杂世界"的问题。例如,常见的方式是增设新的法律概念,以此来容纳更多的社会事物,以及采用例外法律规则的方式,构建与其他法律之间的关系,以此处理处于各个法律之间模糊地带的社会新事物。前者典型的例证是,如果餐饮经营者在经营场所,未在醒目位置张贴或者摆放反食品浪费标识,就有可能违反《反食品浪费法》的相关规定。可以说在《反食品浪费法》的部分规定中,体现了私权中公共属性那一面,由此,《反食品浪费法》相对于现行有关权利的民事规范,属于增设了新的规则。后者典型的例证是,按照《民法典》第534条的规定,如果当事人利用合同这种民法工具,实施了危害环境方面的社会公益的行为,此时公权力机构就可以介入,按照公法的规则监督处置。无论采用何种法律技术来使法律适应愈加复杂的社会状况,它们的出现,并不是法律"朝令夕改"的体现,相反,它们会使法律的适用场合更多,由此大量基于以上逻辑的法律修改出现。例如,《民法典》对传统法律工具增设了大量关于环保的限制,如对传统物权的环保限制、履行合同时应注意的绿色义务、破坏生态的侵权责任等。与其将以上思维继续延伸下去,即"在当前既存的法律中,增设新的关于环保的规则",不如对现行的法律直接进行修订,并在修订的同时系统地加入环境保护的规则,改变"打补丁"的修改方式。例如,《民法典》对于绿色原则的规定,相对于以往民事规则是一种创新,改变了过往对于物权是一种绝对权的看法，增加了关于物权"绝对性"的例外，使物权人在行使物权时，如若违反生态环境保护的义务，则不受法律保护，或者达不到预期的目的。

但是，增设环保的规则，并不能从本质上解决问题，还是以民法为例。民法由于采用了潘德克顿式的"总分"结构，法条之间的逻辑关联性很强，修改其中某一种规则的同时，必然会对其他制度产生影响，最后导致大范围的修订。

此时，解决这一问题的思路之一是构建"大民法"规范，也即修改民法的基本理论，从本质上构建并增加新的法律制度，而不是简单地以"打补丁"的方法对法律制度增加"禁止、限制或者允许"的规定，从而使法律可以调整更多的事物。例如，在以往转卖可能污染环境的商品时（此处的商品是指普通生活用品，不涉及国家管控的商品），交易双方会在合同中约定有关环保的合同条款，但是这些有关环保的合同条款仅仅具有合同之债的属性，其本质上是债权，而不是物权。而债权本身具有相对性，只能约束相对人，而不能约束合同当事人之外的第三人，这就导致此种有关环保的合同条款，不能约束下一任的该商品的物权人。为了解决日常生活中的此类环保问题，一个可行的思路便是对于"有关环保的合同条款"，将其债权属性，转变为物权属性，这样就可以将"相对性"转化为"绝对性"，使以后接任该商品的任一物权人都受到物权本身带来的"环保"权能的约束，这就涉及对当前物权规则及其背后所蕴含的民法学基本原理的巨大变动。因为，当前民事权利规则是以类别化的方式呈现的，分为"物权—债权"的二元结构。此种类型化的权利设置的逻辑体现的是归类思想，也即面对纷繁复杂的社会现象，找到事物的相似点和不同之处后，再放入不同的法律框架内解决问题。这种思考的方式大大降低了人类处理复杂事

引 言

务的成本,提高了适用法律时的效率,同时也体现了法律的模板作用,让行为人知晓自己行为在法律上可能产生的效果。当然,在二元的权利划分体系中,物权与债权之间并不是像"平行线"一般,毫无交集,但目前的二元体系的类型化方式导致了理论上的隔阂,一定程度上导致了民法中各种理论围绕权利分类产生"对峙",也即,当选择将某个法律事实抽象提炼归为物权或者债权之一种时,也就意味着对于其他法律制度的舍弃。现实中的事物并不是"非黑即白"的,也就是说,在物权与债权之间是有理论"缝隙"的,总是有社会事物无法抽象提炼为"纯粹"的物权或者"纯粹"的债权,而是处于二者之间,同时具有二者的特点,此时"大民法"的思路出现,提出要修改民法的基础理论,将权利分类的标准进一步扩充,增设新的权利类型。这种思考的方式,不能理解为是用其他社科法学的研究方式来重新解读法律,而是从法律内部入手,进行的自我革新。例如,物上债权、物上债务等新型法律制度的出现,实际上是对以前"绝对权"和"相对权"分类方式的改变,进而会影响形成权、抗辩权等其他权利,等同于要重新设置财产权益分配的法律技术。以上种种的讨论,都是关于如何建立环境法的统一研究路径,但是遗憾的是,无论对以往非专门性环境法律做如何的改动,都无法完全适应我国生态环境保护的实践需求。因为解决环境问题是一项系统工程,需要各个政府部门的联合,以及不同法律之间的协同,否则无法应对层出不穷的新型污染物,以及根据生态环境特点,对全国生态环境进行分区管控的需求。

此时,经过以上的论述,问题似乎又回到了原点,我们到底应该需要什么样的法律来解决环境问题,以及建立统一的研究路径呢?不过,经过上文的阐述,至少此问题在"应然"维度上已经回答，也就是说，传统的、非环保类的法律对于解决环境问题，有现成的制度可以适用，这虽然可以极大地降低立法成本，但是既存的法律制度即便经过"绿色"修订，也依然无法适应环境保护领域的高度复杂性，此时，解决问题的思路，还是应构建适用"政府为主导"的专门环境保护法律，运用政府机关强大的力量来应对自然环境的复杂繁复，以及由此产生的环保案件，也即从应然层面来到实然层面来说，本书所要构建的，促进环境保护发展的法律研究路径，还是应当围绕"治理型"法律的思路来构建。

所谓"治理型"，意味着要依靠社会组织所形成的强大组织力来应对社会问题的控制手段。具体到环保领域，此处应是指一种高度专业化的应对环境问题的法律秩序。也就是说，我国专门性的环境保护法律体系是指由国家制定，并由国家强制力保证执行的环境类法律的总称。学界常常将此调整环境的方法总结为"命令型""规制型"等概念，虽然概念名称不同，但是在原理上都是以"人的行为"作为调整对象。私法中"人的行为"主要是指意思自治，为区别于过往调整环境的非专门性环境法律，此处关于"人的行为"，意即政府通过公权力对人的行为进行管理，以此建立环境领域的公共秩序，体现了国家对于秩序管控的威慑力。具体来看，是在党和国家环境政策的宏观指导下，具体构建起以"环境污染破坏控制"和"自然资源开源节流"等为核心的治理过程的法律体系。同时，现代化政府管理的体现之一便是具备环境管理职能，对此应依靠中央和地方政府之间的"条块关系"，建立起科层式环境监管模式，并对环境违法行为进行追责，以法律责任制度，来分配民事、行政及刑事责任。

虽然我国"治理型"的环境法律体系也在不断向前发展，

例如，由"事后治理"向"预防为主，事后治理为辅"的方向转变；由单纯对破坏环境行为的监管扩展到涉及"循环经济""清洁生产"等工业生产模式的统筹规划等，但是当前的这种环境监管方式在环境风险的预防和污染破坏的事后治理等方面仍旧存在不足，换言之，本书认为，这种不足的出现，仍旧可以归结为法律面对生态环境的复杂性所产生的适应性问题，是其他法学中的同类问题在环境法中的反映。本质上的原因还是在于，法律本身采用分类的方式对抗所调整事物的复杂性，环境本身也是在此种法律专业化"分工"的背景下诞生的，但是社会事物的复杂性远超立法者的想象，如果将全部社会生活比喻为一张高清晰的图片，即使立法者采用分类的方式将事物的复杂性浓缩进不同的法学分类中，也无法与社会生活的"清晰度"精确对齐。

在信息技术赋能法律的当下，大数据技术为环境法的研究路径，以及环境法的形式化完备提供了一个可行的思路。当然，此处所说的大数据技术，并不是简单地对环境数据进行收集并统计分析，最终为法律决策提供思考的依据。实际上，大数据技术引起的最本质变化是思维方式的改变。换言之，既然生态环境的特点从法律技术的角度看，是极度不确定且永远处于变化之中的，这就导致人类对于生态规律的理解是有限的和无法轻易预测的，那何不改变以往认为世界变化是可控的思维，进而用大数据技术赋能环境治理，使大数据技术介入政府管理环境的整个法律流程之中，进而利用大数据技术收集关于生态环境的信息，以消除不确定性。最为关键的是，此时的数据不仅仅是一种统计的客观结果，随着对其的实时动态观察和长期积累，不但可以获取精确的环境信息，进行精准的环境管理，还可以获得大量的先前未知的反馈，从而适时调整法律。为此，环境法既要用大数据技术赋能环境法律制度，使以往的法律制度满足"智慧型"法律的社会需求，同时，也要面临数字技术本身固有的风险和瑕疵，做好法律技术与数字技术之间的沟通，最终在二者的融合下，实现环境立法和环境司法的数字化创新，顺应我国高质量发展的时代要求。本书，希望在此思路下，为环境法的数字化发展献计献策！

导 论

第一节 议题的缘起与依据

随着我国的产业竞争力逐渐提高,产业发展造成的资源消耗和环境污染逐渐显现,为了有所针对,解决环境问题的手段层出不穷,比如政策手段、经济手段、行业自律等出现在了历史的舞台,其中作为重要调整方式之一的法律,也开始发挥它应有的作用。我国的环境法律是 20 世纪引入的,虽然在法律的起步阶段遇到了一些困难,但是由于我国是一个资源丰富和地貌广阔的国家,所以对于环境保护的需求是一种客观的存在,在党和政府的努力下,我国的环境法不但实现了从无到有的零的突破,而且发展出了具有中国特色的社会主义环境法律体系,也即,既有防治污染的法律,也有资源利用的法律,还有调整社会生产方式的法律,所调整的范围既涉及自然人、政府,也涉及野生动植物。与此同时,我国的环境法理论也开始"自立门户",除了未来要制定的环境法典,还诞生了大量的涉环境法新理论,比如环境公益诉讼、环境预防原则、区际环境数据转移等,甚至也开始向其他部门扩张,比如环境民法、环境刑法等。可以说,环境法的调整范围广泛,只要与环境保护相关,都可以是环境法的研究范围。这种环境法的扩张特征,看似是法律的自然进程,但也给环境法的研究带来了难题,这也是本书要审视的难题，后文将会进行讨论。

面对浩如烟海的环境法领域，由于环境法学者所处的领域不同，以及人文情怀的差异，环境法的研究大体可以分为如下类别：

首先，关于环境法基础理论的研究。对于到底什么是环境法中的"环境"，是否从语义本身理解，在环境法界存有争议，通常的说法是把"环境"一词当作立体空间理解，确定一个中心，围绕该中心的事物都是环境法律调整的对象。在这套逻辑的认知下，在环境法的细分领域，还会有不同的小的中心，也即学者经常所说的环境法的"中心转换"。但是转换的结果导致理解的困难，比如各个次级中心与上位概念之间是何种关系呢？进一步，又会产生新的疑问："国外对于环境概念的理解与国内不同，如何解决？""跨学科研究时，不同学科对环境的理解不同，该如何调和？"为了回答这一系列的问题，学者尝试找到更加基本的概念来解释问题，试图用底层逻辑式的法律哲学来说明环境法的法律模型，比如在环境法学界，一直有学者研究环境法的法益范围，试图通过研究永恒的存在，来研究环境法事物作为存在的本身，以此建立形而上学的环境哲学，直接建立与自然环境、生物生命，甚至是心灵本身的思想连接，来规避思维的复杂性，构建起类似"法律行为"的法律基础模型。其后，又有学者讨论环境伦理，虽然伦理学的研究有可能是超越现实的，但这类学者认为理论出现在法律之前，法律不是凭空产生的，而是来源于社会本身，且社会本身可以被看作伦理演化的复杂结果，环境伦理强调的是环境法应该以什么为目标，而不是简单地讨论"环境一元论""环境二元论""环境法的功能作用"等法律内部的话题。对于环境法的基础理论研究，虽然看起来超然于物质世界，但是实际上也涉及实践性的话题，也即环境法的调整目标是否在立法之前就已经是"边界清晰"的事物。

其次,关于环境法法律体系的研究。这一类的研究涉及环境法的调整范围,既包括自然资源、污染防治,还包括围绕消耗资源、产生污染的生产生活的调整。具体调整的方式,体现为设立不同细分领域的环境下位法,例如在自然资源领域设置资源利用和节约的部门法,在污染防治领域设置具体的防治手段等。以上的这些部门法又通过优化的法律逻辑组合在一起,形成关于环境保护的法律体系。将两种法律逻辑组合一起,这样设置的好处在于:其一,对各自领域的法律元素进行排列组合,形成多样化的法律制度。例如,在污染防治领域,我国既制定了针对污染因子的污染防治法律,也制定了针对环境要素的污染防治法律。对于涉及很多污染因子的环境要素,可以采取综合调整的方式。最典型的就是对于水的调整,由于水的流动性,最好将水资源作为一个整体进行调整。其二,对生态规律的适用。虽然环境法的发展五花八门,涉猎各类环境要素,但都要遵循两条基本的客观生态规律:一是,可以从环境中索取资源,但不能超过资源的再生增殖速度;二是,可以向环境排放污染物,但不能超过自然界净化能力的阈值。对于以上法律体系的排列方式,虽然也可以以制度的表达方式存在,但是研究时学者总是被法学的抽象思维先入为主,这样虽可使我们在讨论一切法律议题时有所依据,但是却容易掉入法学语言的陷阱。也即,学者们使用法学体系、架构、制度等概念时,抽象思考遵循法律惯性思维,体察出的社会法律标准都是大体类似的。虽然我们可以说,法律语言与法律实践的方式相关,人的法律经历会在法律语言中表现出来,但这也恰恰使法律研究陷入僵硬的法学方法中。当我们探讨环境正义、环境公平、地域、环境标准等基本概念，以及其他环境法的重大论题时，很容易被语言所构建的思维所牵引。由于法律语言的精巧细致，我们容易忘记语言在某种程度上只是工具，当我们把法律思维完全建立在所谓的行为心理、作用机理、认知过程等思维上时，等于是"戴着有色眼镜"观察法律将要调整的事物，而忽略了我们是否能完全掌握一切自然规律，以及应用新型环境科技。

再次，关于环境要素跨区域的研究。大量的环境要素是流动的，比如酸雨的移动、水的流动、动物的迁徙，或者是环境数据的跨境转移等。我们所面对的这些议题，不是人为的构建，而是真实的存在，而法学正相反，它是一种人为的构思。著名哲学家休谟（Hume）认为，我们的法学知识来源于经验，而不是先天的基因存在，同时，我们不能从社会实践中直接得到复杂的程序法意义上的因果关系，而只能从观察事实所得到的大脑观念中，剪贴拼装出我们需要的法学知识。[1]休谟的理论虽然克服了唯"主观主义"的缺陷，但是也映射出环境法的另一个难题，即经验必须是可以验证的。但休谟又认为，人的自我认识（法律认识）可能只是感觉的集合，这种感觉又会受到人的自身成长经历、心灵创伤、情绪喜好等影响，换句话说，如果人在法律上的人格差异很大，那么对于一致的趋向性就会变弱，法律上的合意也会降低。反映在跨境环境问题上，比如跨境水污染、跨境空气污染等问题，依据上述的理论，可以依靠社会契约的力量，而现代国际社会是以主权国家为基调的，面对跨境环境问题，各个国家由于文化价值观差异巨大，可能无法适用通用的规则，所以面临这一问题，很多学者提出了环境法的国际"软法"概念，或者讨论"法治"可否作为一个超越

---

〔1〕 ［英］休谟：《人性论》，关文运译，郑之骧校，商务印书馆2011年版，第88页。

导　论

"国家"的概念。关于此问题的学术讨论，实际上是在探寻解决环境问题的一般性规则，或者说是追溯有关环境的自发性国际秩序的规则。很多学者认为，只有找到一种以满足自发性秩序为平衡点的规则，环境问题才能更好地得到解决。但是，无论是基于经验主义的观点，还是基于自然主义的观点，对于人何时能找到这样的一种理性秩序，都认为是很难预测的，而环境问题不能只成为长期的科研讨论议题，需要得到妥善解决。

最后，关于其他相关环境法理论的研究，主要体现在环境法与其他学科的交叉方面，也即环境问题对于其他部门法学的冲击。这类方向的研究，关键在于学科的整合，目的在于用抽象思辨的方式来反省学科的发展。其基本点在于万物都有互联，所以可以在抽象思维的帮助下，将行业的复杂性，用不同法学概念统合在一起，以解决复杂的社会难题。但是，本书不禁要问，这类研究中所谓的反省，到底是一种什么样的反省呢？对于反省的认识，本书认为要看这个学科对于理论的前提假设与该学科的基本价值观是否匹配，以及与当今的社会发展是否匹配。典型的例子为环境预防性民事责任的构建。[1]对于民法视域下的预防原则，到底重在对于环境利益的保护，从而限制民法上的权利（益），还是只是在遵循传统意思自治前提下，为了保护世俗利益而随着社会发展又增加的一种民事责任。这就要取决于到底从哪个学科的视角出发，而不能简单地将不同前提假设的学科整合在一起。对于这类研究，套用亨利·柏格森（Henri Bergson）的理论可以解释为：人的演化与物质的演化，以及其他生物的演化都不相同，因为人有理智和直觉，理智可以使人进行抽象的逻辑思考，对自然环境进行抽象的归类总结，

---

〔1〕　张叶东、华晗：《环境预防性民事责任的体系重构》，载上海市法学会：《法学前沿》集刊2023年第2卷——长三角区域一体化的法治保障研究文集。

但遇到理性无法施展的领域和时刻,我们只能依靠直觉,理性在此变得"脆弱无比"。[1]以此类推,当我们通过理性来构建世间万物在法律上的关系时,比如设计环境预防性民事责任,是想在法律上产生某种效果。但是,这种思辨的过程往往导致一个被我们忽略的后果,也即当我们使用法律理性思考的时候,我们的思考有可能会脱离对于自然界整体生命的考量。换句话说,非专门性环境法学在构建成为成文法的那一刻,必须选择自然界的某一个时间节点,再从这个时间节点抽象出事物所含有的本质,为设计法学概念获取基本元素,所以,虽然法律反映了自然界,但仅仅只是反映一部分的自然界,更为关键的是,不同主体有可能对生态规律的理解有差异。这就造成了以上所说的法学困境,形成了对于同一事物,各个部门法之间存在理论整合上的张力,甚至是理论的相悖,导致很多学科的交叉和关联浮于浅层。

从以上的论述可以看出,当前我国环境法的调整范围非常广泛:

从法律主体上看,既有传统的法律主体,例如自然人、法人、政府等,也有关于动物是否能成为法律主体,享有法律权益的讨论。与此同时,即便是传统的法律主体,在法学理论上也不再是"铁板一块",同样受到了环境法的冲击,比如我们通常认为公司的成立是建立在契约一致的基础之上,公司章程不但代表了合同意思自治的指向,也是私法对公司调整的范围。但是随着公司引起的环境问题的突出,公法开始对公司行为进行介入,政府环境执法的行为实际上就是对合同订立的意思自治范围的限制,这种限制,已经不仅仅是对私法和契约关系理

---

[1] [法]亨利·柏格森:《创造进化论》,刘霞译,天津人民出版社2019年版,第56页。

导 论

论的冲击,也对由合同所引起的债权债务关系,以及诉讼程序产生了重大影响。

从法律关系的内容上看,既有横向的、私法方面的法律关系,比如自然资源权利在市场中的交换、环境污染破坏所引起的侵权之诉、绿色债券的金融化等问题;也有纵向的、国家对于自然环境的管理,比如排污权配额的分发和交易、水资源在全国的调配和使用、环境突发事件的应急处理等。无论是横向的,抑或纵向的法律关系,看似是不同的法学调整领域,但是就像各种环境要素不是彼此孤立一样,相反,还会循环联系,因此至少在环境法中,公法和私法的连接会非常紧密,所以有的学者提出了关于环境法的公私合作的法律制度。实际上,政府的有关文件很早就提到了公私合作的事宜,也即,政府的运作机理非常严格,在面对即时变化的环境问题时,为了有效处理,可以借用社会资本的力量,灵活处理环境的污染破坏,与此同时,政府支付给对方相应的对价。[1]该类政策的规定不但明确了公私合作的可行性,也明确了环境公私合作中的具体内容。虽然公私合作的适用已经有实践,但是由于公私合作的情形特别复杂,到目前为止还没有相应的效力等级高的具体适用规则出现,所以在某个具体领域的概念界定、风险分摊、交易结构、合同体系等方面还没形成一套对应的体系,这使得环境法在这方面的研究实践性不强,过于理论化。

从法律关系调整的对象上看,由于环境法本身没有自己的程序法,所以在法律程序上,其仍旧适用其他部门法,这就使得环境法在调整对象上变得十分庞杂。当然这种复杂性,也由环境本身所决定。例如,阳光在民法中是不能作为财产来进行

---

[1] 参见《财政部关于推广运用政府和社会资本合作模式有关问题的通知》(财金〔2014〕76号,已失效)。

调整的，阳光不符合民法上法律客体的定义，但是在环境法中，阳光是生态圈形成的基础，必然会受到法律的调整。当我们把民事程序适用到环境法中，就会出现一个学理上关于自然主义的争议。明显的例证是，当我们笼统地说法律上的客体时，有两个进路，一个是自然的客观存在，比如汽车、房屋、轮船等，另一个可能是超感觉的客体，比如阳光、空气、水流等，我们并不能完全支配这些自然物的生态存在。如果我们把阳光、空气、水流说成是需要保护的，这在世俗意义上是没有问题的，但是在法律逻辑上，就难免会碰到麻烦。例如，阳光、空气、水流等自然物很难界定边界，而法律是有调整范围限定的，为了套用法律，不得不认为保护阳光、空气、水流等是一种法律上的特殊义务，缺乏实际操作性。再比如，如想成为传统民法上的客体，必须满足种种严格的法律要件，才会受到法律的保护，可是实体法的规定要想落实，也就意味着利益的分配必须公正、公开，才能令人信服，所以诉讼法的程序规定不仅仅是一套法律程序，也是一种看得见的公正，用严谨的程序逻辑来配合证实实体法的论证，也是一种被大家所能接受的论证。而阳光、空气、水流等自然物的生态价值，我们对其了解有限，难以被论证。

  以上的研究对于解决当前中国的环境问题都有巨大的帮助，为资源的开源节流和污染防治提出了具体的解决方案，或提出制定新制度，或引进其他学科的研究方法等，显示了中国环境法学者的智慧。然而现实的问题是，我们虽然解决了无环境法可依的局面，但是对于环境问题无论在基本理论的构建上，还是实际处理上都存在不少问题，更不用说，现行的环境法体系容纳不了新出现的社会事物，所以当今的环境法分类虽然包罗万象，但是这种调整的广泛性，也导致了调整的分散性，使得环境法在法学基本理论上主要还是围绕"是否为公共产品""公法与私法之间的张力""政府的环境保护职能"等传统环境理论难题展开；在环境法的实施方面，我国环资专门审判机构已增至2800多个，这使得我国成为环资专门审判机构覆盖最广的国家，与传统领域相比，环境资源审判具有很强的专业性，理念系统性强、预防性和恢复性司法特点突出，环境资源案件具有点多面广、诉讼类型多元、修复需求多样、责任方式复合、专业技术性强等特点，对专业化审判需求更高。[1]

因此，对比现实的需要，我国现行环境法体系和环境的理论研究呈现出"松散"的现象，与现实中责任方式复合、多环境要素一体化保护、涉环境案件跨行政区域管辖、环境资源审判职能"三合一"等客观法律需求还有距离，也即面对系统整合性的要求，有必要探讨符合时代需求的我国环境法研究的整合路径。这里所指称的整合，不是指法学研究工具的整合、法学研究理论视角的整合，也不是指各大部门法在环境领域的重构，而是指在新技术出现后，从环境问题本身的特质出发，探讨如何迎合系统整合性的现实法律要求。

第二节 对议题论述范围的限缩

通过以上的写作动机及对于行业背景的分析，本书的写作思路锚定的是环境法的未来发展方向。环境法律规范不仅仅是一个法学问题，也是社会学、经济学、金融学等学科的关注对象，多个学科虽然可交叉，但是对于同一个问题的关注点可能不同，研究方式也存在差异，因而，有必要对所研究的事物作

---

[1] 参见《我国建成全球唯一覆盖各层级法院环资审判体系》，载 https://www.chinacourt.org/article/detail/2023/01/id/7088131.shtml，2024年6月30日访问。

一个界定,作为逻辑的起点。

环境与资源保护法在学术历史上虽然有不同的名称,但是其核心是保护环境。环境对于社会大众来说是一体两面的,当我们把环境视为资源时,我们就可以用调整自然资源的法律来对待环境,例如,一组树木如果是薪炭林,那么该树林是被当作资源来开采,适用资源类法律;当我们把环境视为生态保护的对象时,我们就可以用调整防治污染破坏的法律来对待环境,例如,一组树木如果是生态防风林,那么我们就可以用防止树木被乱砍滥伐的法律去调整它们。所以,如何定义法律中的"环境"一词,不但是理解环境法的关键,也可以从语义上得出,环境法本身就是意味着整合性,寓意着系统性调整的法律制度。

不同的学科视角,会有不同的分析。社会学家斯宾塞(Spenser)认为,在整个自然环境中,相比较于其他生物,人的与众不同就体现在人有自己的思想,由此,人依据自己的思想来思想,并借由这种逻辑化的思想来构建学科体系(包括法学),但是他又认为,思想虽然经过了训练,但是训练的方式是抽象的概念,也即哲学家口中的"思想思想"[1],这种训练难免有想象的成分,难免是部分脱离生态规律的,这样就会使万物在抽象思维中被视为是分门别类、各司其职的,但这恰恰与万物合一的"蝴蝶效应"规律相悖,而生态环境是一个整合的状态。因此,在具体的思想建设上,不应该孤立地研究,而应该建立起一个综合性的学科思想。[2]

具体到法学来说,环境法中的"环境"与环境科学中的"环境"是有联系和区别的,虽然环境科学研究的对象集中于某

---

[1] 第一个"思想"是动词,第二个"思想"是名词。
[2] [英]斯宾塞:《基本原理》,马萧导读、注释,上海译文出版社 2021 年版,第 40 页。

种具体的领域，比如微生物环境、海洋环境、大气环境等，这些具体的领域也属于环境的组成部分，但是环境法中的环境调整的是宏观意义上的环境，并且一定属于适合法律手段调整的空间。例如，海洋中有大量的海沟，其中有的两壁陡峭、狭长，甚至水深大于5000米，属于深海海域，这种区域内生物较少，人类更是无法生存，环境科学的研究可以追溯至此，但是调整此区域缺少环境法上的意义。

换句话说，环境是真实存在的，可适用实证主义的方式研究，但是环境法中的实证主义与环境科学中的实证主义是不同的。环境科学中的实证主义先是提出一个假设，然后根据该假设得出研究结论。当然，提出的假设必须能被证实和验证，否则会与宗教无异。而环境法中的实证主义则完全不同，部分环境法的细分领域要求的是经验和感觉的表达，也即某个涉环境案件如果与某种经验和感受无关，则没有必要用法律进行调整。例如，环境标准是环境法的重要法律渊源之一，但环境基准是设立环境标准的前提。也即我们假设某种大气污染物A的环境基准是5毫克/立方米，这就告诉我们只要低于5毫克/立方米，就不会损及人体健康和生态环境，但如果超过5毫克/立法米，就会引起损害。基于预先测量获得的该环境基准，我们制定关于大气污染物A的污染物排放标准时，就不得超过5毫克/立方米。至于设定哪个具体的数值，需要具体问题具体分析。以上分析可以得出，环境标准的设定，实际上与某种经验和感受是息息相关的，反之，在法律上就没有意义。

实际上，从实证主义的视角看，环境法中的环境标准具有整合和连接的作用，这样就使参考法律和使用法律的人，不必再找其他的所谓"理性标准""具有共识的标准"等依据。借由环境标准把经验或者感受进行整合，这就使环境法在生态意上，相比其他法律更需要一种整合性的研究方法，把各个环境法的细分领域的规律，通过一个抽象的法学模型找到法律关系的重点，给我们一个明确的法律归纳。蔡守秋老师提出的调整论是这种研究方法的典型代表，他认为可以在法学研究中采用"主、客综合"的研究范式，实行综合调整机制。[1]

蔡守秋老师的"调整论"是环境法理论中的里程碑，但是却引起了巨大的争议。其核心原因在于，超越"主、客二分"的观点本身就无法直接或者间接与经验、感受相关，而更多的是一套理论探讨，而环境法本身需要运用实证的方法，形成反映普遍的、真实的生态规律，由此来解释环境中的各种自然现象。调整论的论述之所以要超越"主、客"，实际上是出于对现实中的"主、客"分裂的担忧，因为一旦由作为自然界中的"人"来进行思考，就有"不识庐山真面目，只缘身在此山中"的意味。人相比浩瀚的自然界是"渺小"的，"渺小"的人一旦进行了"思考"，对于事物的理解有可能是"一叶障目"的，反映在法律上，可以解释为有作为"思考"的人，就一定有"不思考"的客体。但人对自然的认识始终是有限制的，如果不允许把"主体和客体"分开讨论，在法律上很难描述二者，所以我们经常看到的现象是，环境法律是让处于"中心位置"的人来描述周围环绕的自然环境。由人的角度去掌握周遭的一切，成为环境法研究的核心。当然，对于这种整合的结果，有学者质疑其法律效果，因为人类至今没有掌握所有的生态规律，也没找到永恒的生态秩序，但是人的生命是有限的，对比之下，这种整合的意义何在？这就好比有人在说："一股空气怎么才能保证不被稀释和污染呢？只要回到大气空间里，就没有所谓的

---

[1] 蔡守秋：《调整论——对主流法理学的反思与补充》，高等教育出版社2003年版，第313页。

导 论

污染了。"也就是说，法律的实用性在于解决问题，而不是过于理论化，导致无法落地。因此，必须先在这里作一个理论限定。

既然法学研究的概念具有如此明显的"不确定性"，那么至少环境法学的研究可以转向针对"确定性高"的"可知"之物。本书的目的也是要找到一种环境法体系的整合进路。当然，这里所说的对于确定性事务的整合，并不是意指：为了保障在法律智识上的确定感，同时提高人们对自然界的掌控，研究要从一切都可以感知的现象出发，并且研究的范围也仅仅限定于论述可感受、可触及的事实和规律。

实际上，本书为了找出新的环境法整合研究进路，需要遵循以下研究思路：

首先，符合我国未来的立法趋势。习近平总书记在2023年全国生态环境保护大会上强调，要深入贯彻新时代中国特色社会主义生态文明思想，坚持以人民为中心，牢固树立和践行绿水青山就是金山银山的理念，把建设美丽中国摆在强国建设、民族复兴的突出位置，推动城乡人居环境明显改善、美丽中国建设取得显著成效，以高品质生态环境支撑高质量发展。以习近平同志为核心的党中央在领导我国全面推进美丽中国建设的过程中，指出了我国环境治理的方向。法律是实现"人与自然和谐发展"的重要手段之一。在生态文明建设方面，习近平总书记特别强调了环境保护中的"协同治理"要素，也即，虽然环境治理要区分主要矛盾和次要矛盾，但是从整体上看，环境本身是系统性的，那么环境问题本身也是系统性的，所以处理环境问题，需要做到多部门、多领域、多种资源管理、多污染物控制等方面的协同。在这样的背景下，环境法律的法典化进入了实质性的制定阶段。环境法律关系纷繁复杂，不但需要《环境保护法》和其他环境单行法进行调整，还需要大量的部门规章、环境标准等具有约束性的法律文件，面对如此复杂的法律情形，法典的出现，一是可以协调公法和私法之间张力的问题，通过法典化的技术手段，一切有关环境的法律法规等都不得与法典相冲突；二是法典在具体的法律领域里，不但具有基础性的法律地位，也是该领域法律编撰的科学指导，为现行有效的几十部有关环境的法律提供了整合的思路。所以，从中国未来的环境法典化进程来看，整合的研究思路不但符合法学研究的基本规则，也是未来中国环境法学的发展方向。因此，本书的研究一定要立足于未来的法典化趋势，也即本书的目的，并不是创设一套新的有关环境的法律框架，而是对中国现有的、大量的、有约束力的法律文件提供一种系统化的整合思路，契合法典化要求的同时，去除重复和落后于时代的内容，并对新出现的环境事物作出点评。

其次，构建统一的法律逻辑，而非简单的环境技术生态化。我国的环境法律体系建设持续了几十年，这期间，不断有各类涉环境法律诞生，同时也有大量的涉环境法律不断被修改。由于立法的跨度时间很长，法律之间的价值观和框架都出现了较大的区别。例如，我国的《矿产资源法》颁布于1986年，其法律框架符合当时的计划经济开采模式；而《黑土地保护法》于2022年颁布，采用了新颖的"小快灵"的法律编撰模式。这些在不同时期颁布的涉环境类法律，有的呈现出较为明显的配额式管理的法律特征，如污染防治类法律和资源开采类法律，大都采用了许可证形式来颁发配额，达到限制开采资源或者降低污染物排放数量的目的；有的呈现出社会组织方式管控的特征，如有关循环经济类的法律，通过对工业组织形式的调整，达到建立物质循环利用的目的；有的呈现出约束性规定多于权益性规定的特征，如渔业类法律设立了禁渔期、禁渔区等限制性规定,以达到渔业资源可持续利用的目的;有的具有法律约束性的文件体现出对于虚拟事物加以管理的特征,如有关碳排放的规定中,由于作为碳排放证明的数据类似于法律上的"虚拟财产",其生成需要依据严格的标准,防止出现作假或被篡改。从现行的立法内容上看,在作为环保领域综合性法律的《环境保护法》的"统领下",我国的环境法律体系大体可以分为如下类型:其一,污染防治领域。比如,《水污染防治法》《大气污染防治法》《海洋环境保护法》等,该类法律针对的都是自然环境中主要的污染源。其二,资源保护领域。比如,《森林法》《湿地保护法》《反食品浪费法》等,该类法律针对的是资源的开源节流。其三,文物领域。比如,《文物保护法》等,该类法律针对的是文物古迹等。以上内容需要具有权威的主体来管理,这就诞生了第四类领域——政府对于环境的管理,如《环境影响评价法》《城乡规划法》《测绘法》等。当然有的学者认为,环境法的研究范围不应限于专门的环境法律,非环境法中涉及环境的内容,以及有关环境保护的国际条约也属于环境法的研究范围,如《民法典》中的绿色原则、相邻关系等;《刑法》中有关环境犯罪的专门章节等。

  以上的分类,从环境事务的处理来说,涵盖了大部分的生态环境领域,但是由于各个分支领域的区别太大,导致各个领域的立法目的、法律调整手段、政府职责等法律基本要素相互重复,甚至模糊不清,无法实现对环境的系统性调整要求。这种现象的另一面也说明了环境标准、环保技术是解决环境问题的核心,但是环境法不是环保技术法规的堆砌,也不是技术的生态化研究,因为在环境法进行调整的生态大背景下,有些环境可能是不可知,或者说是时常变化的,所以环境法的逻辑在于找到可以建立起流畅运行的法律机制,不但满足环境法领域的理论自洽，也建立起有效的环境行政监管，同时满足环境司法的审判需求。

第三节 议题是对环境保护现实的回应

本书的名字实际上隐含了以下几个疑问：一是为什么需要研究新的因素对于环境法律的影响？二是新的因素对环境法律造成影响后，法律是否要进行回应？三是新的影响因素是否可以成为推动法律改变的推手，也即其内在生成逻辑是何样的，是否符合法律的需求？四是如何将新的因素纳入法治化的框架？

对于第一个疑问：为什么需要研究环境法的系统性整合？环境法的系统性整合研究能否满足未来环境法律法典化的要求？该部分主要想通过对环境法基本理论的研究和对环境法面临的客观现实的观察，分析在大数据的时代背景下，为了规制环境污染破坏，以及发展绿色低碳法律，建立符合生态规律的"美丽中国"，当前的环境法律体系还存在哪些不足，同时分析法律变革的必要性和可行性，以此来论证整合的必要性，也即环境法理论研究的改变，不但是来自环境法律自身理论和司法实践的需求，也是社会生活中生产、运输、消费、商业等环节的要求。该疑问的回答，有助于将涉及广泛领域的环境法调整对象进行归纳总结，熔炼成体系化的观点，为下文论述提供依据。

对于第二个疑问：环境法发展的原因之一便是环保技术的进步，例如，在《水法》《水污染防治法》《大气污染防治法》《固体废物污染环境防治法》等法律中，涉及科技类法条的体现非常明显。伴随着大数据时代的到来，以数字技术为代表的互联网加密技术的显现，个人行为数据化、电子空间化等潮流涌现，个人、企业、政府等主体的信息处理也越来越普遍，在如此的时代背景下,大数据技术对环境法的影响日渐增多,甚至我们可以说,大数据技术对某些环境法具有极大的促进作用,因为其存在很大程度上建立在环境监测数据的基础之上。例如,渔业类法律中的渔船数量限制制度,是建立在海洋中可捕获鱼类数量的基础上,这涉及对于鱼类从出生到死亡的全周期的监控。再比如,《碳排放权交易管理暂行条例》关于碳排放的核算数据,实际上就是大数据技术处理后得到的交易凭证。因此,本书认为,从环境法的内部看,其环境行为的起点往往伴随着数据的获取和监测;从环境法的外部看,不同的行业和部门之间涉及数据利益的纠葛越来越复杂,也需要环境法作出应对。

对于第三个疑问:实际上涉及新的影响因素在环境法运作中的理论逻辑架构,以及该种影响因素的触发动因。

从理论的逻辑来说,大数据技术的加入符合习近平总书记提出的新质生产力的要求。环境法的更新和发展完全契合了新质生产力的内容,因为按照习近平总书记重要讲话精神,所谓的新质生产力并不是指单纯的科技新,而是能抓住新式高科技的精髓,为中国特色社会主义发展提供支撑。这是本书作者认为最核心的理论动因。从法律本身看,习近平总书记的讲话也为环境法的变化提供了发展的新方向。例如,习近平总书记以前提出过"小快灵"的立法模式,要求在理解透彻党的指示精神的基础上,一切从社会需求出发,解决突出问题,制定具有快捷性、针对性、实用性的法律。需要解决什么问题,就制定相应的法律,不搞形式主义。其后,相比较于其他领域的立法,环境法领域的"小快灵"立法发展迅猛,如《黑土地保护法》《粮食安全保障法》《反食品浪费法》等。虽然"小快灵"从法学层面上并没有明确的定义,但可将其与新质生产力的概念联系在一起,进行紧密理解,以为法学研究"小快灵"法律提供重要的理论指导。上文提到，大数据技术对于环境法的发展十分重要，属于高新技术对于法律的影响，但是技术无穷无尽，在技术的催化作用下，法律的发展方向面临多样性的选择，为了能控制技术给社会规制带来的不确定性，以及新技术造成的监管风险，有关新质生产力指导性精神的出现为大数据技术在环境法中的深度发展提供了导向作用，意义非凡！

从理论的动力机制来说，大数据技术为中国的生态社会建设，以及法律上的绿色发展法律机制赋予了新的发展机会。根据库兹涅茨曲线理论（环境问题倒U形曲线理论），伴随着我国经济的飞速增长，虽然在夯实工业基础的阶段，我国的环境问题时隐时现，但是随着人民生活物质水平的提高，环境污染破坏反而会减少。收入增长和环境问题下降那一刻的交叉点就在于采用了新技术，这种新技术因为采用了集约化的生产方式，摆脱了过去工业化的"高污染、高排放、高消耗"生产方式，不但可以继续提高我国GDP（国内生产总值）的增长，同时使得环境污染破坏减少。有专家预测，大数据技术可成为库兹涅茨曲线理论中的绿色创新技术，通过应用大数据技术赋能传统的循环经济流水线、排污权交易、清洁生产技术等，能实现环境保护法律中提到的，生态保护和经济社会可持续发展的调和。[1]

对于第四个疑问：如果要将新的内容纳入当前的法律系统当中，可能会与当前的内容发生冲突，所以本书所要建构的法律内容并不是要打破现有的环境法律框架，重新构造出全新的、基于大数据的环境法律模式，传统法律制度的存在之所以具有法律上的确定力和公正的权威感，学界的习惯说法是，法律资源具有累积性，制度的迭代升级具有路径依赖。19世纪英国著

---

〔1〕 王琴梅、杨军鸽：《数字新质生产力与我国农业的高质量发展研究》，载《陕西师范大学学报（哲学社会科学版）》2023年第6期。

导 论

名的法律史学家梅因（Maine）认为，社会的发展确实存在如达尔文（Darwin）所说的进化论思维，要想理清法律制度的发展脉络，就一定要从该社会过去的法律和文化习惯中去寻找思考的原因。[1]

如果从以上的角度出发，本书并不想研究环境法律在中国的发展变迁，也不想研究大数据本身的元素构成抑或技术科技原理。说不研究前者的原因在于，环境法本身不像其他部门法那般，有自己的基本法律行为模型，如民法的"民事法律行为"、刑法的"三阶层理论"等，环境法本身更像是各个调整领域的集合。当然这种集合不是简单的排列组合，而是按照一定的逻辑，编撰在一起。吕忠梅教授认为未来的生态环境法典，不能完全独立于其他部门法理论，即使为了建设"绿色社会环保体系"，其在法律上的实现路径也必须与宪法所提及的"自然资源""反对浪费""卫生"等有关环境的概念相符合。[2]但是，本书不讨论法典化的问题，无意过多涉及环境立法的问题。说不研究后者的原因在于，技术本身是最难预测的，其缺少法学研究上的可期待性。因为技术本身虽然有着"推手"的变革作用，但是是中性的，其使用的好坏，由使用方式本身决定。也就是说，大数据技术本身并不产生法律上所追求的"安全性""效用性"等概念，而是需要借助制度的安排才能实现。因此，在法学中讨论纯粹的技术理论，不但不恰当，也会冲淡主题。

实际上，就像提出的问题一样，本书所要研究的正是框架性的法律保障制度，而非某个具体场景下的关于科技的法律制

---

[1] 参见［英］亨利·梅因：《早期法律与习俗》，冷霞译，上海人民出版社2021年版。

[2] 吕忠梅：《生态环境法典编纂的立法选择》，载《江淮论坛》2024年第1期。

度。这是因为，进入20世纪后，随着提倡物质综合利用，新型技术大量进入到环保产业，环保产品和服务方面的创新造就了新的市场，这也间接导致了环保产业、金融产业与传统工业之间的界限变得模糊，环保产业的利润被极大扩宽，绿色证券、环境保险、碳金融科技等新型科技产品逐渐出现在历史舞台上，这就使得碳业、银行业、司法行业、保险业等领域出现了新的交叉与合作，为环境问题的解决提供了新的研究思路。习近平总书记在2023年全国生态环境保护大会上强调："要加强科技支撑。推进绿色低碳科技自立自强，把应对气候变化、新污染物治理等作为国家基础研究和科技创新重点领域，狠抓关键核心技术攻关。"习近平总书记的讲话不但为科技监管提供了依据，同时也印证了未来环境问题的解决，一定会涉及环保行业、金融业等的混业经营，甚至是在某个局部领域的相互渗透和一体化，这种现实需求导致环境保护法的研究，要能在合理配置法律资源的过程中寻求各个行业的最大收益。环境问题的交叉研究，至少在学术层面模糊了不同学科之间的界限，为了使我国在全球气候治理等环境领域保持领先地位，以及能够应对环保技术更新迭代快、灵活多变的特点，同时克服法律滞后性的属性，关于环境法的研究思路，最好是设立框架性的监管体系，给环保行业的行政监管、市场交易、行业自律等调整方式留出空间。

第四节 关于议题的国内外研究综述和域外法律介绍

一、国内研究综述

国内学者就大数据技术对于环境法的影响及对策这一议题研究广泛，主要集中在大数据技术在环境监测、预警、治理等方面的应用及大数据技术对环境法决策、执法、公众参与等方

导 论

面的影响等。

(一) 环境法研究范式方面的研究

环境法研究范式是指进行环境法研究时所采用的方法。对于环境法研究范式，不同学者有不同的观点认知。张璐指出，环境法研究需要注重澄清环境法上的利益，以环境法上的利益协调为主线，在实践中促进环境法司法专门化，尽可能减少知识外源型研究范式等的影响，丰富环境法学学科内涵。[1]陈海嵩认为，构建面向实践的环境法学方法论首先应当确立"生态人类中心主义"这一价值前提，继而将实践中的具体问题类型化区分，最后选择恰当的研究方法，以真正确立研究的主体意识。[2]陈德敏等则认为应从主体要求、价值观要求、技术要求及规范要求四个维度展开重建环境法方法论，主张将社会工程的系统论哲学合理应用于环境法学研究范式的变革。[3]周珂等认为，在界定民法与环境法时应以"问题导向"代替"领域定性"，以公序良俗原则为联结点促进二者的合作。[4]刘明明主张研究公共社会、国家及市场的互动模式，促进环境法融合公共治理，以此推动环境法研究范式转化。[5]吴凯等则主张在领域法语境下构建环境法律发展规范，强化法律发展的网状结构，以典型案例为指引，拷问应急处置案件之合法性，要求环境法反映客观科学理性认识的同时，推动人类社会对于生态价值和

---

[1] 张璐：《环境法学的法学消减与增进》，载《法学评论》2019 年第 1 期。
[2] 陈海嵩：《环境法学方法论研究的回顾与反思》，载《中国地质大学学报（社会科学版）》2008 年第 4 期。
[3] 陈德敏、杜辉：《环境法学研究范式变革的基础与导向》，载《南京师大学报（社会科学版）》2009 年第 3 期。
[4] 周珂、侯佳儒：《环境法学与民法学的范式整合》，载《河海大学学报（哲学社会科学版）》2007 年第 2 期。
[5] 刘明明：《论环境法研究范式的逻辑嬗变》，载《郑州大学学报（哲学社会科学版）》2012 年第 6 期。

生态伦理道德的理性追求。[1]分析可得,目前学界对于环境法范式的研究仍是将其归于传统研究范式之中,仅对研究范式的一方面进行理论阐释及问题分析,而非从环境法研究范式的自身理论结构出发进行分析论述,增添了环境法研究范式之界定的模糊性,且虽有部分学者指出,应将传统环境法学与其他部门法或社会科学门类相结合,但缺乏系统的方法论论述,使得环境法研究范式的界定过于孤立,系统性不足。

(二)大数据技术在环境治理领域如何具体应用的研究

作为新兴技术之一,大数据技术主要运用于结构化数据和非结构化数据上,具备处理数据量大、多样性、高速度和多源性的特点,涵盖了数据的获取、存储、管理、分析和解读等方面,旨在处理和分析大规模数据集以提取有用信息。延及至环境保护领域,大数据技术的应用广泛而深入,其通过收集、处理和分析海量数据,为环境治理提供了有力的支持,不仅提高了环境管理的效率和水平,而且有助于更好地制定更加精准有效的环境保护策略,推动环境管理的创新和发展,为实现可持续发展目标提供有力支持。具体来说:

第一,大数据技术可用于环境问题的数据采集、舆情监测与分析。[2]利用高效的数据逻辑处理算法,大数据技术可以精确、迅速地从大量数据中提取出高价值的信息,继而在短时间内及时采集到一手环保数据,通过检验多维数据制定的综合环保舆情监测分析平台,专注于深度剖析环境保护领域的核心议题,包括但不限于重大环保政策动态、建设项目环境影响评估

---

[1] 吴凯、汪劲:《论作为领域法的环境法:问题辨识与规范建构》,载《辽宁大学学报(哲学社会科学版)》2019年第1期。

[2] 熊丽君、袁明珠、吴建强:《大数据技术在生态环境领域的应用综述》,载《生态环境学报》2019年第12期。

导 论

进展,以及突发污染事件等社会广泛关注的环保热点。通过集成先进的"网络爬虫"技术,该平台能够自动捕捉互联网上的海量信息,随后运用智能主题检索算法,对捕获的数据进行精准分类与筛选,实现对特定环保专题的深度聚焦与持续追踪。在实现环境问题的数据采集与舆论情况数据收集后,大数据技术可以为相关管理部门、司法部门提供舆情分析报告,帮助相关部门及时把握事件态势,正确引导舆论,同步监测舆论情况,分析舆情矛盾重点,全面追踪环境问题动态情况,促进有关部门对于环境问题的掌握与把控。[1]

第二,大数据技术可用于生态环境信息公开与服务平台建设。人类在日常活动中既是数据的生产者,不断输出多样化的信息,也是数据的消费者,持续吸收来自社会各界的海量数据。[2]鉴于此,将大数据技术中强大的数据存储能力引入环境保护领域,形成促进环境数据与信息全面、透明化共享的关键驱动力。此举旨在构建一个集在线业务办理、综合信息服务为一体的环境服务平台,该平台以公平、便捷、高效为核心理念,显著提升公共服务资源的共建共享效能。通过这一机制,大数据技术不仅深化了环境大数据对民众日常生活、经济活动及社会发展的全方位服务效应,还促进了环境法律主体在公共环境保护与公共利益维护中的公开透明参与,进而加速了整个社会环保意识的觉醒与环保行动的推进。

第三,大数据技术可用于社交信息与公众互动数据分析。[3]

---

[1] 郑少华、王慧:《中国环境法治四十年:法律文本、法律实施与未来走向》,载《法学》2018年第11期。

[2] 郑丽琳、李旭辉:《信息生态视角下政府环境信息公开影响因素研究》,载《理论学刊》2018年第3期。

[3] 刘奕伶:《环境数据开放视阈下的公众参与环境治理——基于对国内三市政府环境数据开放现状的维度分析》,载《安徽行政学院学报》2018年第4期。

在环保领域内,通过大数据技术的运用,对收集的社交媒介信息、公众交互数据等资源进行整合与计算分析,能够为环保机构提供有力支持,以实现公众服务设计的均衡化布局与细分化传播策略。大数据技术能够充分挖掘社交媒体平台上广泛存在的开放数据资源,借助复杂的信息交叉验证技术及深度关联性分析,精准捕捉并分析线上用户在环境保护议题上的行为模式与心理倾向。此外,该技术还能进一步预测用户的社会网络结构变化及环境保护趋势的走向,从而面向广泛的社会用户群体实施精细化服务策略。这包括但不限于增强危机预警与响应机制的敏捷性、实施个性化的环保内容推荐、优化环保相关广告的投放效率等,旨在以更加靶向化的方式激发公众对环保的热情,促进其积极投身于环境保护实践之中。

第四,大数据技术可用于城市规划治理等具体方面。[1]通过提供数据支持、优化决策过程和提高管理效率,大数据技术在企业环境管理和城市规划治理中的应用深入而广泛。以优化城市规划以促进环境保护为例,通过运用大数据分析优化交通管理、资源配置和环境保护,大数据技术可以帮助城市规划者更加全面、准确地获取城市各个方面的数据,对城市的空间结构进行分析优化,使之更好地规划城市的用地布局、交通网络、公共设施,从而提高城市的空间利用效率,减少环境问题外露点。此外,大数据技术还可以了解城市资源的利用情况,优化资源的配置和利用效率,实现资源的合理配置,以提高城市的可持续发展能力。最后,大数据技术还可实时监测城市的环境质量,如空气质量、水质情况等,及时发现环境问题,并及时反映给相关部门采取相应的措施进行治理,从而在事后及时保

---

〔1〕 汪自书、胡迪:《我国环境管理新进展及环境大数据技术应用展望》,载《中国环境管理》2018年第5期。

护城市的环境。[1]

2015年以来，国务院发布了《促进大数据发展行动纲要》[2]和《关于积极推进"互联网+"行动的指导意见》等文件，[3]明确要求推动政府信息系统和公共数据互联共享，促进大数据在各行业创新应用，当然包括生态环境领域。自大数据广泛应用于生产生活的各个方面以来，相关政策对大数据技术在环境治理中的应用提供了明确的指导和支持。有关政策方针鼓励各级政府和相关部门积极利用大数据技术提升环境治理能力，利用大数据技术进行精细化管理和智能化决策，提升环境治理的效能和效率，在环境治理中探索和创新大数据技术的应用模式和方法，推动治理方式和手段的创新。此外，相关政策也强调在利用大数据技术进行环境治理时，要加强数据安全和隐私保护工作，及时发现大数据应用于环境治理的隐患与风险，并提出相应的处理措施与解决预案。[4]

（三）大数据技术应用于环境治理中的特殊性研究

自大数据技术广泛应用于我国生产生活各个方面以来，党和国家对于大数据技术的应用高度重视，制定了一系列政策与方针指导，而将大数据技术应用于环境治理则是以《促进大数据发展行动纲要》和《关于积极推进"互联网+"行动的指导意见》等文件为指导，以将相关政策落实于具体生活实践。大

---

[1] 张雅婷、汪军：《基于大数据和服务设计思维的城市治理创新》，载《山西建筑》2018年第34期。

[2] 2015年8月31日，国务院印发《促进大数据发展行动纲要》（国发〔2015〕50号）。

[3] 2015年7月1日，国务院发布《关于积极推进"互联网+"行动的指导意见》（国发〔2015〕40号）。

[4] 詹志明、尹文君：《环保大数据及其在环境污染防治管理创新中的应用》，载《环境保护》2016年第6期。

数据技术诞生于科技发展领域，延及至环境治理场域内，具有其显著而独特的优势，这些优势不仅体现在数据处理和分析的能力上，还体现在提高治理效率、促进科学决策和公众参与等方面，即在环境问题发生的前后均起到了独特的作用，不仅可以做到事前预防，还可以完善事后的司法处理工作。[1]

研究表明，在事前预防方面，大数据技术有着不同于传统环境治理方式的优势。首先，部分学者已经就大数据技术高效的数据处理能力进行了较为全面的分析研究，诸多研究不仅证明了大数据技术顺利处理包括空气质量、水质、土壤污染、生态系统监测等海量环境数据与信息的能力，还证明了大数据技术可通过高效的数据收集、存储和分析快速准确地获取环境状况，从而为环境治理提供及时有效的数据支持。[2]其次，诸多研究表明，大数据技术可以进行精确的环境监测与预警，从而及时发现潜在的环境问题，为环境治理提供预警和应对机制，降低环境污染的风险和影响。[3]此外，部分研究还指出了大数据技术辅助作出科学的决策支持的作用，即通过对环境数据进行深度分析和挖掘，揭示环境问题的本质和规律，政府和相关部门基于数据分析结果可以制定更加科学、合理的环境治理政策和措施，从而提高治理效果和效率。[4]最后，部分研究指出，大数据技术可以优化资源配置，通过了解环境治理资源的分布和利用情况，

---

[1] 李娜、田英杰、石勇：《论大数据在环境治理领域的运用》，载《环境保护》2015年第19期。

[2] 张波等：《国家重点污染源监控数字工程体系研究》，载《环境与可持续发展》2007年第1期。

[3] 张丽艳、郭玲：《构建环境监测与气象监测大数据平台，实现重污染天气的预报预警》，载《中国资源综合利用》2019年第5期。

[4] 熊丽君、袁明珠、吴建强：《大数据技术在生态环境领域的应用综述》，载《生态环境学报》2019年第12期。

发现资源配置的短板和潜力，从而优化资源配置，实现资源的合理分配和高效利用，提高环境治理的效能和可持续性。[1]

诸多研究同样表明，大数据技术在事后处理方面也有独到的优势。首先，部分学者指出，大数据技术可以有效地提升治理效率，通过实现环境治理的自动化和智能化可以减少人工干预和错误，通过智能监控和自动报警系统可以快速响应环境问题，从而降低治理成本和时间成本。[2]其次，部分学者认为，大数据技术可以促进公众参与环境治理，大数据技术不仅可以将环境监测数据实时展示给公众，提高公众对环境问题的关注度，同时还能通过社交媒体等渠道收集公众对环境问题的意见和建议，从而增强公众对环境治理的参与感和获得感，推动环境治理的民主化和科学化。[3]还有学者认为，大数据技术有利于创新治理方式，比如，利用大数据技术进行环境风险评估、环境规划优化等方面的创新应用，可以推动环境治理方式的创新和进步。[4]最后，有学者认为大数据技术有助于加强跨部门合作，实现环境数据的跨部门共享和交换，促进不同部门和机构之间的合作与协调，从而打破信息孤岛，提高环境治理的协同性和整体性。[5]

---

[1] 陈晓红：《数字经济时代的技术融合与应用创新趋势分析》，载《社会科学家》2018年第8期。

[2] 徐光：《环境在线监测监控管理与发布系统》，载《中国环境监测》2006年第4期。

[3] 方印：《大数据视野下公众环境信息享益权探究》，载《暨南学报（哲学社会科学版）》2019年第8期。

[4] 谭娟、谷红、谭琼：《大数据时代政府环境治理路径创新》，载《中国环境管理》2018年第1期。

[5] 邵娜：《大数据驱动政府内跨部门合作的逻辑进路分析》，载《改革与开放》2021年第8期。

(四) 化解新型数据风险的法律对策研究

随着大数据技术应用于法学领域的呼声日渐增强,法学界对大数据技术应用于法学领域可能带来的问题亦展开了广泛研究。例如,邢会强以大数据时代的个人隐私保护问题为立足点进行法学探讨与研究;[1]丁晓东则对大数据视角下的数据垄断问题展开研究探讨;[2]郑曦就个人信息与数据安全问题提出观点看法;[3]陶乾则就大数据侵犯知识产权问题展开思考研究;[4]丁晓东则针对大数据算法歧视及"杀熟"的法律规制问题进行研究与探讨。[5]

在法学研究领域中,大数据技术的崛起往往被视为一个重要的背景,它不仅为法学研究提供了新的视角和工具,同时也对现有法律制度体系产生了深远的影响和冲击。当深入探讨此类影响时,可以发现大数据技术对传统法律体系所带来的风险具有多方面、多层次的特性。例如,技术的高速发展使得信息的获取、传播和处理方式发生了根本性的变化,这直接影响了法律实践中证据的收集、认定和适用;再如,技术的普及和应用也带来了新的法律问题。部分法学学者指出,技术既是推动社会进步的重要力量,也是引发风险的潜在因素,因此,我们需要以大数据技术批判思维为基础,谨慎构建大数据技术规制体制,以应对大数据

---

[1] 邢会强:《大数据时代个人金融信息的保护与利用》,载《东方法学》2021年第1期。

[2] 丁晓东:《论数据垄断:大数据视野下反垄断的法理思考》,载《东方法学》2021年第3期。

[3] 郑曦:《刑事司法中的数据安全保护问题研究》,载《东方法学》2021年第5期。

[4] 陶乾:《论著作权法对人工智能生成成果的保护——作为邻接权的数据处理者权之证立》,载《法学》2018年第4期。

[5] 丁晓东:《论企业数据权益的法律保护——基于数据法律性质的分析》,载《法律科学(西北政法大学学报)》2020年第2期。

技术应用于环境治理带来的风险和挑战。具体而言：

第一，部分学者将目光聚焦大数据技术的数据安全和隐私保护方面，为环境数据安全与隐私保护风险提出前瞻性看法。[1]在大数据的时代背景下，环境数据的收集、存储、传输和处理变得日益重要和复杂，相当一部分数据对于环境科学、政策制定、资源管理乃至气候变化研究等方面都具有举足轻重的价值。然而，如果未采取严格而有效的安全措施，环境数据将面临巨大的安全风险。首先，数据的存储环节即存在潜在的安全隐患，当存储系统存在漏洞或未经充分加密时，有关数据便极易成为黑客或恶意攻击者的目标，被非法访问、恶意篡改或直接破坏。其次，在环境数据从收集点传输到处理中心或分析平台的过程中，如若传输通道未经加密或存在安全漏洞，环境数据便极易被拦截、窃取或篡改，此类未经授权的数据访问和修改会对环境研究的准确性和可信度造成严重影响。最后，环境数据中往往包含了大量的个人隐私信息，涉及个人的家庭住址、生活习惯、健康状况等敏感内容，当此类隐私信息被泄露，不仅会对个人的生活造成极大的困扰，还可能导致个人身份被窃取、财产的损失，甚至威胁到个人的生命安全。

第二，部分学者认为，大数据技术不可避免地存在技术依赖与操作风险。[2]大数据技术的应用并非一蹴而就，需要依赖于一系列复杂的软硬件设施以及专业精湛的技术人员。首先，业界人士指出，高性能的服务器、大容量存储设备以及高效的网络通信设备构成了大数据处理在硬件设施方面的基础架构，

---

[1] 邢会强：《元宇宙的"网信安全"与法律适用》，载《法律科学（西北政法大学学报）》2023年第4期。

[2] 张凌寒：《智慧司法中技术依赖的隐忧及应对》，载《法制与社会发展》2022年第4期。

承担着海量数据的收集、存储、传输和计算任务,为环境治理提供了坚实的数据支持,而此类设备需要具备高度的稳定性和可靠性,以确保在长时间、高强度的运行状态下依然能够保持出色的性能,这就对大数据技术应用的成本提出了较高要求。其次,在软件设施方面,对收集到的环境数据进行深度挖掘和分析的各种大数据处理和分析软件不可或缺,然而此类软件需要专业的技术人员进行安装、配置和维护,以确保其能够正常运行并发挥最大效用。[1]最后,部分学者指出,大数据技术应用于环境治理必然要求技术人员具备深厚的专业知识、丰富的实践经验和精湛的操作技能,以便能够及时发现并解决技术故障和操作失误,即大数据技术应用于环境治理不仅要求高水平的大数据人才进行操控处理,还要求相关人员拥有一定的法律认知和实践经验,能够最大限度地规避风险,诸多条件筛选出合格人才的同时也不可避免地使相关大数据设备对从业人员产生技术依赖。[2]

第三,还有学者敏锐地指出了大数据技术在数据质量方面存在的潜在风险。[3]首先,专业数据处理人员表明,传感器作为现代环境数据收集的重要手段之一,被广泛应用于空气质量监测、水质监测、土壤湿度检测等多个领域,而由于传感器的工作状态受到诸多因素影响,可能导致传感器采集的数据出现误差。此外,由于传感器布置位置的限制,其收集的数据可能无法全面反映整个环境状况,存在一定的局限性,而采用卫星遥感技术则可提供从宏观层面观察地球环境的视角以解决此问

---

[1] 孟小峰、慈祥:《大数据管理:概念、技术与挑战》,载《计算机研究与发展》2013年第1期。

[2] 王路:《大数据技术的异化及其治理》,载《学理论》2020年第5期。

[3] 郭丽辉、崔磊:《警务大数据应用风险分析及对策研究》,载《江西警察学院学报》2021年第4期。

题,而卫星遥感数据同样存在一些问题,如由于云层遮挡、大气干扰等因素导致卫星遥感图像无法清晰反映地面情况,使数据质量下降等问题。除了传感器和卫星遥感,人工调查也是获取环境数据的重要途径。但人工调查受到人员素质、采样方法、环境条件等多种因素影响,同样可能出现数据质量问题。最后,不同来源的环境数据可能存在误差、缺失等质量问题,这些问题会对数据分析的准确性和可靠性产生严重影响,如数据存在缺失,将导致分析结果不完整或存在偏差的情况出现。

第四,有学者认为,大数据技术应用于环境治理时也会存在由于法规政策滞后带来的风险。[1]大数据技术在环境治理中的应用场景和模式不断涌现,然而相关的法规政策往往难以及时跟上这种发展步伐,这就导致在数据使用、共享和隐私保护等方面存在法律空白或模糊地带,给环境治理工作带来了不小的法律风险。例如,数据使用方面的法规政策尚未完善,目前仍缺乏明确的法规政策来规范数据的使用行为,这极易导致数据被滥用或误用,从而对环境治理产生负面影响;再如,环境治理需要多部门、多领域的协同合作,而数据共享是实现这一目标的关键,然而,由于缺乏完善的法规政策来指导数据共享的行为和方式,可能导致数据共享不畅或数据泄露等问题,这不仅会影响环境治理的效果,还可能损害相关方的利益;最后,在大数据技术的应用过程中,涉及大量的个人隐私信息,若个人隐私信息没有得到有效的保护,就可能导致个人隐私被泄露和滥用的问题,这不仅会侵犯公民的合法权益,还可能对社会稳定和治理造成负面影响。

第五,部分学者认为,由于大数据技术自身的属性将导致

---

[1] 汤善鹏:《"新的情况"应限于法律过时——以〈立法法〉第45条第2款第2项与第104条为分析基础》,载《法学》2019年第7期。

其应用于环境治理时存在社会接受度低下的问题，产生信任风险。对于许多非专业人士来说，大数据的概念仍然相对抽象，大数据技术的运作方式十分复杂。社会公众普遍对大数据技术缺乏有效认知，更不了解其在环境治理中的具体应用和潜在价值，从而造成了信息的不对称，在面对大数据技术时，往往会产生疑虑和担忧。除此之外，大数据技术的应用不可避免地会涉及大量的个人信息和敏感数据，且近年来数据泄露和滥用的事件屡见不鲜，使得公众对数据安全的信心大打折扣，这都加大了社会公众接受大数据技术应用于环境治理的难度。[1]

二、国外相关研究综述

国外在大数据技术方面的研究起步较早，不仅在企业运营、市场分析等传统领域取得了显著成果，还在环境治理这一新兴议题上展现出了巨大的潜力与应用价值，关于大数据技术在环境治理中的应用研究，国外学术界与实践领域均取得了丰硕的成果，积累了一系列富有启示意义的经验与案例。

（一）大数据技术的产生及其对社会的影响

第一，大数据技术已被应用于环境数据的收集、存储和分析。国外环保组织及法学学者对大数据技术应用于环境数据收集、存储与分析的实践开展较早，并有着较为成功的范例。如美国研究者在 20 世纪便将大数据技术应用于环境保护，通过在纽约哈德森河河流全程安装传感器，实时收集河流的物理、化学、生物数据，并通过大数据平台进行处理和分析，了解河流的污染状况、生态系统变化等信息，并模拟不同治理方案的效

---

〔1〕 汤志伟等：《大数据背景下公共危机事件公众参与行为研究——基于新冠肺炎疫情的实证分析》，载《图书馆》2020 年第 8 期。

果,为实际治理提供了科学依据。[1]

第二,大数据技术被用于生态系统的监测和管理。[2]国外在大数据技术应用于生态系统的监测与管理方面,积累了诸多成功案例。以百丽岛公园(Belle Isle Park)为例,该公园借助大数据技术实现了对公园内动植物数量、分布及种类等信息的实时监测与记录,为科学研究和保护管理工作提供了宝贵的数据支持,显著提升了公园内自然资源和生物多样性的保护水平。同样,黄石国家公园(Yellowstone National Park)也利用大数据技术对公园内的地质、气候、动植物种群等数据进行全面监测和记录,不仅大幅提高了公园的管理效率,还为科学研究提供了重要数据支撑,有力地促进了公园内生态系统的平衡与保护。为了更有效地管理和保护大堡礁(The Great Barrier Reef)及其独特的生态系统,澳大利亚同样运用大数据技术对海洋环境、珊瑚种类以及海洋生物种类进行实时监测与记录,为管理和保护工作提供科学依据的同时还为游客带来了更加便捷和安全的游览体验。此外,瑞士政府在阿尔卑斯山(The Alps)也成功利用大数据技术对保护区内的气候变化、植被分布以及野生动物迁徙等关键指标进行实时监测和记录,不仅为科学研究提供了重要的数据支持,还为保护区的管理和保护工作提供了更加科学的决策基础。上述案例充分展示了大数据技术在生态系统监测与管理领域所发挥的重要作用,通过实时监测和深入分析数据,可以更加准确地了解生态系统的实际状况,从而为科学研究和保护管理工作提供有力的数据支撑。

---

[1] 参见《国外智慧环保的典型案例,你知道多少?》,载 https://www.zgss.org.cn/zixun/zhuti/3092.html,2024 年 6 月 4 日访问。

[2] 参见《全球 16 个智慧城市大数据应用案例扫描》,载 https://dsj.guizhou.gov.cn/ztzl/jdal/201706/t20170619_10395195.html,2024 年 6 月 4 日访问。

(二) 大数据技术应用于环境治理及环境法律的因应

第一，大数据技术与环境法关系密切。环境法体系构建之初即已确立其核心原则：遵循自然界的生态平衡法则，其内容深植于环境科学与生态学的坚实基础之上，其实施过程则紧密依赖于环境标准及其他先进科技手段的支持，这一根本性要求无疑赋予了环境法鲜明的科技导向特性。环境保护与科技进步之间存在着紧密而微妙的联系，它们既相互依存又彼此促进；科技进步的步伐往往伴随着新兴环境挑战的涌现，而面对这些环境难题，科技创新，尤其是新兴科技，如大数据技术，则成为不可或缺的解决之道。部分学者认为，大数据技术的深度分析能力为环境法的构建与执行铺设了坚实的科学基石，它不仅为环境政策的制定提供了精准的数据支撑，还显著增强了环境治理实践的效率与成效，从而进一步彰显了环境法在科技驱动下的现代治理理念。[1]

第二，大数据技术对环境法的影响及环境法的调适方向。[2]大数据技术在环境法领域的效应显著，展现出鲜明的双刃剑特性，该技术显著增强了环境决策的科学严谨性和精准度，促进了环境监管体系的精细化与效能提升，并为环境法的革新与进步注入了强劲动力。然而，国外法学界的主流关注点转向了大数据技术对环境法律可能构成的潜在风险。具体而言，国外诸多学者指出，大数据的广泛应用虽带来了海量信息，但同时也

---

[1] Janssen M, Voort D V H, Wahyudi A, "Factors influencing big data decision-making quality", *Journal of Busineo*, pp. 338~345.

[2] Wang P Q, "Method for monitoring regional environmental temperature change data based on 5G internet of things technology", *International Journal of Environmental Technology and Management*, 2023, 26 (3-4-5), pp. 213~225.

伴随着数据泄露与滥用的严峻挑战。[1]在进行大数据技术专业研究与环境法律分析的基础上，吉尔斯（Giles）[2]、马凯尔（Markell）[3]、麦西（Macey）[4]等倡议，强化数据安全防线，确保数据应用的透明度，以维护环境法律的合法应用边界，并推动其有效实施；威廉（William）等提出，环境法体系需积极变革，通过拓宽数据资源渠道、升级数据整合与环境监测技术，实现与大数据技术的深度融合，这就要求环境法律保持动态调整的灵活性，持续缩小与大数据技术快速发展之间的时间差，以最大限度地利用大数据技术的优势；[5]托德（Todd）等进一步强调，环境法必须主动适应新技术带来的新挑战与新变化，避免法律滞后与空白区域的出现，以确保法律体系的完整性和有效性。[6]

第五节　议题的研究思路和研究方法

一、研究思路

第一，需要研究大数据的法律内涵，确定其基本概念后，

---

[1] Mike H, "Common Big Data Challenges and How to Overcome Them", *Big data*, 2014, 2 (3), pp. 142~143.

[2] Giles, Cynthia, "Next Generation Compliance", *Environmental Law Reporter News & Analysis*, 2015 (3), p. 10206.

[3] Markell, David L, and Robert L. Glicksman, "Next Generation Compliance", *Natural Resources & Environment*, 2016 (3), p. 22.

[4] Macey, Gregg P, "The Architecture of Ignorance", *Utah Law Review*, 2013 (6), pp. 1627~1686.

[5] Boyd William, "Environmental Law, Big Data, and the Torrent of Singularities", *UCLA Law Review Discourse*, 2016 (11), pp. 544~570.

[6] Todd S. Aagaard, "Environmental Law outside the Canon", *Indiana Law Journal*, 2014 (3), pp. 1239~1298.

才能确定其在法律中的研究范围和对法学研究的价值，以及该研究所能带来的实际现实意义。一般来说，概念界定是法学研究的前提，尤其是新的环境法学概念出现以后，不能认为产生了新技术，就可以缓解环境风险，这是一种理论假象。与此同时，很多环保技术名不副实，甚至是诈骗的新型手段。虽然"数字技术"的说法已经深入人心，但是在世俗意义上，大家对于数字技术的理解不尽相同，尤其是数据技术已经发生巨大的变化，且不断在翻新，为了纠正过时的、错误的观念，查找现在与过往的数字技术之法律研究有何不同，是需要首先回答的问题，因为这直接影响了司法资源的分配。

世俗意义中的概念与法学中的概念，虽然有时在语言构造上相同，在语意传达上也有重合的地方，但是最终指向的事物差别可能会很大。例如，世俗意义中的船舶，既可以指海上航行的巨型船舶，也可以指河流中的木船，还可以指代公园湖泊中的小船。但是《海商法》中的船舶，也即法律意义上的船舶，一般都会将世俗理解进行限缩，来适配法律的工具理性。根据该法的规定，所谓的船舶是指排除一定范围后，可以在海上航行的设备，既可以包括传统意义的船舶，也包括海上可以移动的大型设备。[1]这种概念理解上的异同，在环境法所调整的领域大量存在，因此，我们可以说，过去世俗大众对于某种概念的理解可能是清晰的，但只是简单的概念初试，体察较浅，可以等同于"零"和"一"的简易区分，或者"黑"与"白"的明显不同，但是，随着社会生活越来越复杂，新科技带来的新事物不断出现，"黑"与"白"之间的梯度不断被刷新，出现了"灰色"，甚至是"亮灰""暗灰""棕灰"等"光谱"概念，

---

[1] 参见《海商法》第3条。

这种技术创新带来的新视域，使我们对于法律概念的理解变得模糊和难以定性，需要在法律概念上作出回应。

第二，需要研究大数据技术应用在环境法中的社会需求。随着社会分工的不断演化，数据对于大众利益的影响越来越大，在环境数据的生产、流动、买卖过程中，我们该如何维护自己的相应利益呢？我们的环境数据利益该适用公法还是私法呢？如果利益被侵犯，该怎么维护呢？以上的设问不但反映了大众对于社会稳定性的需求在增多，同时也反映了在当前的法律机制中，如果数据流通不通畅，将会使数据要素错配，不但不利于激发市场的积极性，也难以将环境保护的行为数据化，从而精确化，最终可能导致没有将珍贵的法律资源投入到最具需求的领域。当然，在展示大数据技术应用在环境法中存在的问题以及原因分析时，本书也会秉持一个传统的法律信念，来防备技术的变动对法律确定性的冲击，也就是说，法律本身有其独特的法理逻辑，虽然现代社会讲究资源流转的快捷性，法学研究也因应追求效用最大化，但法律本身没法完全迎合普罗大众对于数据流通商业化的需要，因为法律之所以具备威严感，也恰恰来源于法律本身制定和运作中的机械性所带来的确定感，对于现实问题的分析还要局限在法律思维之中。

第三，需要研究国外关于大数据在法律中应用的实践以及启示。纵观大数据在现实当中引起的纠纷，例如，我们常见的大数据杀熟、数据安全、隐私保护、数据资源垄断、算法黑箱等问题，当前采取的应对方式有很多，主要是建立相关的问责机制，以强化数据安全。这些创新性的科技的确对社会风险的管控提出了更新的要求，而我国当前的学术界对此的研究大多是建立在共享经济、网络信息分享等局部互联网经济的模式上，不但只能针对单一情景，而且也缺乏对于环境法影响的深度思考。[1]正本清源,大数据引入环境的最大好处,即是解决涉环境的社会信用问题。环境资源的数据化,意味着以区块链为代表的数字加密技术进入了环境资源领域,更深层次地说,在现代数字技术的加持下,可以将环境资源领域中的各种配额机制数字化,例如"污染防治领域中的排污指标""绿色减排领域中的碳排放指标""动物保护领域中的狩猎指标"等。配额产生之后,法律主体之间的行为就可以被部分"量化",以方便管理环境风险。在这一理论下,环境法中的配额被数据化后,确切地说是数据化的同时又被加密化后,这就与以往的行为电子化不同。因为,环境法律关系的行为可以被"量化",现代加密技术又使该行为难以被篡改,这就使环境法律关系中法律主体之间的信任关系加强,导致环境法的数据化进一步深化,可以使大量的环境法主体在中国广阔的地域上进行交互,而减少对于对方信任的担忧,同时,对于政府的环境监管来说,环境行为的交互性被数据化后,其对社会的管理会更加方便,对风险的管控会更加精确。而我国关于数据信用的治理,与国外相比,起步稍晚,而且传统中国社会的信用收集一般是关于个人信用,不但不全面,且分散在各个部门或者社会团体中,比如在中国人民银行开具的个人信用报告则是关于个人信贷内容;[2]在支付宝开具的信用报告是关于个人消费贷款。而随着我国环境法的调整范围不断扩大,法律的应用在向更多的场景扩张,以及当前我国法律对于数据失信行为的惩罚力度较低,会影响环境法中的大数据制度的构建。相比较于国内研究对于此类问题探索所出现的困境,以及受限于传统政府监管为主的思维惯式,

---

[1] 刘岳川:《科技创新的法律规制》,载《华东政法大学学报》2023年第3期。
[2] 参见中国人民银行征信中心官网:http://www.pbccrc.org.cn,2024年6月3日访问。

国外对于个人信用的考量由来已久，已经形成了独具特色的制度形式，且作为一种对于技术的学术研究，技术在逻辑底层上都是相同的，较少有其他的争议，因此可以在保证我国利益的前提下，对域外的技术制度进行研究学习，以获得启示。

第四，大数据技术在环境法中应用的路径选择。一直以来，关于环境法问题的研究，无论涉及何种议题，法学家和环境伦理学者都强调"政府监管为主"和"私人执法"这对概念范畴来作为环境法的研究方向，或者强调二者的交互作用，虽然依据这些研究路径所得到的研究结果在理论上可以自圆其说，但是其研究方法仍旧没有摆脱以往类似于古希腊关于"个人与城邦关系"的理论。也即大陆法系思想内核之一的，所谓的"有资格参与社会事务的自由人"。这套理论的核心精神是，城邦不但不是对自由限制的某个物理空间，而恰恰相反，城邦并不是指一个有围墙的城市，而是一种领域，该领域的存在是为了建立起自由的秩序，以便达成互惠互利的社交目的。因此，这套理论引申出的思路，大多都在围绕"城邦之中的公私之间的利益博弈"，或者说"某领域中的公私之间的利益博弈"而展开。本书认为，公私之间的确存在着利益博弈，但是我们仍要看到，环境法具有多维性，我们不能只围绕其中一面。这种对于古希腊理论的引用，并不完全符合中国的历史传统和现实的需求，具有理论研究的盲区。2023年，中共中央办公厅、国务院办公厅印发的《关于加强新时代法学教育和法学理论研究的意见》强调，总结提炼中国特色社会主义法治具有主体性、原创性、标识性的概念、观点、理论，把论文写在祖国的大地上，不做西方理论的"搬运工"，构建中国自主的法学知识体系。在具体来说，在信息时代，各方获取信息的方法变得多样快捷，这对环境法提出了挑战，同时也为政府进行环境治理提供了新的思路,因此法学研究也必须服从数据治国理念的要求。故,为了能让数据"说话",让数据反映中国强有力的制度优势,本书主要采用实证的方法研究数据对于环境法的影响,这不但能拥有法律研究上的话语权,同时也能尽量避免法学研究中"偏西方法学理论"的倾向,并且可以在吸收西方思想中的部分精髓后,为"我"所用。

第五,可行的制度选择。所谓使用制度治理某个环境保护领域,从法律实务看,是指基于对该行业的风险分析后所建立的相应的防范措施,这里的防范既可以包括对于行业风险的纾困,也可以包括对利好行为的奖励。从法学理论上看,也是指基于人的前提理论假设,例如理性人、生态人等假设,用法律修辞学的技术将严谨的法律思维转化为法律规则(法律中预设的人际关系),将其作为在环境行为中的法律逻辑的起点和思考法律关系的起点,进而达到将国家治理、个人自律、社会团体监督等方式进行整合的目的。在对国外类似法律制度进行梳理后,可以知晓域外对于大数据等新颖技术的治理实践,例如常见的智能合同、反洗钱犯罪、监管科技等制度,但是这些域外的法律制度分散在各个领域,没有成型、统一的框架理论,这间接证明了相关大数据法律制度的必要性和可行性,也消除了数字技术的讨论是否会过度脱离基本法学理论的嫌疑。当然,前文也提及,本书所要构建的法律制度必须贴合中国的法律现实,对中国的发展有实际效果,所以即便技术本身具有变化性,域外的相关法律制度有可以借鉴的地方,但是本书的研究仍必须将其放在中国的背景下进行论述,所以,法律制度的构建必须弘扬中国的强大文化价值。本书认为,由于篇幅所限,贴合实际的大数据法律制度包括但不限于以下的列举:

首先,在构建法典化的同时,加强对环境法律关系中大数据技术参与主体的监管。由于我国对数字加密货币持谨慎态度，虽然防止了利用加密货币潜在的犯罪行为，但是同时也限制了部分网络加密技术的发展，导致政府在科技监管这一领域缺少相关行业经验作为参考。其他领域科技监管的缺失，并不意味着环境法律制度的构建会忽略对大数据技术的监管，而且在环境金融科技领域大量存在的区块链应用的现实面前，法律制度的构建必须能应对密码学带来的社会风险，从而选择适当的监督管理模式。也就是说，当前以区块链为代表的大数据技术仅仅是未来面对环境法律制度的可选技术之一，因此环境法律制度对于技术的适用一定要保持包容的态度，而非制定过于严苛的法律规范。在这种框架性的法律制度之下，也可以将现有的环境规划制度、"三同时"制度、环境听证制度、环境突发事件应急处理机制等现有核心环境法律制度融合进来，以调整技术实施。

其次，保护参与新型环境法律关系主体的合法利益。本书认为环境法中的相关制度所调整的法律关系，是产生于一种环境网络协同和环境数据驱动为主的技术应用场景中的，在这种模式下，传统环境法中的环境行为的"颗粒度"不但会得到提高，细微之处也可以用数据量化统计，同时，获得足够多的数据后，还可以总结出法律上的因果关系，来帮助构建相应的法律制度。我们体察到，技术改变了传统法律行业，最大的变化在于将环境法领域中各种"配额"的供给管理，变为基于网络的合作协同，从而产生了新的社会工种。以前的环境法律是一种专业化的"直线"模式，也即"构建法律规则，然后交由法律专业人士处理（律师、行政机关、检察院、法院等）"，所以在这种"直线"模式中，为了保持该种法律程序链条的稳定和通畅，必须事先确定好法律程序标准，如此环境纠纷最终才能得到解决。在这种"线性"的法律链条中,为了应对全国的环境纠纷,此种模式推崇的是规模化、标准化,以较低的法律成本,并以有效率的方式来解决环境问题,迅速解除环境公害对于社会造成的影响。传统环境法律中的环境标准、环境公益诉讼、环境调解等方式,都是在这种背景下的创新。整个环境法律流程可以说是在标准化的驱动下进行的,但是,高标准化在追求规模、迅捷的同时,对于其难以衡量的领域,则难以处理。在大数据的赋能下,未来的环境法行业会进入法律行为精细加工的阶段,实现法律行为数字化价值最大化,因此新型法律行业的人员会增多,例如数据收集、数据归纳分析、数据储存等,这些数据会用于法律中的信用评级、风险预警、举证质证等环节,不同的环境法领域还会有更独特的行为模式,这些新行业的参与者的利益需要得到保障。

最后,通过共识协议,缓解因为过度开发环境造成的环境问题。传统环境法基本理论认为,环境法中的两大问题(过度采集资源与环境污染破坏)都是由于稀缺性问题引起的,也即二者分别对应的稀缺性问题是"资源有限"和"自净能力有限"。为了解决稀缺性问题,环境法学者提出了大量的建议,有学者认为根据科斯定理,经济的负外部性可以通过当事人的交易得到解决,因此环境问题的核心就变成了"当事人在市场交易中,产权必须明确和清楚,这样政府就可以借助市场来解决环境问题"。有的学者认为使用环境的问题涉及一个人的基本权利,例如每个人都有开办企业的权利,不能因为保护环境而过度限制个人权利,因此这类学者的讨论引申出对于环境权的话题。还有学者认为,市场本身存在失灵的问题,而环境权利本身很难在法律中以法律技术的方式固定下来,因此该类学者提出了环境义务论,主张环境法中关于义务的内容要多,只有施加限制才能解决问题。以上理论都有其优缺点,无法让所有人都信服。如今随着大数据技术的出现,有望为这一问题提供一种新的解决思路。例如,共识协议技术是大数据技术的代表之一,其利用智能合同技术,在涉及环境的合同中,不但可以将合同当事人写入合同,同时还可以将监督方,例如环保机关、审计机构、资产管理机构等主体链接起来,以此实现信息的互通,如此不但能达到对合同运行的监督,也可以对环境资源使用状况进行实时记录,避免过度使用。这种思路的好处是多样的,不但可以应用哈希函数、电子时间戳等技术防止篡改有关环境的记录,同时也可以避免重复监督,大大缩短了争端纠纷的处理流程。虽然《网络安全法》《数据安全法》等法律对数据行业进行了规定,但是对于环境行业的数据管理制度还需要作进一步的细化。

二、研究方法

(一) 文本分析的方法

作为成文法国家,任何环境法律制度的构建,都不能与现行法律制度产生冲突。这里所说的法律,是指广义的环境法,也即从法律效力上看,既包括《环境保护法》的上位法等法律,又包括《环境保护法》的下位法,主要是各种环境单行法,以及地方法规等,如《内蒙古自治区草原管理条例》等。从环境问题本身看,既有专门调整环境的有约束力的法律文件,也包括其他法律中所含有的调整环境的内容,比如《民法典》第七编第七章中涉及破坏环境所要承担的民事责任的内容。这里必须说明的是,2023 年,全国人大常委会启动了《生态环境法典》的编纂工作,在编纂这一法典的同时,全国人大还计划编纂 10 部左右新的有关环境保护的法律,以期通过编纂法典,制定新的环保法律来完善我国的生态保护法律体系。因此，对于法律的梳理，除了要从现有的法律出发，从当前的法律内容中查找与大数据和环保相关的法律依据，还要从未来的法律发展趋势考量，思考本书所要论及的话题该怎么样落地实行。

（二）实证研究的方法

与其他法律对议题的定性研究不同，环境法律还重视对议题的定性研究，这属于环境法学科研究方法上的自觉。这是因为，环境法学者认为环境法的研究，既有规范性的一面，也有实证性的一面。所谓规范性，是指环境法所研究的事物就应当是何样的。具体来说，意指在某几种理论前提假设下，如果该前提假设正确，那么环境法应该怎样调整涉及环境的行为。所谓实证性，是指如果法律逻辑与实际有偏差，在现实中，环境法应该如何去调整。比如，在排污收费制度中，该制度成立的前提并不是理论上的"可以利用生态环境的自我净化能力，否则就会造成生态环境功能的浪费，所以允许向自然界适度排污"，而实际是"是否可以排污，取决于生态环境部门所核定的污染物种类名单"，如果不属于名单的范围，则不能排污，根本不可能适用排污收费制度。所以，对于环境法的研究，不能沉浸于规范性的研究，不能在理论假设中构建法律制度。对于数据本身来说，其也更注重怎么用数据来研究资源的投放。二者结合讨论，既可以说是环境法学与其他学科领域共有的实证研究趋势，也说明在大数据时代，至少在数据的利用上，环境法学与其他学科的区分会变得模糊。

（三）比较研究的方法

追寻我国的法律发展史，我国在古代社会就有关于污染防治和开采自然资源的律令，但是其并不是现代意义上的法律制度。因此像其他法律一样，现代环境法也不是在我国诞生的，而是像其他"社会法"一样,例如劳动法、消费者权益保护法等,由于突破了私人关系,涉及了社会公共利益,导致传统的法律支撑性已经不足才引进的。具体到环境法来说,西方工业化早期造成的环境污染破坏问题产生了社会公害,扩张了民事法律行为所设定的私人利益关系,而且在强大的公司面前,普罗大众处于弱势地位,因此,为了解决这种新型纠纷,环境法应运而生。此类法律,处理的不仅仅是私人主体之间的法律关系,还涉及整个国家和社会的利益。从这个角度出发,西方的环境法发展较早,司法专门化的发展也较为系统,可以成为学习了解的对象。虽然法系之间有不同,但也有相似处,从司法实践上看,也具有借鉴的可能性。我国属于大陆法系,法官审判时使用的是演绎推理,而环境法同样发达的美国等国属于英美法系,审判时使用的是类比推理,即使在审判程序中有很大差异,但是两大法系的发展变得殊途同归,英美法系中出现了越来越多的成文法,大陆法系中也越来越注重案例的指导性作用,更为根本的是,两大法系有共同的法律逻辑,即无论大数据技术使法律的形式变得多复杂,也一定要维护法律的标准统一性和可期待性。

(四)逻辑演绎法

由于数据本身可能具有虚拟性,并不能完全还原现实案例的真实情况,具有一定的"杂质",需要法律人去除数据中矛盾、多余的内容,从中归纳出法律逻辑需要的要件事实,也即,大数据在法学研究中的应用需要去除数据中的"杂质",从而才能推演出法律关系的结构和其运行机制,最终形成一定的法律模型。这也告诉我们,相信数据不是盲目相信,而是要从已知的公式和定理出发,经过严谨的推导和计算,才能形成可信的结果。反映在法律研究中,最有说服力的逻辑推理便是三段论,也即演绎法。一般来说，无论现实生活中的法律案件多么复杂，只要符合成文法中预先设定的法律事实，就可以用相关法律调整，定分止争。例如，法学中对于请求权的寻找，就是典型的演绎法。当然，专注于法学研究要件事实的寻找，有可能会高估理论模型的适用范围，导致一厢情愿的结果，会将法学研究中有争议的要素，例如相关案件中原被告的主观臆断、激烈情绪下的夸大其词、盲目猜测等因素，带入到研究当中。这是本书极力避免的。对此的应对是，法学对于任何问题的研究，都应当止步于对案件事实的认定，只将自己的问题限定于法律制度的应用范围内。具体到环境司法实践来说，生态规律难以摸清，这就导致各个法律事实之间的因果关系很难得以认定，或者说根本无法认定，更不用说案件当事人的立场对于案件事实的主观判定，此时，维护法律可期待性的办法并不在于执着地弄清生态规律，而是应该回到法律方法本身，只需要找到已经预先设定好的环境法律关系的成立要件即可。所以，本书所采用的逻辑演绎法，必须有所限定，具体是指，本书所要研究的法律内容，只限于具有法律意义的重要事实，也就是说，此种逻辑演绎，不但要能够达到理论上的自圆其说，也要能为环境司法实践中的诉讼需求提供法律事实提取的便利。

（五）利益衡量方法

传统法学理论上所泛指的利益与利益的衡量，是指环境问题突破了私人主体的利益范围，涉及了个人与国家、个人与社会的利益重叠，在这种情形下"纯粹"的私法或者"纯粹"的公法均无法解决环境问题，此时只能在不破坏原有私法和公法的各自理论基础之外，寻找一种利益的衡平，以达到保护新型利益关系的目的。这种利益衡量的方式以梁慧星老师的研究为典型，在各个部门法领域都有实践，该理论的初衷就在于面对法律的机械性，以及法学理论研究的神秘主义，概念上的法学不但无法解决实际的环境问题，也无法适应复杂多变的环境问题，在环境法上的利益平衡由此具有了发展空间。利益的比较，或者说是价值的比较，其理论的出发点都是"排序"，而且是体系化的"排序"，也即通过理论的构建来对各种利益的层次结构进行点评，从而确定在某种情形下的不同利益之间的博弈方法，具体来看，是指个人利益、集体利益、国家利益等利益之间的体系化构建。但是本书所指的利益衡量并不单纯是指利益的衡量和排序，而是想在更广泛意义上讨论创建环境法制度的合理性。这是因为，无论是在环境法的内部，还是在本书所要创建的法律制度，都无法在自然生态环境里找到像"贵金属金融价值排名一样的价值表"，因为任何一种有机物或者是无机物都有其存在的生态学意义，不分所谓的"价值高低"，这导致我们无法用社会学意义上的"价值标准"来评判自然环境。具体到环境法实践来说，法律从业者在进行衡量时，从法律效力的纵向来看，必须遵守法定的层级效力标准，但是从横向来看，除了有法律规定的特殊原因，在几种处于横向的价值之间，法律人又该如何取舍呢？所以本书认为，所谓的利益衡量，无论是从实证法研究的角度出发，追求所谓的人类理性，抑或从自然法的角度出发，追求永恒的真理，都无法进行法律意义上的"利益排名"，对于具体环境问题的解决，还需要考量更多的因素，例如在利益衡量时，还可追问环境伦理这一法学重要的渊源。

第六节 创新点与不足

本书以环境法为背景，将大数据技术列为研究的对象，以技术怎样融入法律制度，以及能给法律带来何样的改变为角度，尝试破解环境法律实践中的难题，具有一定的新颖性。

一、本书选题新颖

以大数据为研究对象成为近年来的热点话题，尤其是在大量的有关数据的法律法规颁布后，此话题就一直是学界的关注点。话虽如此，本书认为创新在于"新"，而不必一直在于"创"。所以，虽然此类研究对于学界来说也不是新鲜话题，但是将大数据技术引入到"具体"的法学领域里，还是具有理论的新颖性和学术价值的。法学本身是一个复杂的系统学科，而环境法更是一个"杂糅"的系统，涉及法学和其他学科的交叉，在环境法内部的不同学科之间相互学习和渗透是常态，从而不断适应我国社会发展的结构与人们的行为方式。大数据在环境法研究中的应用，有利于增强环境法研究的实效性，为未来的环境法典化的构建献计献策。当前多数环境法学者对于环境大数据的研究主要集中在某几个领域中，他们对于环境法的数据化发展作出了巨大的贡献，但对于如何完善环境法其他领域的数据化，以及与其他法律该如何联动，还有待更为细致的思考。例如，我国目前虽然颁布了有关"数据""个人信息""数据权利""数据安全"等有约束力的法律文件，但是对于更加细致的规定，要么属于空白，要么不够细致。此外，对于未来的环境生态法典整合性的体现，依据现代环境治理的观点，必须向着"综合性"转变，也即必须用生态系统论的观点，综合运用各种手段，以此来达到充分利用生态自身规律解决环境问题的目的。这种"综合性"的法律制度，并不是"万能药"，能解决一切问题，也不是某个具体领域的具体操作方法，而是提供一种可以贯穿于环境法整个领域的"框架性"思路，从而将其他学科的理论方法融入环境法，使环境法学者的"工具"变得更多。

这种转变也同样体现了一种创新。也就是说，过去学者对于数据的研究主要在于数据的获取和加工，但是忽略了获取数据的边际效应，使之成为法律数据化研究的一大难题。本书认为，法律利用数据思维非常重要，因此破解难题的思路就是构建环境法中的数据汇集平台，利用统一的数据平台思维，为环境法带来可能的理论突破。

二、理论视角较为新颖

尽管关于数据法学的研究多如浩海，但是仔细研读，会发现从宏观上对环境数据使用做底层基本理论的研究并不多。本书试图从此方面切入，尝试以环境保护为核心目的，利用数据，并使用数据思维来构建基于大数据的环境保护法律制度，并以此阐明环境法中大数据利用的基本逻辑，为未来的环境立法提出建议。在制度构建的方式上，本书跳出了原来环境保护制度公私两分法的制度模式，从现有的环境法中的配额制度、交易制度等基本制度出发，在保证环境安全的同时，利用大数据思维来促进原有制度的效率，并提出在环境立法时可以考虑将数据聚合的平台思维纳入环境法律中，通过中心化的数据库平台作为调节环境保护与经济发展之间矛盾的缓冲器。在具体的制度构建路径上，与以往环境法律制度的不同点在于，本书希望将技术创新融入法律制度本身的运作，而不是单单讨论技术本身对于法律的影响，具体来说，希望环境行为中的各个参与主体基于技术上的共识，打造一个数据化的平台，将该平台应用于污染防治和资源交易的过程，其法律上的收益在于能够解决传统环境法制度的痛点，例如解决资源交易的信任问题、环境配额数据来源的可靠性、环境数据转移的安全风险等棘手现实问题。

三、具体讨论我国环境法视域下大数据制度构建的时代需求和本地化议题

首先，我国环境法视域下大数据制度的构建回应了时代需求。保护环境的最好解决方式就是预防，将污染破坏防患于未然。可以说，环境法中预防原则的发展代表着环境法核心制度的迭代更新。早期的环境法体现的环境治理方式是"头痛医头，脚痛医脚"，体现的是事后治理。近代环境法的重要变化即是预防原则的出现，将事后救济原则改为预防为主，实在无法预防的，再采取事后治理的方式。当代环境法在此基础上，借助循环经济、清洁生产等新制度理念，将预防原则与可持续发展结合起来，体现了我国对于环境法的理念创新和对环境治理的决心。本书认为，预防永远是环境治理的核心，预防的关键在于提前感知环境风险，而新出现的大数据技术完全可以起到这一作用。因为对传统工业产生的环境问题的预测所采取的对应制度是环境影响评价、"三同时"等制度，但是数字时代改变了以往工业的流水线生产方式，也就是说，大数据技术可以帮助生产单位事先收集数据并分析可能引起的环境风险，从而再作出是否生产的决定。此种规避环境风险的发展模式，以风险为导向，可以不断发展迭代，以最小的成本找到环境保护与经济发展之间的平衡点。因此，我们可以说，技术改变了工业生产模式。企业基于生存压力和竞争成本不得不采用以上生产模式。对于环境治理来说，无论面对市场，抑或技术，都必须与时俱进，才能将其纳入监管之下。目前，我们不得不承认的是，面对新技术的挑战，我们的监管模式和相应的制度还有进步的空间。因此，本书认为，环境治理如何适应时代的变化需求，是值得思考的。

其次，我国环境法视域下大数据制度的构建体现了本土化

的需求。对于环境法应用数字技术,很多学者提出了不同的观点,梳理这些观点,可以发现可谓差别巨大:有学者认为,环境法数字化完全不同于传统意义上的法律;有学者则认为所谓的利用数字技术,仅仅只是将环境法进一步网络化而已,没有根本性的改变。如何中立地评价这种变化,成为研究难点。本书认为无论对此持有何种观点,无论从技术本身出发,还是从法律的管辖范围来看,都会涉及对调整对象本身行为的研究,也即对本地行为数据的分析,包括环境法律业务和环境司法程序,充分反映治理生态环境的真实需求和充分体现大数据技术的特点。本书进一步认为,做好法律制度的本地化工作,仍旧是本书的研究重点和起点。因此,社会生产方式出现了新的可能,无论是对于案件当事人,还是政府来说,都提出了新的要求,也即环境法律关系不再是简单地利用生态环境而产生的问题,包括规划、资源交易、环境法律责任等传统议题,而是需要探讨怎样将一种新的社会本土合作融入当前的法律,这是一个新的课题。

四、提炼环境法的数字法理逻辑和演进趋势

环境法到底需要按照什么样的逻辑运行,这是首先需要回应的问题,也是构建法典需要面对的问题。与之相似,我国《民法典》的制定有一定的法律历史传承,例如,债权债务规则是以前合同规则的总结;婚姻家庭部分是过往社会家庭单位的经验总结等,因此在深厚的法律历史底蕴下,民法相关制度的总结是顺理成章的,也非常有利于法典化抽象概念的编撰。但是环境法有所不同,它的法典化编撰不但要面临纷繁复杂的法律文本的汇编,同时也必须体现党在环境治理方面的先进理念,尤其是对习近平总书记关于生态文明的最新理论,必须以环境

法存在的方式表达出来。因此，在法典编撰的时候，需要找到一种新的表达方式。在面对层出不穷的环境事务的挑战时，我们对于环境法的研究在借鉴民法法典化研究中的"潘德克顿法学"模式的同时，也要将目光投射于具有前沿意义的数据化思维上。环境法的"数据化"不应当理解为过去所熟悉的法律"信息化"。过去的"信息化"思维强调用网络把现实中的事物链接起来，而法律的"数字化"则要精深得多，其主要区别在于用人工智能来分析法律所调整的事物，强调的是用数字技术来驱动环境法律的变革。数字技术的应用不但可以大幅降低政府管理环境事务的成本，也是环境法律关系参与者提升效率的重要途径。数字化时代，并不是说将技术表达成涉及科技类的法律法规就可以完成数字化的转型，面对新的"法律驱动能源"，环境法学者不但要研究如何采集数据、分析治理数据，甚至还要应对因为"数据化"所带来的法律行业组织的变革。如此巨大的现实变化，环境法少有习惯可寻，若参考行业规范等法律渊源，则会发现，既不能完全通过常见的法律解释的方式来容纳新事物，也无法采取像制定《民法典》那般"传承过往法律制度"的方式，而是需要重新提炼环境法的数字法理逻辑，以应对未来趋势。

五、推动学界对环境保护逻辑的再思考

根据目前我国环境保护法律的规定，我国已经建立起符合我国环保行业规律的环保法律链条，该链条在法律上的大体表达是"环境规划制度→环境影响评价制度→'三同时'制度→事后的环境救济制度"，通过不同阶段不同制度的配合，以达到"预防为主，事后救济"的环保终极目标。同时在这个基础上，我国学者又提出了大量的基于该链条的创新理论，比如基于水资源的流域规划制度、基于森林资源的异地补种制度、基于草原资源的轮割轮采制度、基于渔业资源的禁渔制度、基于责任的预防性法律责任、基于纠纷争端解决的环境公益诉讼制度等。然而，无论从环境法律关系的主体上看，还是从环境诉讼程序的安排上看，都存在适用性、可行性等方面的瑕疵，因而可能在一定程度上难以实现对于环境问题的救济。所以，有必要从基本理论出发对我国现有的及学者理论想象中的环境保护模式进行再审视。本书认为，数字化体现在环境保护法律流程的全周期中。因为，环保案件发生的起点是环境检测，并不是环境规划，没有环境数据作为引子，何来的环境规划呢？同样，环保案件的终点是法律责任和环境救济，这些也需要数据作为衡量标准。例如，根据《森林法》的规定，可以在异地将被破坏的树木进行补种。可是补种的标准是何样的，学界和司法界有不同的理解，这就导致现实中对于该法律责任的承担有不同的看法。本书认为，如果提前有对此森林法法律责任的数据库建设，那么这种新型法律责任的实施就会更有的放矢。综上所述，提升环境法的"适用体验感"，数据化技术是重要的手段之一，可以极大地提高法律的运行效率。环境法的数据化转型是一个运用数字技术，并将数字技术作为新型驱动机制的系统工程。此种系统化的重构是一种对环境保护流程的再思考，也是未来环境法的可行进路之一。

当然，因为本书作者是法学研究出身，虽然对于大数据有个性化的了解，但是受制于个体的知识认知边界所限，不能像理工科学者那样对于技术有"切肤之感"的了解，也不能像文学作者对书籍的缮写能够笔下生花。因此，本书的写作还是有一些需要提高的地方，主要集中在以下几个方面，这也是本书作者日后需要继续探索的领域：

第一，无法完全顾及环境法中大数据制度构建所涉及的所有部门法的价值。从数据本身看，技术是中性的，其对于人类的价值在于能从随机的、微观的法律场域中归纳出规律。为了该目的，对于法律关系的分析可能要适用统计学中的数据回归分析等其他学科的思维，否则我们获得的数据就有可能是毫无法律价值的电子符号。也就是说，法律人运用数据思维等同于在分析函数关系式，可将过往传统的法律事实的寻找、因果关系的推理等法律逻辑转为具体的数据分析，这即是数据分析的技术理性意义所在。环境法中大数据的运用，核心体现的不是技术本身，不是传统法律业务本身，而是二者之间的组合和取舍。虽然本书的缮写立足于《数据安全法》《民法典》等相关法律的规定，在维护国家利益和社会公共利益的基础上，尽量平衡个人利益与公共利益的关系，但仍可能顾此失彼，无法评价数据分析技术在其他法律领域中的价值。

第二，无法完全回应环境法律与技术变迁之间的关系。对于环境法来说，二者之间的互动关系是环境法发展的面向之一。面对技术的迭代，怎么样既能够包容技术所引发的社会现象，又能够保证法律的权威感，以便使人们预期地相信法律能消除技术所带来的社会发展过程中的不安全感。传统环境法采取的思路是，在不破坏社会公益的前提下，如果新技术带来的可能风险在可控范围内，宜采取事后治理的方式，反之，就采取事前监控的方式。这种以往对待技术影响的法律思考方式，也符合环境法对待环境问题的发展趋势，也即由"私法自治，不告不理"转向"引起公害，政府介入"的社会法发展趋势。虽然技术进步是社会发展的底色之一，但是法律的保守也是我们要坚守的态度。在本书看来，二者的互动关系体现了环境法律与社会技术变迁之间的微妙关系，此种关系涉及多方关系，很难用法学独家解释。对此，本书认为，未来随着大数据技术对于环境法影响的加深，法律本身的机械性和僵化性会变得更加突出，保持法律接受新事物的机会，扩大积极性，是应对的可行方式。但是，破解二者之间的关系，实现一劳永逸，并不是本书所要直指的问题，因此，本书只能做这样的评价。

第三，本书的写作受客观条件所限，无法面面俱到地谈论所有相关议题。关于大数据环境法律制度的话题需要进行经济学、加密学、会计学、社会学等学科知识的汇集融合，本书为了能更好地驾驭该话题，查阅了大量其他学科的知识，并试图将其融入写作，并用法律语言加以表达，但是毕竟受实践经历和时间精力所限，在其他学科知识的积累上难以做到透彻理解，更不用说将不同的学科知识融会贯通，特别是一些涉及重要数据的领域，由于这些领域的数据收集涉及敏感话题，如商业秘密、个人隐私等，对于其的讨论，受制于信息匮乏，只能浅尝辄止。同时，本书还要强调的是，大数据技术的概念近些时间以来在中国互联网被热炒，尤其是在金融科技领域，但其实大数据技术是舶来品，或者说那些在学术上已经有扎实的理论讨论，且实践中也有重要应用价值的大数据技术，其部分肇始于域外，例如加密货币、分布式系统等我们耳熟能详的概念。这类技术的初始目的是把社会中闲散的资源汇聚起来（例如环保技术、金融科技产品、人员信息等），同时将其电子空间信息化，并利用先进的加密技术加密后（例如哈希函数等），建立一种新的社会信用体系，方便资源之间的交换。对于这些域外资料（包括相关法律制度），由于本书作者缺少多语言能力，因此在查找时难免会导致出现遗漏，或者信息不全的问题。

第一章
大数据时代环境保护问题的相关表达

第一节 与环境保护有关的法律概念辨析

按照以往部门法划归的方式，环境法由于自己没有独立的理论体系，所以往往被划归在私法或者公法的某一个分支领域内，这不但导致了环境法在整个法律体系的定位较为独特，同时也导致了环境法的研究方法属于"海纳百川"，吸收了其他部门法的大量研究思路。从形式上看，环境法学的研究视角"五花八门"，但其实缺少贴合自身独立性的法律形式。这么做的目的也有其现实性，因为法律存在的重要价值之一就是解决现实中出现的纠纷，息事宁人。在还没有出现专门化法院（庭）之前，关于环境的案件也会被纳入传统法庭进行审理，这也符合司法实践的需要。但是随着新理论的出现，以及法院内部组织结构的改变，重要的是随着专业化的环境资源审判庭出现，无论是为了体现环境资源审判庭的专业性，抑或形成环境法独到的理论，都应当对环境法的发展进行反思，找到合适的解决环境问题的方法。

一、传统环境法概念辨析

法学讲究批判性的思维，当社会大众在讨论某一社会现象

第一章　大数据时代环境保护问题的相关表达

时，法律研究者不能被世俗的，也可能是虚假的信息所裹挟，而是需要正本清源，提炼出问题的真正核心，以作出客观的判断。在如今快餐化的信息时代，批判性思维也是解决环保问题的关键所在，它可以帮助我们清晰地定位和理性分析，从而得出产生环境问题的社会原因。在批判性思维的引领下，本书认为环境问题不是一蹴而就的，而是一个动态发展的过程，即什么样的时空，就会对应地产生什么样的环境问题，好似"人不可能两次踏进同一条河流"。从我国本身出发，我国的环境问题也不是一成不变的，从最早工业化初期，我们需要应对的"工业三废"，再到目前出现的各种独特的固体废物、化学品污染物等，都需要我们在构建环境法时保持审慎的批判性思维，一切从实际出发。

面对动态的、复杂的环境问题，大陆法系的特点是找到调整环境问题的"永恒真理"，以稳定的法律规则来对抗随机演变的环境问题，以维护法律的尊严感。这种法律的构建思路不但满足了大陆法系的演绎推理的案件审理模式，也希望借此与环境法的调整对象（自然环境）本身天然存在的生态规律，建立起法律上的联系。这种法律的构建思路实际上暗含着一种法律哲学上的博弈：如果我们认为人类所处的生态环境是一个早已固定好的结构，它按照人类无法左右的规则所运行（也就是环境法上所认为的生态规律），此时，一个愿意追问存在意义的生命，也即人类，一定会追问"人类社会遵守生态规律的意义是什么？"如果这个问题成立，那么接下来的追问就会是"存在于生态之中的人，为了遵循生态规律，保护环境，会不会牺牲自己的自由""人的自由与环境保护之间到底是一种怎么样的逻辑"等问题。简单概括，如果生态规律是人类必须遵守的规则，在先不讨论何谓生态规律的前提下，按照这个思路，人类社会的理性光辉是应该与自然的生态规律相一致的。在这种情形下，人类社会的发展如果按照理性来推动，也等于是符合了生态规律的要求，达到了保护环境的目的。

本书的目的并不在于论证自然法，或者是讨论霍布斯（Hobbes）所谓的"自然法则"，而是提出自己的设想：作为"生态环境构成单位"的人，也有自己的专属生态规律，例如世俗意义上的自由、平等，这些都是不容忽视的，那么在法律中，我们应该如何调整以上事物之间的关系呢？生态环境显然没有告诉我们答案。无论是从民间习俗到形而上学，从自然现象到政府规定，以上的每一个事物都对此有过深刻的讨论，或者至少有过某种行业内部的解决方式。这些社会规则的调整造成的现象是（包括法律规则的调整在内）："逐渐对某些新事物开启了新的调整办法，同时也会联动对其他传统事物造成影响。"就像科技创新一样，带来了方便快捷，也同时重新定义了社会风险的分担。反映在法律上，虽然有生命权、财产权、开办公司的权利等法律制度，以及有环境权的讨论，但是与生态规律之间该如何调和，是一个永恒的话题，是一个蕴含在环境法学概念之下的永恒底色，这是我们在分析环境法学概念时所不能忘记的。

同时本书也认为，概念也是环境法学研究的基础。因为概念是大陆法系成文法的基础，也是法律解释的对象。如果出现了新的事物，比如大数据技术对环境法的影响，通过对相关环境法概念的解释，可以使该概念具有更好的包容性，从而使其能容纳更多的新事物。以此类推，进而使环境法能够容纳更多的调整对象。相比大数据技术，生态、资源、污染等是环境法的基本调整对象。在市面上的教材和大量的学术论文中，作者们将这些基本概念加以组合，通常采用了"环境法的发展史、

第一章 大数据时代环境保护问题的相关表达

环境法的基本原则、环境法的渊源、基本原则影响之下的环境法基本制度、违反基本制度的环境法律责任、各个具体领域的调整内容"的编写形式。从《生态环境法典草案专家建议稿》看,虽然未来的《生态环境法典》,也可能采用"总—分"的模式,分为"总则编"和"分则编",也即整个结构上可能会是"总则部分和分则部分(分则可能包括污染破坏+生态保护+资源使用+物质综合利用与节能+气候资源与变化+循环经济等几个部分)",但实际上也是采用了概念在先的模式,从基本的概念出发,推理出与概念有关的各种行为,就像是大树一样,树根是核心的概念,树干是基于概念并且是适用各个领域的法律制度,各个树枝分叉是具体的特色领域,需要单独调整。因此,无论是当前还是未来的环境法律体系,对于概念的界定从这一层面来说,也是很有必要的。

第一,作为环境法的基本概念。首先,关于环境法律的核心概念,当然规定在《环境保护法》中。对于《环境保护法》在整个环境法律体系中的定位,学界还有争议,有学者认为该法是环境保护领域的基本法律,有学者认为该法不算是基本法律,因为其调整的范围并不包含所有环境保护领域,但可以成为环境领域的综合性法律。带着这种学术上的争议,我们再观察《环境保护法》对"环境"所采用的列举式的定义,虽然该定义没有明确"环境"的具体边界是什么,但是这既是一种法律技术上的处理,也是一种面对环境的复杂性所作的包容性处理。《环境保护法》也没有对何谓"资源"作出规定,其实按照前文的论述,"环境"与"资源"在现实中是一体两面的关系。对于一个事物,什么时候需要按照保护的思维去调整,什么时候需要按照资源开发的思维去调整,完全由法律来规定,因此《环境保护法》没有对"资源"下精准定义也是可以理解的。以此类推,"生态"的概念也没有在《环境保护法》中被明确,对于这些环境法核心概念的理解,都需要放到具体的场域中进行,除了概念本身所对应的现实事物非常复杂,无法轻易地进行抽象总结,环保问题也不是一个简单的、纯粹的议题,还涉及经济发展的因素,这从修订后的《环境保护法》调整了环境保护和经济发展的关系可以看出来。

第二,关于环境法基本概念的辨析。通过对以上基本概念的分析,可以发现环境法律体系中所谓的"总—分"结构,但其与《民法典》的总分结构不太一样。民法以总则为总纲领,在总纲领的理论统摄下,形成了具体各个领域的概念、规则、制度,总则部分既是对理论的总结提炼,也是对分则各个部分的限制,这样就可以使人格、物权、家庭、侵权等内容相差很大的领域相互联系在一起,使《民法典》成为具有内在一致性的整体,达到了法律的逻辑自洽。但是环境法的基本概念在《环境保护法》中没有被明确,这就不得不依靠具体的环境单行法来说明在具体的场域中,某个概念该如何理解。例如,环境法中的黑土地资源是典型例子。《黑土地保护法》于2022年通过并实施,该法明确规定了何谓法律上的黑土地。[1]从定义来看,如果是从农学角度切入,土地的颜色越深,证明土地的肥力越好,也即如果土地中的黑色腐殖质越多,土地的肥力就会越好,土地就越适合耕种,属于珍稀土地资源,应当将其纳入基本农田保护范围中。如果将该农业生态规律逆向理解,就会得出如下结论:"如果在普通土地中加入更多的腐殖质,那么该土地的肥力就会提升。"实际上,这种设想是符合真实生态规律的,大量的农业相关行业也在实践这种模式,比如在化肥行业,

---

[1] 参见《黑土地保护法》第2条第2款。

第一章 大数据时代环境保护问题的相关表达

有企业就通过反哺土地黑色腐殖质的方式，提高了土地的肥力，土地也因此"变黑"了。按照这个逻辑继续推理，环境法中黑土地的保护范围就应该涵盖全国的"黑土地"，既包括天然形成的黑土地，也包括后期经过人工改造的黑土地（人工添加黑色腐殖质的土地）。但是，研读《黑土地保护法》，该法将其调整范围限定在东北三省，以及内蒙古自治区符合条件的土地区域。这就出现了环境法中应然与实然的区别，应然是指"基于黑土地资源变少的事实，应当对全国所有黑土地提供法律保障"，实然是指"除了应当保护黑土地资源，还要考虑中国的粮食行业状态"。实际上，经过长时间的经济高速发展，中国的产粮地区已经发生了显著变化，全国粮食生产重心持续北移，主产区出现重大变化，粮食调出向少数省份过度集中。其中，全国粮食调出总量的大部分是由黑龙江、吉林和内蒙古三个含有天然黑土地的省份贡献的。因此，如果从实然的角度出发，也即，保护黑土地资源的同时，也要保护我国的粮食安全，所以《黑土地保护法》的重要立法目的就是维护粮食安全，要想达到此目的，在具体的法律概念上，就要体现保护我国北部区域的、含有天然黑土地的重要粮食产区，以此可通过法律的形式对粮食主产区进行保护，例如实行设立省际横向利益补偿机制、提高主销区和产销平衡区自给率、建立产销区划动态调整机制等维护粮食安全的措施。

以上可知，从修辞本身看，环境法中的概念既有可能包含生态规律本身，也有可能含有调整社会秩序的功能，是一个以人类为主体的、并含有生态环境的、具有互动性的概念，但是，在这种关系中，人是主体，人之外的事物为客体。可见，环境法中的各类概念既有可能交叉，例如城市环境与城市生态，也有可能毫无交集，但会相互影响，例如城市环境与热带雨林，这就使得概念在实际应用中不但需要被进一步解释，不容易被理解，也会导致各个调整部门的权责交叉，但是同时我们也应该看到，这种"逻辑上的松散性"也给了新技术进入环境法的可能空间。

第三，在法律调整对象上，环境法与其他法律的关联。应当承认的是，环境法与传统部门法之间的关系是十分紧密的，这并不是单单因为目前环境法要借助于其他部门法的规定才能审理案件，而是从环境法的发展史来看，环境法的基本理论也脱胎于传统部门法。和其他法律处理的社会问题一样，环境问题本身也是社会利益的一个断面，因此环境法早期属于其他部门法的一个分支。按照民法学的研究方式，环境问题涉及的是民法中的侵权问题，是个人在生活环境中的特定利益遭受他人的侵害，因此需要借助法律的强制力来解决。也即，早期对待环境问题的态度是私法自治，自己对自己负责。这也是环境法一直在致力于研究环境权的重要原因之一。但是随着工业技术的进一步发展，环境问题造成的危害已经不再局限在私人利益之间，环境公害问题摆在了眼前。按照私法的实体法和程序性的规范，无法妥善处理好超越个人利益的法律案件，尤其是伴随着新型的环境污染出现和公共资源的分配，比如核污染、极地冰块的融化、水资源的分配等，环境问题需要政府的介入，自此开始了公法视域对于环境法的研究。这种历史上的法律传承性，导致了环境法与其他法律间既有较大的区别，也有很强关联性，因此在现实中虽然有环境方面的实体法，但在程序法上还要依靠其他法律。例如，虽然民法上调整的事物与环境法律有大量的交叉，但是依据的理论却大相径庭。民法上的森林、鱼类、草地、湿地等大部分资源是按照传统所有权理论设计的，遵循权利的"取得、转让、消灭"理论进行调整，其中又有先

第一章 大数据时代环境保护问题的相关表达

占、抵押等权利的中间状态理论。但是随着环境问题的出现,民法内部出现了要限制传统所有权的理论,以保护环境。从环境法本身来看,以上的这些资源涉及公共利益的一面,需要由环境法来调整。这种思考法律问题的方式,实际上契合了"环境与资源是同一个事物,但有一体两面的属性"的观点。因此,当我们讨论"支配或者使用"法律上的某物时,实际上是在讨论"某物可支配性的类型化"问题,既有可能是在讨论民法上的可支配性问题,也有可能涉及公法上的环境治理问题。比如说,当我们讨论一瓶矿泉水的法律问题时,一般适用民法进行交易等的控制行为,但当我们讨论对一条河流进行调整时,不能将河流视为个人所有,无法进行民法上的"利益特定化研究",而是要适用环境法或行政法,甚至是刑法保护环境。

综上所述,很难将环境法与其他法律完全剥离,划定各自的调整范围。这从学理上可以解释为,传统法律(尤其是民法)期望在维护公益的前提下,将个人利益保护最大化作为涉环境法律内容的规范目标。但是这种规范性设计,如果放到其法律诞生的年代来看,虽然涉及了环境内容,却是在维护人际交往的逻辑下制定的,此时,法律的概念中也必然会蕴含着"市场失灵"的可能,比如过度使用私人权利导致的资源浪费等问题。根据这些传统法律的概念,即使是理性的人,或者说就是因为经济理性人的假设,可能致使法律个体的行为无法达到保护环境公益的最大化。因此,传统部门法的学者将焦点转向了脱离经典市场经济理论的方向,比如新型所有权(所有权的限制)的理论。但即使如此,部分学者的逻辑论证还是脱离不了对以往理论的依赖,尤其是对于经济学的应用。他们认为,既然环境问题与经济发展存在博弈关系,就可以对环境保护中的经济学成本进行收益分析,以此达到"以毒攻毒"的效果。本书认为这类想法是导致环境法独立成章的重要原因之一，因为环境问题存在地域的差异和时代差异，不能完全像"科斯定理"那般，直接将解决环境问题等同于建立明确的所有权，或者用环境政策的方式减少市场交易的摩擦，以便个人通过成本—收益的方式解决环境的负外部性问题，以一种分散的方式来抬高社会的整体环境公共利益，例如经典的庇古税。

相比较于大数据技术，传统环境法的理论对于环境问题的论证逻辑不明显，没有显性的、可以观察到的数据资料，而是通过理论性过强的假设，来达到促进规范性观点形成的目的。例如，生态人的前提假设，表面上看起来尊重了自然与人类社会之间的和谐共处，但是实际上具体回答不了二者之间的关系如何，更不用说这一假设是建立在区分人类利益和生态利益的基础之上的，对于人类利益的本身需求可能导致消除对于生态利益的需要，同时基于生态人假设观点的产生也只能支持预先理解的人类社会利益和生态利益，这种利益的选择就只能是个别的，而不是基于生态层面作出的。此时，这些理论并没有很好地解决外来物种、污染破坏、资源循环利用等主要环境问题，相反，这些理论似乎在环境保护方面进行了"非理性"的过度"投资"。比如，我国《刑法》明确规定了禁渔期、禁渔区等限制捕捞，保护渔业资源的规定，但是我们在现实中观察到，法律很难对禁渔进度进行详尽的规定，因为我国不但海岸线漫长，而且纬度跨度大，所以近海含有大量的渔场和鱼类，对种类和数量如此繁多，且生存空间相互交叉的鱼群设定禁渔期、禁渔区是非常困难的，如果出现失误，不但影响渔业行业的收益，也会干扰鱼群的生存。总之，传统法学理论在面对环境问题时有"人类社会理想化"的倾向，有可能通过设定有争议的法律技术来达如下的一种想法，即将社会福利最大化作为法律设计的目标，或者说将社会福利最大化作为一种可预测性的规范法律模型。但，即使是所谓的"理性人"的理性行为的集合，也不一定能使社会福利最大化。

二、传统环境法中数据化的基本概念

早期，环境法中就有关于数据化的研究，该类研究是与计算机技术的发展相伴而生的。计算机技术借助硬件和软件，将现实中的物质世界模拟为数字世界中的数字"0"和"1"，也即借助数学和数字符号将现实世界中的现象进行电子化的记录。随着技术的进一步发展，以及成本的控制，互联网技术不但开始大规模地商用，同时也走进了千家万户，通过网络的互通，可以实现海量信息的快速分享，这不但使得网络内容变得丰富多彩，不再局限于信息传播，也使得社会结构因此发生了变化。我们以往所讨论的数据化，更多的是指这种对于社会结构变化的影响。在这一时期，社会由于互联网数字技术的发展，改变了以往社会学中对于中国社会结构的设想，例如费孝通的"差序格局"、张继焦的"伞式社会结构"等。无论如今的社会结构变化为何种样式，数字化对社会产生的影响都具备了如下大体特征：首先，部分中心化组织特性。早期互联网社会并没有出现像当今由加密技术赋能的去中心化组织，而仍旧是一种基于网络的中心化的结构，虽然网络利用数字技术将各个个体和组织链接起来，使得全球之间的通信变得迅捷无比，国与国之间的界限在网络上变得"模糊"，但是基于对网络节点的控制，这些影响并没有打破原来主权国家的国际法概念，网络世界再虚拟化，也仍旧是以国家为中心的。其次，主格再次抽象化。以往对社会秩序的管理基本采用的是主体登记的方式，例如个人的出生登记、公司的成立登记等。这种区分具体法律主体（主格)的方式,在法律上有其特殊含义,大体原因是具体领域要适用具体的法律,以此体现社会公平。例如,在民法上,过往不区分调整个人和公司所适用的法律规则,直到出现《劳动合同法》《消费者权益保护法》等,这是人格具体化的体现。但是互联网与此不同,信息链上的每一个人,既可以是消息的发布者,也可以是信息的接受者,从这个意义上看,信息不区分男女老幼是与传统法律关于主体区别的划分规则明显不同的。最后,社群性。从法律哲学上看,人只要活着就会体现出社群性。例如,一个人选择隐居在房间里,即使无人打扰,也不能证明他处于"信息孤岛"的隔绝状态,因为法律上的规定保障了其他人不能侵入其私人空间。即使人在网络空间里是匿名的,但由于这种社群化的需求,导致人与人之间总是存在着某种定位,对于这种定位的需要,诞生了各种社会生活中的权益,也即互联网的开放性导致了大量的新的法律需求的产生,例如早期的网络域名问题,以及后来热门的虚拟财产问题,当然也包括环境法中的环境数据问题等。这些都是围绕数字技术的开放性而展开的议题。

以上,我们应当看到,过去在法学研究上,常常有学者提出新的关于信息化技术的看法,这是因为新技术改变了其对于法律的看法,具体在法律上的表达是:用法律逻辑做法学方法论,再用法律解释学来解释该逻辑。但是无论学者们持何种观点,都是在用新的办法解释收集到的数据,以验证新的关于法律调整对象的观点。

但是本书对于大数据在环境法中的发展持有自己的观点,也就是说,过去我们对于大数据的认识是停留在法律信息化的基础上的,希望将原本环境法律行业中人力的部分改为由电脑机器来完成,或者收集关于环境的法律行为数据,从而分析数

第一章 大数据时代环境保护问题的相关表达

据来验证关于环境法务的观点,由此得出一些由数据统计而认识到的法律启示。实际上,生态环境的自然存在不是一个个电子数据构成,我们不能简单地认为可以将生态环境用电子数据反映出来,甚至是进行数字化的复刻,这项工作不但以前不行,以后也不太可能实现,因为生态规律本身难以摸清,人类目前连人体组织的生物学规律都没有研究透彻,何来对整个自然界的彻底了解呢?要不然,环境法中为何要有环境风险预防原则的设置呢?实际上,生态环境本身也是提供数据的主体,其至少在环境法意义上不是名词属性,而是一个具体的事实,一个有待开发和被证明的事物,不是法学思想实验的出发点。因为法学科研理性无论是从何处出发,理性人假设也罢,生态人假设也罢,其所分析的数据都是相对理性的,换言之,以上理性的各种假设实际上是在说,我们对于数据的理解不可能是绝对的、永恒的。因为面对数据,学者们有权选择能令自己信服的结果,也许这种对于结果的选择是含有情绪与情感的,但总比不选择要好。更不要认为,通过技术获得大量数据后就一定能够修正自己的法律认知,原因在于,如果只是简单地将法律行为数字化,获取再多的数据也只是数量上的区别,与过往的研究可能没有本质的改变。当然,本书也并不是企图做一个对周围生态环境的全盘解释,从而发展出一套可以用人类理性解释一切生态规律的研究方法,以达到古人所说的"为天地立心,为生民立命,为往圣继绝学,为万世开太平"的绝对理想,而是为环境法提供一个法律技术方向的进路,但这种讨论必然会涉及环境法的本体学说。

根据环境法律哲学,讨论法学的本体就是要讨论一切实在的最终本体性,并通过认识论的桥梁来描述本体。这里本书需要再次强调的是,生态本身是很难描述的,是有限的物质世界与无限的资源获取之间的矛盾，这种矛盾如果直接套用法律语言，很有可能形成"人类在主客体对立的感知下，以无限的语言符号来表达有限的资源供给"。因此，本书认为，利用大数据技术也不是想找到人类经济活动主客观维度上的割裂，而只是讨论研究"如何认识"环境法，不去研究环境法的哲学起点问题，也不去触碰环境法学研究中的"能知"与"所知"的关系表述，以此避免讨论过于主观的个人态度。反映到环境法中的大数据上来说，数据的出现帮助环境法学的研究可以忠实地表述自然与人类社会之间的关系，让其回到实践本身，承认"社会发展与资源获取之间的矛盾是一项具体的、可感知的客观存在"，利用经验本身，以此协调二者的关系，但本书不想借由数据理论来进行人性的深层次解说，讨论生命的意义与环境问题之间的统合。因为，之所以利用大数据技术，是因为法学研究中的"问题"是属于可以分析处理的"问题"，而大数据技术恰恰是可用来冷静分析的工具，如果我们用法学的"找问题"思路，或者说是"数据分析"思路来探索生态环境的本身存在或者是人类生命的本身存在的意义，就会显得力不从心。原因之一在于，环保问题不是不可以认知或者不可以处理的事务，而"生态规律与人本身的存在问题"虽然与环境法的发展相互萦绕、挥之不去，但属于超越现实的话题（比如有学者从环境自身出发，放下传统法学研究中的"人的自我主体本身"，不区分"处于中心位置的主体"和"围绕中心主体的环境"，进而建立起用语言可以描述的"环境本身需求的利益"，走向了环境法研究中的"超越"之路）。超越现实的环境现象也是值得研究的一个方向，但它与法律数据分析不同，过于理想化，无法因应现实中可能存在的社会矛盾，不可同框讨论。比如，环境法中的生态补充问题、工地噪声污染问题、海洋污染问题等，都

第一章 大数据时代环境保护问题的相关表达

是对应着现实矛盾的问题,而生态环境本身寻求何种法律上的权益,是"超越性"问题,无法用法律手段解决,因为会出现"子非鱼,安知鱼之乐"的逻辑困境。如果我们承认现实性话题是法学中常见的问题,可以成为本书研究对象的话,那么就暗含着一定有一种技术或者方法可以去解决此类社会问题,只要能找到,就有解决的希望,而法律理想中的"超越"导致其研究的对象不是某一个个体,是某一类个体,虽然有研究的意义,但是由于针对对象的差异,导致在司法实践中无法聚焦于原被告个体利益本身,同时在立法上也无法借助基本原则、法律制度、法律责任等认可的法律编撰方式。

通过以上理论铺垫,本书认为如今在法律上所讨论的大数据技术,不再是类似于电脑辅助办公的信息化工具,要么为了替代人力资源,要么为了商务合作的必要,这些形式都与当前社会组织的最新发展模式不相匹配,对此应成立独立的大数据技术专门化组织。例如,湖北省宜昌市伍家岗区人民法院的民庭法官,为了解决司法现实中"法官少,案件多"的难题,经过仔细研究,发现在同类案件中有很多相似或者相同的元素,认为如果能按照"提取公因式"的方式,对民事司法文书进行分析归类,形成类似有名合同式的各类模板,这样就可以使用法官自创的电脑软件,将文书的写作部分自动化,极大地提高办案效率。[1]

但本书所论述的大数据技术的应用与以上例子不同,当今的人类经济活动和生态自身的活动,都可以借助大数据技术以

---

[1] 参见《高科技!法官竟用代码写判决!》,载 https://mp.weixin.qq.com/s?__biz=MzI4MDQwMTkwMA==&mid=2247494248&idx=1&sn=e391e1f44930a118e4f1efbe0daaf73&chksm=ebbba8ebdccc21fde1c0026a978b27f0cc7141ef4fa0c23306d08a38e10416a8cc592f2beeef&scene=27,2024 年 6 月 30 日访问。

数字化的方式反映在网络空间中。此种反映的方式不是简单地记录，而是将数据收录，客观存在于磁盘空间等介质之中，再通过数学函数的转化、加工和分析，从而建立起所谓的大数据模型。类似于天文学一般，天文学家虽然没有去过太空，也没有跨出过银河系，但是他们通过天文设备收集到的数据，可以推算出关于宇宙的一般定律，从而对实际的天体运动进行预测、分析以及仿真。本书所指的大数据技术更多的是指社会在普及数据化技术后，社会中的个体、公司、政府等社会组织在运行过程中的数字化。借助技术，社会组成单位可以将大量的业务从线下发展到线上，用电脑智能替代人工，并在这个基础上利用大数据模型对生态环境进行模型建立、数据挖掘分析以及利用人工智能对环境行为进行预测等。由此，从理论上看，借助大数据技术可以使我们对环境法律行为的构成更为了解；从实践中看，借助大数据技术可以使企业对环境风险有更准确的认知，提前做好环境风险的预防；从环境治理方面看，借助大数据技术可以使政府更好地适用环境法律制度，防控污染破坏，节约资源。

  在这种认知下，环境法学研究不再是以往所采取的环境治理部门内部的数据化研究，例如海洋部门的内部科室利用数据软件分析海洋气候问题，此种研究呈现的只是部分领域、点状式的数字技术特性。而我们所说的大数据技术在环境法上的典型应用是环境规划制度。因为环境法首先体现的是预防，而预防在法律上的制度表达，即是环境保护规划和资源开发利用规划。由于规划一旦出现失误，那么相对于常见的环境污染破坏来说，其造成的环境损害是全局性的和不可挽回的，因此根据相关规划的法律法规，在制定规划之前需要收集大量的信息，在此基础上制定出的规划，不但不会与上位规划或者其他部门的规划产生冲突，自

第一章 大数据时代环境保护问题的相关表达

身也不会出现逻辑上的失误。也就是说，无论是规划之间的效力问题，还是规划本身是否会出现问题，都可以借助大数据技术来增强其在法律层面的可行性。这意味着环境法上的数字能力是一种战略性、全领域、法律全链条的数字化法律模式。

综上，虽然我们对于周围环境可以进行感知，[1]但是我们对于环境的认识不能只依靠器官感知，因为随着环境的改变，我们的器官感知也在变，因此我们需要其他的方式帮助我们认识自然，也即法律上构建概念需要法律理性。换言之，为了能满足大陆法系成文法的演绎推理规则，对于理解涉及环境的法律概念，我们所需要把握的不是，且不可能是不同的、复杂的客观生态环境，而是需要把客观环境用法律思维进行归纳总结，形成所谓的概念分类，才能进行法律的调整，否则只能用法律外的手段进行调整。法律对于环境的调整重在客观事实，因为自然环境本身就存在于某处，法律不是我们对于自然环境的预先想象，因此法律概念的建构与其说是创制，倒不如说是自然环境在法律上的"复刻"。如果我们认为环境的概念也像其他法学理论属于智力创新的话，那就等于承认人可以脱离对环境的理解来进行法律制定，好似在说"环境是人类发明出来的，而不是地理发现的结果"，而大数据技术可以助力，实现法律的制定。

关于法律概念的构建，因为涉及人类社会与自然，所以需要考量的因素较多，但是经过以上的分析，可以将现行法律对于环境概念的构建限缩为三方面的考量因素，且这三方面是层层递进的关系。如果将这三方面进行数字技术的赋能，无疑有助于环境法数字化的构建。这三个方面具体如下：其一，环境要素类型化，即某个案件是否受环境法调整，要考察该案涉及

---

[1] 比如，人能感受到所生存的环境是否影响到自己的健康，从而做出反应。

的自然环境是否属于环境法中已经类型化的环境类型。比如，《环境保护法》第2条后半句采用列举的法律编撰技术对自然环境进行了分类总结。如果不符合该条的规定，则不是《环境保护法》的调整范围。其二，将法律中规定的自然环境类型具象化。例如，湿地资源属于《环境保护法》第2条所列出的自然环境类型。其后的法律逻辑自然是"如何才是法律上的湿地？"因此在《湿地保护法》第2条就要对"湿地"的法律概念作出说明，也即何谓湿地资源的法律要件。但案件触及湿地利益时，就必然关联到法律上的概念门槛。其三，对法律中规定的自然环境类型设定环境标准。之所以这样做，原因在于，法律中的概念不但抽象，而且是一种对环境事物的"完美描述"，它产生的难题在于，"我们可以依据前两步说，眼前的事物是湿地，但是没有任何一片湿地在生态质量上是完美的，类似于我们不能说某某人是一个完美的人。由此，我们看到的某片湿地可能只具备法律上抽象概念的部分潜能。例如，根据《湿地生态质量评价技术规范》，破碎度指数不同的湿地，不一定都算是法律上的湿地"。由此，还需要引入环境标准，通过环境标准来充当解决环境案件的现实抓手。[1]

第二节 大数据技术是解决问题的可行办法

之所以认为大数据技术是解决以上环境问题的可行手段之一，是因为大数据技术为法学研究以及环境法的实践提供给了一个可行的发展路径。对于这一问题的逻辑认识，需要提前澄清的是，之所以有如此的看法，并不仅仅是因为大数据技术可

---

[1] 参见生态环境部在2023年发布的《湿地生态质量评价技术规范》(HJ 1339—2023) 中的 A.2.5 部分。

第一章 大数据时代环境保护问题的相关表达

以将环境法学的各个知识点通过技术串联起来,也不单是因为技术对于环境法学的法律渊源十分重要,同时也不是因为认为技术是环境法学进路的唯一选择,明白以上讨论的前提后,本书才能更好地展开论述。此外,本书还想提前说明的是,如下的论述并不是要做环境法学理论的技术化方向的阐释。原因在于,法学研究经常要诉诸法律解释学,通过对既存的法学进行解释的方式来克服成文法滞后、僵硬的特性,从而使"旧"概念获得"新"的法学含义。从实务的角度看,使用"三段论"进行案例中法律依据的寻找,不但符合当前的法律程序,也能节约法律成本。包括民法学研究在内的大量法学研究,都依附于"法学的解释方法"。例如上文提及的梁慧星老师主张的"法律解释论"。梁老师认为:"所谓法解释的创造性,是指法律解释具有造法的作用。法律解释并非单纯对法的理解活动,也具有造法的作用,在性质上属于立法的延长。"如果说对于大数据技术的一切讨论都做"解释论"的研究,或者说一切法律上的变革都做"解释论"的创新,那么本书的写作意义不但会大打折扣,同时对于大数据技术的法律分析就成为既存知识体系的延伸,谈不上对于环境法创新的研究。当然,这里并不是暗示,在环境法视角下的"解释论"没有其存在意义,实际上,任何社会科学的发展都有其固定的规律,这种固定的规律不但是该学科发展的经验总结,也是理论实践方面的自我反省,这些现实的写照,体现为研究者的共同体信念,例如概念集合、本位立场、框架关系等,而如果所有的论断完全出自原有理论的延伸,不但会影响理论的新颖性,同时也会带有原有研究方式的固有问题。例如,对于通过解释的方式来对法学理论进行创新,还是有不少学者认为存在前提假设的瑕疵。具体到环境法上来说,例如,有观点认为,解释本身带有语义的不确定性,很有可能是用一个相近的概念代替一个需要被解释的概念，但是当今的法律制度大多是建立在商业社会的背景之下，或者是部分含有商业社会规则的法律内容，而商业社会其实是一个高度标准集成化的社会组成形式，要求法律供给具有较高稳定性和可期待性的法律秩序。在当今社会行为中存在高度环境危险活动的前提下，环境法也同样有如此标准集成化的需求，而解释论不一定能提供相应的法律需求；也有观点认为，既然要对既存的环境法学概念进行解释研究，就必然引出一个常被人们提起的问题"谁有资格进行解释？"在社会组织高度分工的现代运行机制下，法学研究成了一项"专业分工"，法学研究、立法活动、法律的适用等事务随着法律系统的日益复杂，变得只能由掌握专业法律知识的法律职业者才能精确处理，例如立法者、法官、律师、仲裁员等。法律系统的运行在变得专业化、标准化的同时，也陷入了所谓"成文法之外不参考"的境地，也即对环境法律进行解释后，可以得到的结果变少了。也有观点认为，环境法本身就带有技术方面的法律渊源，而技术本身又具有较大的不确定性，由技术引起的风险需要借助整个社会的力量才能进行稀释和对冲，往往需要借助政府、企业等社会组织来进行风险的甄别、预防和处置，技术在现实社会中，往往不仅仅体现在企业的创新能力上，也取决于政府的管理，因而不能仅仅依靠所谓的"法学解释"来对可能出现的由技术引起的风险进行分析。所以，下文的论述更多的意旨在于：本书选择大数据技术作为切入点，谈论环境法变革的理由到底为何。

一、大数据技术赋能环境立法

严格来说，法律的制定并不是单纯的形成过程，而是一个混合了法律、伦理、政策、习俗、历史等大量社会内容的"决

第一章 大数据时代环境保护问题的相关表达

策"过程。[1]各个国家在法律的制定过程中,都可能会把法律作为处理社会各个领域事务的治理工具。当然,本书并不是说立法是一个以"决策"为核心的动态制定过程,同时也不认为立法是一个对社会管理手段做"法律提纯"的过程。因为两者都处于对事物认识理解的两端,而没有做综合的妥当选择。前者认为,为了增强法律的适应性,可以把大量的可以决策的因素纳入法律中,这虽然使其在形式上增强了适应性,但却使法律本身变得与其他学科难以区分,从而丧失了法律的特殊性,更不用说法律纳入的因素越多,就会导致其后的法律分析的考虑越多,间接增加了法律的使用成本;后者认为,立法是纯粹的法律推理,而不是关于法律的历史学、金融学、地理学、管理学与法律逻辑的混合,因此围绕着立法自有的逻辑,应当构建起一套分类清晰、等级完备的法律体系。但这么做的后果是,忽略了立法不仅仅是一种法律逻辑的推断,还是一个分配利益的过程,这就说明立法不仅仅,也不能是一种智力创新。这种立法技术上的争议,在环境法中也有体现,最为经典的例子无疑是对于环境法本位的争议。环境法的本位争议实际上体现了环境法立法技术的选择,每一种选择代表的是不同法律规范的类型。环境法中的本位学说,引起大量讨论的有三种:权利本位、义务本位、社会本位。权利本位认为,通过设定环境行为中的各种权利,进而促使法律主体追求权利,以达到人类行为的种种目的。但是,对于权利的追求或者适用,会不会突破生态的极限,造成环境问题,此观点则是搁置不提。就权利本身看,追求权利会扩大人们对于社会价值理解的差异,例如,经常有学者讨论,法的终极价值是"财富增多",还是"安定",

---

[1] 参见于兆波:《立法决策论》,北京大学出版社2005年版。

抑或"社会效率的最大化"？这导致在适用权利时，反而引起了更多理解上的理论争鸣。如果说权利不能解决环境问题，那么这时另一个我们熟知的概念便出现在了本位之争的视野里——义务本位。义务本位大体上可总结为，如果认为权利可以成为调整环境的主要法律技术手段，那么由于不同权利所追求的价值不同，致使各种价值处于对立矛盾之中，可能反而会忽视人获得良好的生态环境进行生存的权利，也就是说，在环境法中设定权利，不能以追求合法利益为理由，进而作功利主义的判断，但实际上这种情况又难以避免。虽然义务本位切中了权利本位的要害，但是其理论对"权利"等法律的传统核心概念的驳斥，冲击了法学追求"安定感"的传统理念，不但导致在其后的司法过程中可能会忽略既存的部门法所涉及的法律上的权利，也会影响当前以权利为主轴的部分诉讼模式。面对义务本位和权利本位的争议，处于中间状态的社会本位自然就此出现。社会本位属于义务本位和权利本位的折中，以维护社会的公共利益为出发点，而社会公共利益的判断又来自社会方方面面，例如产业布局、金融设置、能源控制等方面，也就是说，在调整不同社会事物时，要有环境保护的约束。社会本位看似消解了以前关于本位之争的难题，但是却带来了新的难题。最让人诟病的就是，"何为社会本位中的公共利益"？这时，不但社会本位中的理论特色与其他学科相比，无法进一步界定，同时在法律的形式上，其与权利本位、义务本位相比，也存在问题。比如说，在讨论权利和义务的时候，论证的过程要严格遵守法律形式化的要求，这样论证结果才不会偏离权利和义务的理论结构，但笼统地说，我们要保护社会公共利益，那么事物在什么程度上可以成为法律中的概念，这就可能演变为"对事物如何挑选"的事实问题，而不是在法律形式化的约束下，进行"对事物严

第一章　大数据时代环境保护问题的相关表达

格法理化论证"的理论问题。也就是说，如果现实生活中的某种涉及环境的行为，被直接划归为符合法律中的某种概念，那么在立法的过程中，选择的成分要多于法律技术的成分。这对于解决环境问题是不利的，因为环境法律对于界定何为"属于环境问题"的行为，虽然有政策的成分在，但是从法律本身看，其还是应当受到类似"构成要件"般的约束，但是环境问题何时会产生，社会本位理论无法像判断合同成立那般准确。例如，在民法中，立法者可精确地将合同的订立过程分解为要约、承诺、预约合同、生效等制度，但是环境污染破坏行为的发生有时是"潜移默化"的，无法像法律行为的成立那般具有清楚的构成标准。在民法中，我们可以较为容易地判断法律关系的成立，以及行为中的因果律，但是在环境法中，即使某种污染物已经存在较长的时间，如果要对其做一种"已经对环境产生了损害"和"尚处于污染物积累阶段"的状态区分，是一种非常难的操作。例如，在噪声污染防治领域，排放的噪声，或者产生的振动，都属于感觉性的公害。就这种"看不见摸不着"的能量型物质的污染破坏而言，如果噪声只是在一瞬间出现和消失，对于构建相应的噪声污染防治责任制度，以及相关责任的追究都是困难的。由此，我们可以说，关于环境污染破坏的构成门槛，在部分领域还不够清晰，这就导致无法全面反映社会中涉及环境的行为。

基于以上的分析，我们可以得出，本位之争反映出了环境立法的特殊之处和困境，其中最为常见的现象是，在环境法律中，对于同一种事物，由于环境要素之间的循环往复，所以可能会涉及多部法律对其的调整，容易产生法律之间的重复和矛盾。从法理学本身的视角看这一问题，在本位之争中，各个学者之间的观点看似差别极大，但是都有相似的逻辑论证前提，换言之，学者们假定在自己所划分的本位之间存在着某种本质的、基础的理论区别，从而能证明依据自己的理论所构建的环境法律至少在形式上是成立的，并且是顺畅的，这是作为法律的前提之一。因为一部法律，必然以某种编纂方式存在，而且大多数人也认为这种方式在保留法律哲理化的同时，使得法律通俗易懂，较易被接受。也就是说，立法并不是考虑将某种法律思想背后的哲学信仰与法律进行关联，也不是法律书面表达的进步，而是为了解决现实中的问题，而将法律的编纂按照一个更符合现实需求的方式进行排列和组合。例如，在近代社会，价值大部分在土地、房产等不动产中积聚，所以法律对于盗窃的处罚就会较轻。但是在现代社会，随着动产价值超过了不动产，法律针对盗窃行为的责任设置与过去大不一样。同理，具体到环境法中，环境法的出现更多是为了解决现实中的社会环境公害，作为更加专业化的法律，它没有过多地像民法或者刑法那般，为了制止私人复仇，而把社会纠纷引导到法院中进行解决。一个非常有力的证明是在环境法发展的早期，学者们对于环境权、自然法与实在法之间选择的讨论，这说明环境法的目的并不全是解决争执，而是预防环境问题的出现。所以在环境立法中，具体可以预设何种法律关系，必须结合现实中确信能引发环境问题争议的人际关系，并基于此对法律进行分类。因此，传统的专利、技术秘密、债务、家庭等问题不是环境立法需要花费过多精力关注的社会关系。也正是由于这种现实的思想，部分学者将环境法的发展集中在特殊的诉讼方面，试图通过程序上的设定来直接面对环境纠纷。然而，诉讼毕竟只是提供一种事后救济的思想，故诉讼类的法律在整个环境法体系中的地位不应该占比过多，以至于环境实体法的研究被淹没。所以，选择将何种事物纳入法律，不但要面对现实的需求，还

第一章　大数据时代环境保护问题的相关表达

要注意法律事物之间的关系，故而需要建立在所有法律概念全面分析的基础上。例如，有学者提出，对于污染物的预防和治理是环境法的重要内容之一，可以在不违反现行污染防治法律体系的前提下，将污染防治法律分为两个大块的内容，以方便立法，满足法律整合的需要，具体可以分为：一是环境要素污染防治法，二是污染物质和能量污染防治法。前者的整合围绕着既存的有关环境要素的单行法展开，例如水、土地、大气、海洋等；后者的整合围绕着有关污染物预防和治理的法律法规展开，例如有毒化学物质、噪声、空气污染物等。对二者的整合面临的问题是如何适用成文法的立法规则，从二者当中抽象出共同含有的部分，组成大陆法系常见的"总则—分则"体系，例如像其他部门法，在法律总则部分抽象出基本原则、基本制度、职能分工等，以便形成应用于全体领域的通用规则，以节省立法成本，避免法律在形式上变得臃肿。[1]虽然从法律知识的整合上看，上述做法仅仅涉及逻辑的重新组合，但是实际上，牵扯到的事物极多，难度不小。典型的难题是，各个部门法对于污染防治的思路大不相同，整合的难度大。比如，《森林法》围绕着林业资源展开，具有林业资源划片管理的特点，也即将森林先分类，再按照类型进行管理。林业中的污染防治也是由此展开的。而在《固体废物污染环境防治法》中，其对于固体废物的污染防治采取的是全生命周期的管理方式，显然与《森林法》中的污染防治思路不同。更不用说，在不同的污染防治类法律中，涉及同一种污染物的调整，对此如何进行共同规则的提炼？学者们提出的思路各有不同，但是无论如何提炼并统一，实际上都涉及对污染的监控，也即通过监控污染源防止其

---

[1] 刘长兴、柯泉：《环境法典污染控制制度的二元结构与体系整合》，载《西北大学学报（哲学社会科学版）》2024年第3期。

危害环境，如大气中污染物的检测，或者监控污染源本身，如碳排放。只有对现实中的污染情况有所了解才能进行理论上的建设，以及法律的分类。可是，部分学者的研究往往过于关注环境法的形式化研究，也即环境法逻辑的理论证成，而在一定程度上忽视了现实的反馈。

实际上，只有首先进行环境采样，才能真实地反映自然环境的状况，以及污染物的排放情况，最终实验分析得出结果。在对环境进行采样的过程中，需要克服大量的技术困难，这一直是制定环境标准过程中的难题，但却鲜有学者进行研究。一个可能的原因在于，技术性法规中的自然科学专业属性过强，导致法学研究者无法触碰。例如，关于污水的采样频次问题，不同环境标准的规定不一。《合成树脂工业污染物排放标准》（GB 31572-2015）规定了采样频次问题，但《煤炭工业污染物排放标准》（GB 20426-2006）就未规定将现场即时采样的结果作为超标的依据。由此提醒法学研究者，在更为广义的污染物检测领域，哪些需要检测，如何检测，都对法律的制定有一定的影响。过去解决未来的污染破坏问题采用的法律手段是风险预防，也即，对未来可能会引起环境问题的污染物提前进行预防，这种立法技术手段看似解决了问题，实际上也部分反映了技术上的无奈。因为当前对污染物的检测更多是一种"数据的使用"情形，利用实验器材获得环境中的污染物采样，从而得出结论。但是国家的生产经营情况肯定会随着时代不同而需进行调整，也就是说，无法精确地界定往后污染物的种类以及其可能对环境造成的损害。这时就需要有一种技术，既能收集相关污染检测的数据，也可以同时进行数据分析，为污染防治提供决策支持，当然也可以为"哪种可算是环境法上的污染物"提供现实支撑。相比较于现行法律中的"风险预防原则"，这种技术无疑更具有可操作性。这就使过往的"数据的使用"情形,向"由数据进行驱动"的方向进行转化(这里的数据包含但不限于有关环境的专门数据)。例如,一家企业需要申请或者变更排污许可,环保部门是否给予排污许可,给予何种的排污许可,就可以通过收集类似企业的排污数据、经营数据等信息来进行综合判断,这不但能活跃当地生产,也能做到风险防控。之后再通过收集不同类型的企业数据,进行数据分析,形成数据池,最终建立起有关污染排放的数据模型,使数据在模型中不断迭代,成为环保部门的重要数据资产,以及成为制定法律、执行法律的重要依据。这样,由大数据驱动的算法模型,就有了数据模型和算力的加持,以往的数据不再是一种类似统计信息中的纸上数据,而是像"石油"一般,不断给大数据模型提供迭代的"燃料",使大数据模型具有自主决策能力,在大大降低立法成本的同时,也使环境法的立法活动通过不断积累的数据而得到验证,为法律制定过程赋能。

二、大数据技术的底层思维契合环境问题的本质

本书认为,大数据技术的底层逻辑契合环境问题的本质,主要是从两个层次的角度进行理解。第一个层次是从大数据本身来看,数据的产生模式内生了大数据思维模式;第二个层次是,大数据思维模式又与环境问题的本质是契合的。分析如下:

大量的环境法学者认为,环境问题是随着人类改变自然的能力增强而出现的"副作用"。本书认为,如果进行更深程度的挖掘,会发现这种"副作用"的出现有其深远的社会背景,而不单单体现在对环境的直接破坏。具体来说,过往的学者认为,每一次工业技术迭代后,技术在提高人类社会福利的同时,也对自然的改造程度"加深",逐渐超过了自然的生态承受能力极

限。例如，第一次工业革命时，出现了大量的新科技，比如飞梭、珍妮纺织机、蒸汽机等，尤其是瓦特（Watt）发明的蒸汽机出现后，人类改造自然的能力出现了质的飞跃。所以，有学者认为，第一次工业革命造成环境破坏的原因在于，由于蒸汽机的出现，大量既存的行业改变自然的能力由人类的肌肉力量变为由机械带来的持久动力，并最终导致机械运转产生了污染物（比如粉尘、黑烟等）。但是，实际上这一时期环境问题的本质是，大量的人力、物力、资金由传统的农业向工业产业转移，例如采矿、造纸、炼油等，这些产业都是高污染高排放的行业。转移的社会背景在于，工业产生的收益远远超过传统的农业，同时传统的农业随着工业化的改造，也容纳不了更多的农民，促使人力向污染更厉害的工业产业转移。同样的道理也适用于第二次工业革命。如果说蒸汽机的出现使人类的行为摆脱了人力和自然力（包括风力、水力、畜力等）的束缚，那么随着工业化的进程来到第二次工业革命，电力的出现使世界进入了电气、电力时代，传输信息变得更加容易。但是电力时代对环境的最大影响在于电学的特性。要想使用电力来改变环境，首先就要发电和存储电能。当时的发电主要依靠火力发电，靠燃烧大量的煤炭来产生电力，这种能量的转化过程本身就会产生污染，同时，电力的存储要依靠电池，电池本身及其产业是污染的又一来源。此外，电力对工业生产带来的巨大改变是，利用电能可以改变物质的化学特性，从而产生人类需要的工业产品，比如电解铝、电解铜等就是在这一技术下诞生的。

通过以上两次工业革命迭代的举例，我们可以看出，环境问题愈演愈烈，已经无法利用私法来进行调整，为了应对环境问题造成的社会公害，政府不得不介入，利用公权力来解决环境问题。当政府的管理职能增加了环境治理职能后，环境法也

第一章 大数据时代环境保护问题的相关表达

就此诞生。环境法律也自然带有"以规制为核心"的法律特色，环境行政执法、环境行政处罚等都是"规制"的体现。

本书认为，"环境规制""环境治理"等确实是环境法的特色，但是在大数据时代，对于"规制"或者"治理"的理解要有所改变。因为在大数据技术对社会造成巨大影响之前的时代，学者们对于环境法公法性质的理解具有当时的时代特色，也就是说，学者们对于"规制"或者"治理"的理解带有过往工业革命机械世界观的影子。这是因为，既然学者们认为环境问题是近代工业革命造成的影响之一，那么工业革命对工业流程所追求的可确定性、可度量化、可分解性，必然使调整现实社会的法律产生对应的反应。例如，工业生产中的可确定性对应于"适用环境法律后，会获得环境法律关系的可期待性"；工业生产中的可度量化对应于"环境法律中的环境标准"；工业生产中的可分解性对应于"环境法中的质证举证等证明过程"。可以说，这种工业时代的机械观对环境法的从无到有，并逐渐体系化的进程，起到了积极的促进作用，并获得了"法律世界"中的一席之地。在此背景逻辑的基础之上，更进一步，对于环境法中涉及的公权力，其权力如何配置，根据不同的认识角度，学者们在横向上将环境法进行种类的划分，例如命令控制型、公私协作型等；[1]在纵向上又进行了环境法代际的划分。但是无论怎样进行划分，其基本的研究理念，是将环境法的适用总结为"人—自然—人"的法律关系模型。在该模型中，虽然有自然物质的涉及，但是自然物质在法律中只是中介，起到连接人与人之间关系的作用。法律所要"规制"或者"治理"的对象仍旧是人际关系，对于人际关系的法律调整，还是要追求可

---

[1] 黎梦兵：《技术赋能背景下环境法范式转型研究》，湘潭大学2022年博士学位论文。

确定性、可度量化、可分解性的工业机械观。例如，对于污染破坏环境行为的行政处罚，主要是通过"人的关系"来恢复生态环境。所以，在这种观念的引导下，学者们必然追求对于人的行为的精确控制，以达到控制涉及环境的人际行为，预防污染破坏。由此，在环境法中，无论是事前预防或事后处置，还是具体的环境法制度，如环境影响评价、污染物总量控制的制度，都体现了以上的理念。

以上的理念对应了工业时代"追求效率、节约时间以获取最大收益"的时代特色，这是工业时代标准流水线思维对法律提出的客观需求。更为夸张地说，流水线思维好似让整个社会变成一个巨大的"工厂"，社会中的人根据职业分工不同，各司其职，参与完成"流水线"上的工作任务，如此这般，整个社会的效率就提高了。为了进一步追求效率的提高，优化"流水线"，就会涉及对于"流水线"的精确控制，也即对整个社会秩序的精确控制。但是实际上，人类对于社会运行，以及整个生态的控制力都没有我们自认为的那般高，甚至对于有些事物，人类根本无法预测，更别说控制了。例如，今天依旧有很多人预测各国的世界关系，从而在世界金融市场中获得收益。虽然有人的确预测成功了，但这并不能证明一切都是可以预测和可控的，更别说有大量的人预测失败了。原因在于，某些微小的细节、随机的因素都有可能产生蝴蝶效应，影响最终的结果。而大数据思维告诉我们，世界存在高度不确定性，无法进行精确的预测，只能逐步地消除不确定性，以往机械世界观多提倡的"万事皆可预测"是值得再商榷的，也即应通过大数据技术收集大量的、前人收集不到的数据信息，用特定的算法进行分析，得到人类能理解的数据分析结果，以此获得启示，最终通过逻辑演绎得出未来可行的计划。大数据的这种思维方式与治理环境问题的逻辑，在本质上也是一致的，例如，随着行业的发展，新出现的事物是否属于新污染物？新的修复环境的手段是否能积极起到作用？这些疑问的答案是无法预测的，都需要收集信息并分析，来消除环境保护中的不确定性。以往大数据在环境法中的应用是试图用算法模型，或者AI（人工智能）来代替或者模拟人的决策行为，例如自动化决策等。但是实际上，大数据思维创造了一种新的思考方式，这是它对法律带来的最大影响。大数据思维强调用大量收集的信息，来分析得出最简便的行为方式。具体到环境法中，就是通过收集不同环境领域的大量数据，利用特定的算法得出一定的结论，并根据该结论获得社会成本最小的环保方式。这种大数据思维完全契合：在保证我国社会高质量发展的同时，为了应对产业的灵活转变，对由此产生的环境问题进行分析，从而得出社会治理成本最小的处置方式，包括事前的预防，以及事后的救济。

三、大数据技术可为绿色金融提供金融科技支持

习近平总书记曾经说过，金融是"国之大者"，使用金融工具，是中国社会可持续发展提高效率的重要手段之一。金融之所以成为重要的赋能社会事务的技术，在于它具有稀释社会风险、汇聚社会闲散资金、节约时间的三大功能。但是本书认为，对于金融的理解，绝不应该局限于微观手段式的视野，把金融视为解决具体问题的具体工具，也就是用一种工具式的视角来对待金融行业。实际上，这样的观点对于金融的理解是"以偏概全"的，比如，具体到环境法上来说，通过金融机构给予企业金融贷款，使企业的环境保护设备得以升级改造。此种看待环境金融的视角过于狭窄。而事实上，此类微观行为只是金融行业的一个注脚，银行间利率的调整、存款准备金的调整时机

等，不但会直接影响合同的履行、担保的意愿、资金价格的评估等法律工具的效果，更会影响整个社会的投资意愿和投资信心，以及个人的择业创业选择等。所以，金融不是一个微小的、具体的调整工具，而是具有有效服务社会经济，维护社会稳定的作用。从这个意义上讲，社会的团结合作需要一个共同的信仰作为"黏合剂"，以将各个社会主体团结起来，而金融是其中一种不可或缺的"黏合剂"。金融的模式不是只有一种，与法律制度类似，金融在地方的发展受到其历史文化伦理的制约，会演化出大量不同的金融地方特色。与欧洲的"银行货币信用体系"不同，我国的金融体系特色则是"中央财政体系"。同时我们也可以观察到，当法律作为一种"黏合剂"时，其可以通过"公司""家庭""婚姻"等方式将社会主体团结协作起来。而金融则是通过"信用思维"将社会主体凝聚在社会活动中，比如人民币是以中国的国家信用作为背书，成为社会主体之间交易的标准化工具。当今的社会是一个高度金融化的社会，因为大量的事物都可以用金融标准进行"信用"的量化，例如个人、公司、机构，都可以在不程度上实现金融标准的量化，它们不但可以获取融资，还可被置于相同的信用体系下，进行统一的调整。

可见，对于以上中国社会所形成的信用体系特色，我们可以至少得出如下启示：首先，在大量事物都可以被量化并同时被标准化的时代，我们可以认为环境保护领域也将处于类似的信用体系和金融资金影响的背景之下。其次，因为金融具有极强的地方特色，同时金融市场中也时常具有冲破约束的创新冲动，所以我国的金融市场需要政府的强力指导，也即应当具备"以政府为主导"的本地化特色。结合以上两点启示，本书认为金融市场的发展，尤其是金融科技的发展，需要政府为其制定

第一章 大数据时代环境保护问题的相关表达

发展的规则，防止金融成为少数人的"投机"工具，因此习近平总书记关于金融业的理论和实践的一系列重要论述，为新时期的金融工作提供了根本遵循和行动指南。《习近平关于金融工作论述摘编》提到了有关中国特色金融的事务，而绿色金融作为具有中国特色的金融，不但涉及金融行业的稳定，也涉及环保的金融支持模式，对于推进"美丽中国"的建设意义重大。[1]绿色金融无论在专门性的金融政策文件，还是在有关生态文明体制改革的文件中都属于重要内容。在这些政策的利好下，形成了大量的绿色金融项目，构建出多层次的绿色金融产品，使绿色普惠金融体系可以尽可能多地覆盖到各个环境保护领域。比如，在传统的生物多样性领域，建立生物多样性保护基金，推进生物多样性保护融资模式和产品创新，探索建立生物多样性保护信贷、债券、保险等融资工具，拓宽融资渠道，以此将生物多样性风险纳入全流程风险管理中。再比如，在全国统一碳交易市场中，建立生态环境导向的开发模式（EOD）和生态环保项目储备库，鼓励发展绿色股票、碳资产信托、绿色租赁等金融科技，有效实现了碳环境要素市场的定价功能。

当环境法和金融法的学者顺着此种逻辑推理下去，就会发现金融化在某种程度上，实际可以等同于数字化，这是数字化技术越来越普及之后的必然结果，因为随着信用标准的可技术化，不但环境行为中法律主体的个体信用可以被标准化，也进一步使金融科技可以应用到具体环保工作中，促使环境行为中的信用奖励和惩罚制度的适用成本更低，金融科技的法律化有了法律制度制定的基础。其基本逻辑是借用金融领域的信用机制，来达到约束当事人破坏环境行为的目的。具体来说，在环

---

[1] 参见中共中央、国务院发布的《关于全面推进美丽中国建设的意见》。

境行为中，当事人要怎么建立信用，以及怎么维护自己的信用，完全可以"标准化"，有了制度存在的基准。同时，维护信用还可以为自己带来收益，从而最终使当事人愿意把自己或者自己的企业当作"品牌"来爱惜和运营。在大数据技术的赋能下，环境保护中涉及的个人和企业，其行为可以被大数据技术通过机器精确地记录下来，从而真实地用数据反映出来，为法律主体在环境方面的信用评价提供了条件，也使得金融科技能为环保所用。在以往传统的商业社会，获得金融机构的融资是十分困难的事，因为对于借款人来说，借款人个人行为的风险预估很难被量化，而且我国的民事法律对于担保，更偏向于物保，这就使得融资有一定的门槛，更不用说将金融科技引入到环保领域。但在如今的大数据时代，随着智能手机的普及，个人信用可以快速地普及到有关个人的细微领域中，例如常见的京东白条等。这就为个人信用"货币化"，或者说为环境人际关系中的个人行为的金融化带来了发展的契机，也为环境保护提供了一个发展的新维度。支持本书观点最典型的证据就是中国人民银行聚焦于新兴国际贸易格局与跨境金融服务的深化发展，正筹划推出促进上海国际金融中心进一步提升跨境金融服务便利化的行动方案，旨在强化金融对上海总部经济，特别是跨国企业集群的支撑效能。此举的核心策略之一，便是助力上海构建成为国际绿色金融的核心枢纽，通过增进绿色金融及相关领域的国际合作深度，积极促进人民币在绿色能源领域作为计价与结算货币的广泛应用，以此引领全球绿色金融的新趋势。该项政策的出台背景，其意义就在于未来的能源使用是以新能源为主，而在可以预见的能源发展科技领域中，绿色能源是近年来可直接落地使用的新型能源，具体手段就是为绿色能源提供资金的支持，此举的目的不单单是开发绿色能源，践行我国作为一个负责任的大国所具有的碳减排义务，也使得人民币更加国际化，巩固其在国际上的地位。美元以往选择黄金、石油、美国国家债务等为自身作信用背书，以增强其国际地位。对此，我国在货币竞争方面就要另辟新径，比如选择"电"等作为计价单位，推出所谓的"高能货币"或者"绿电货币"。因为只有中国的电网是全国统一电网，而且我国电网不但连接了火电发电，还连接了绿电（例如潮汐能、风能、太阳能等），这就使得我国的电价较低，进而使社会发展成本较低，提高了我国的社会发展速度和质量。绿色能源政策出台后，必定伴随着电网的智能化大发展，也就是何时可以介入"绿电"，以及将"绿电"输入到何处，都需要借助大数据技术进行分析。由此，环保行业将面临降低成本促进绿色能源发展的压力，也即将会促进智能电网、储电技术、清洁生产技术、变电技术等依赖数字技术的设备升级。同时，政府对电网的科技监管也会加强，比如对环保标准、安全生产、价格机制等会进行数据化的变革，以回应电网行业的客观现实。

四、大数据技术是新质生产力在环保领域的体现

中国的高质量发展绝不是纯粹的经济指标方面的增长，而是要在经济发展的同时，满足经济持续高质量增长的绿色环保要求。由此，环境法研究者可以获得重要的启发，在理解传统环境法中关于绿色生产力概念的时候，必须结合新质生产力中关于绿色生产力的新时代要素，例如，在理解《循环经济促进法》《清洁生产促进法》等关于传统绿色生产的专门性环境保护法律法规的时候，学者们发现无论是生产生活中的循环经济，抑或对环境清洁无害的生产方式，由于其覆盖到的社会组织形式的复杂，或者因为国家的大政方针政策在不断优化改变，法

律中对应的概念无法事无巨细地展示出来，往往在法条中以原则性的方式存在，呈现出一种针对新的生产生活方式的法律理念。要将这种新的法律理念，演变为如同环评、规划等可以直接执行的法律制度，需要与实践对接，如此才能提出更为细致的、符合具体行业规定的制度，这绝非易事。就像任何一个新技术出现的时候，该技术的使用场景，以及在不同场景下的使用方式，都需要人们亲身实践才能得出使用经验，从而丰富人们对于这一技术工具的理解。但是技术的使用方式千千万，必须有一个指导原则，来限制将技术使用在违反国家、社会利益的场景。就像基因技术既可能被使用在治病救人的场景，令人敬仰，也可能被使用在非法改造人类基因的场景，令人恐惧，所以，有关科技发展的伦理一定是技术进步的导向。具体到环境法律来说，环境技术，或者是大数据技术的出现，不仅仅需要法律提供保障技术使用的法律制度，还需要有关于此的政策导向保证技术发展的正确性。习近平总书记最新的关于绿色发展的指示，就深刻地说明了环境法上的绿色生产力与最新的新质生产力之间的关系，阐明了大数据技术在进入环境法，为保护环境所用的同时，在法律中的实践方向和路径，也为建立中国特色环境保护法律制度提供了具体的指导。

习近平总书记关于新质生产力和绿色生产力逻辑关系的理论，不但丰富了"绿色中国"等环境法基本法理，也对本书的写作起到了重要的指导意义，因为习近平总书记提到了绿色生产力中科学技术的发展重要性，尤其是大数据技术对于环保的重要性。也就是说，学习并理解习近平总书记的讲话后，本书认为，在实现"双碳"愿景的重要时间点，法律对于大数据技术的需求是一种内生的需求，而不是为了适应社会发展的潮流，被动接受大数据技术的冲击。这是因为：首先，高质量的生产

第一章　大数据时代环境保护问题的相关表达

力是由技术的革命性突破带来的，这种突破不但会使行业得到深度转型，调整行业发展的环境法也必然要作相应改变。例如，风力电机、太阳能板、新型电池储存设备等领域的技术突破，对产业的环保升级影响巨大，环境法要有所应对。其次，大量涉及环保的数据不断涌现，对环境法律制度的效用起到了积极的真实反馈作用。例如，在降碳方面，到目前为止，在全国范围内，碳排放权交易体系已广泛吸纳了电力生产领域内共计2257家关键排放实体，年覆盖二氧化碳排放量规模庞大，超越了50亿吨，且市场参与者的履约表现卓越，实现了超过99%的高比例履约完成率。在环境保护税方面，对于环保有贡献的企业实现的减税优惠累计达到了100亿元。[1]面对如此海量的数据，就可以建立起对环境案件、环境行政执法、环境法律制定等方面的量化分析，这对于政府的环境治理，以及环境法适用效率的提高都有很大的益处。

环境保护方面最核心的法律原则就是预防原则，人与自然的关系是人类社会最基本的关系，如果人类社会的发展超出了生态能力的极限，妄图依靠科学技术来征服生态规律，那么不但有违"天人合一"的中国古代智慧，也违背了马克思主义生态价值观。只有将发展生态经济，保护生态作为生产力发展的重要考量因素，才能使自然回馈人类社会，而不是使人类社会被自然反噬。也就是说，无论环境问题本身有多么复杂的种类情形，只要正本清源，就能发现其本质上仍旧是改变发展方式和生活方式的问题。而绿色低碳又是解决环境问题的治本策略，这不但说明本书的写作思路契合了习近平总书记重要讲话精神，也说明本书以上所论述的"降碳会加速环境法律数据化的倾向"

---

[1] 孙金龙、黄润秋:《培育发展绿色生产力全面推进美丽中国建设》，载《中国环保产业》2024年第6期。

是符合新质生产力所提及的发展路径的。

在关于新质生产力的理论构成中，与环境法最为密切的要素，能被既存环境法律制度立即加以吸收适用的，一为生态保护预防制度，二为事后的污染治理制度。在生态保护预防领域中的典型例子即为生态检察。生态保护本身是系统性的，具体到检察领域，需要检察院在现实中联动水利、建筑、生态环境、公安等多个部门协作，才能处理因为涉及环境问题而产生的新型检察业务。尤其是在刑事附带民事公益诉讼中，大多需要检察院主动引导对环境污染破坏的行为进行侦查，如此才能将诉讼中的内容涵盖所有生态损害，并将其修复。在检察业务量巨大，同时还需要联动多部门协作的情形下，大数据技术不但为检察院履行职责提供了便利，更为关键的是，通过大数据技术的赋能，为保护生态利益开辟了新手段，大大提高了生态修复的能力。例如，某地区的检察院为了查明非法占用耕地，破坏国家粮食安全的行为，使用地球遥感卫星对事发区域进行土地遥感探测，还原了案件中占用耕地的事实情况，为案件的公正审理提供了重要证据。在事后的污染治理方面，更是需要大数据的支撑。比较典型的例子便是水污染治理中的"灰绿结合"问题。这里的"绿"是指干净的水源，意味着自然有对水进行自然净化的能力。"灰"是指通过人工的方式对水污染进行净化，比如污水处理厂对于污水的处理。"灰绿结合"并不是最近出现的新事物，实际上在没有产生环境问题的时候，人类大多通过自然的自净能力来净化水源。但是随着工业化的进程加深，人类过于仰仗通过人工技术的方式进行水源的净化。实际上，生态的自我净化能力远比人工净化能力强出不少。自然界对水中氮元素和磷元素的净化能力远超人类技术。如果能够对自然的自我净化能力多加利用，不但可以得到更高纯度的水源，还

第一章 大数据时代环境保护问题的相关表达

可以顺手构建起一个基于水源的生态系统,更为可贵的是,自然生态系统对污水的净化不会产生额外碳排外,对于实现"双碳"也有重大作用。由此,如果研究净水领域中的碳中和辅助净化技术,可以大大降低碳排放。此时,大数据技术通过人工智能等方式,可同时促进人工净化技术降碳和自然净化能力实现,这是新质生产力理论在环保领域的具体体现。

五、大数据技术可成为环境理论与实践的连接点

环境法律的落地执行实际上涉及理论界对于环境法智识构造的实务评价。因为不像是自然科学的研究者,研究的行为与研究对象直接接触,最终的实验结果也是直接从研究对象本身直接提炼而出,从而得以发现自然界的真实运行规律。这时我们可以说,对于规律的发现是来自自然的"第一手资料",是自然科学研究者对于自然环境的"切肤之感"。与此不同,社会科学研究者常进行思想思想,[1]作为一种纯粹智力构造上的评价,环境法理论研究常常带有作者的学术想象和研究方法的局限性,比如,法历史学的研究方法是对过去经验的总结,以启示未来,但是未来不一定能从过往中推导。由此,不禁要问,环境法理论的发展是否可以及时完善地回应现实中出现的环境问题呢?对于这个问题,学界没有统一的答案,因为法学理论的研究本身就带有"形而上学"的特征,允许对理论进行扩展想象,毕竟正是法学思想的"百家齐想"才发展出了构思精妙的法学制度。可是,从法律的工具属性出发,如果某种法学思想不能实际地解决现实问题,当遇到环境案件时,不但不能定分止争,还可能使环境法与其他法律相比,处于"法律选择中的次要地

---

[1] 第一个思想是动词,第二个思想是名词。

位"。例如，律师在选择支持自己诉求的法律依据时，会优先考虑得到法官认可的法律规则。相反，如果不能使支持的诉求得到认可，那么在类似的环境案件中，该类环境法律规则的适用频率就会降低。由此可以认为，要想使法律思想落地，就要使设计出的法律制度成为法律关系中达成法律目的的有力"工具"。当我们观察涉及环境的诉讼时，会发现其也会牵连合同、风险投资、行政管理等其他法律常常调整的事项，也就是说，作为专门性法律规则，环境法也会成为处理个人利益、社会利益以及国际利益的工具，从国家环境治理的放大角度看，环境法律规则或者说环境法理论不但是国家大政方针政策的体现，也是国际社会中的法律主体竞争的工具。

如果作为工具的环境法，不能起到解决争端的作用，就会使社会大众怀疑其存在的合理性和重要性，换言之，如果既存的其他部门法或者说法律规则能够解决当前出现的环境问题，就会导致环境法或者说环境法研究的窘境，也会使环境法研究者进入令人"悲观"的境界。例如，有人认为，环境法的研究更像是针对环境伦理道德，其主要调整的是"基于其他法律理论所形成的法律关系中，法律主体之间关于环境的注意义务"，是各个法律主体基于环境伦理道德而非法律的具体规定所受到的约束。虽然此时的环境规则有一定的事前规制的效果，但有时在损害环境的案件发生后，主要的案件事实还是适用其他部门法作为定性的依据，而并非环境规则。例如，2023年6月10日，上海市嘉定区交通委员会接到举报，发现在位于嘉定区的某个物流厂房内有14箱标有发货人为某化工公司的货物，但是经过查验发现，在所有发现的14箱货物中，其中有4个箱体中装有高度危险的化学物品，这些化学物品一旦泄漏，就会造成无法估量的生命财产的损失，以及生态安全的破坏。案件中涉

第一章 大数据时代环境保护问题的相关表达

及的事实是,这些危险化学品因为具有泄漏的隐患,所以按照当前的法律规定,与这些危险化学品有关的运输、储存等行为都应当提前申报,获得相应的许可后才能从事,但是经过检查发现,这些危险化学品属于在货物中违规夹带,等于是想绕过执法机关的检查,因此在货物的外包装上也不可能有任何的许可标签和警示标签。本案所涉及的一个非常重要的法律事实是,当事人通过意思自治排除了法律中的强制性规定,也即双方约定"不提前申报准备运输的危险化学品"。在本案处理中,特别是法律适用的选择上,主要适用了《反恐怖主义法》中关于运输危险化学品、具有核辐射物品等的运输工具,必须受到监控的规定;[1]适用了《危险货物道路运输安全管理办法》中关于托运人不得在托运的普通货物中违规夹带危险货物的规定,以及托运人应当按照相应的标准,妥善包装危险货物,而且还必须在外包装设置相应的危险货物标志等的规定;[2]还适用了《上海市危险化学品安全管理办法》关于危险化学品单位发送和接收危险化学品时应当遵守的相应规定。[3]

通过分析以上案例中关于法律适用的情形可以发现,仅仅凭借环境法自身无法维持社会秩序的治理,也无法化解人与人之间的利益冲突。比如在以上的违规夹带危险化学品案中,主要案件事实所适用的法律依据大多是非专业环境保护领域的法律,造成如此现象,有来自社会发展多元化的原因,因此在同一个案件中,需要调整的法律事实很多,既有环境法律事实,也有其他非环境法的法律事实,所以不可能只用一种法律规则来调整所有的案件事实。当然,我们也不能否认,也许是环境

---

[1] 参见《反恐怖主义法》第22条。
[2] 参见《危险货物道路运输安全管理办法》第11条、第12条。
[3] 参见《上海市危险化学品安全管理办法》第38条。

法本身的理论构造，导致了上述涉及环境问题的案件中法律依据适用上的特殊情况。随着时代前行，大数据技术对于环境规则的改变，可能将环境法适用的范围进一步扩大。

因为从宏观角度看，无论是法律技术，抑或数字技术，二者在信息传播的方式上大体相近，都是将一定的信息通过本领域简易高效的形式对外传播，例如，立法者在制定成文法，以及数据编程者在编辑程序时，都要考虑语言的适用。所以，二者在这个层面上早已有很多的交集。比如在知识产权的相关法律中，对于专利、著作等的描述，以及设定的成立门槛，均要考虑成文法传递出的信息，不但要保证法律本身的稳定性、可期待性等，还要考虑实现社会主体之间在知识产权方面的投入、交易、使用等的利益平衡。面对知识产权可能产生的无限价值与语言、符号、设计之间有限的组合，为了节省运用知识产权的成本，法律必须考量语言符号的规范进行重新构建。同样，随着大数据技术在各个行业的渗入，法律再次面临着对于技术的回应，这同时也是法律发展的一次机遇，只不过这次法律与大数据的连接是通过技术代码的方式进行的。也即，如果法律语言本身是一种"符号""代码"之类的组合，通过立法技术将其组成适应法律目的的法条，那么大数据技术的数据代码在这个逻辑上是与法律相通的，通过大数据技术的赋能，将法律行为代码化，就可以通过技术来评判具体某个环境行为，及时地介入法律关系之中，起到预防作用，实现政府在环境行政监管方面的执法行为自动化、决策自动化等，使数字技术在保护中国的"金山、银山"的同时，也不改变法律以往所具备的正义、公正等基本法律价值。

第三节 "双碳"加速环保法律的数字化进程

"双碳"是近年来的热点话题,自 2020 年 9 月 22 日,习近平总书记在第七十五届联合国大会一般性辩论上郑重宣告,中国致力于在 2030 年前实现二氧化碳排放达到峰值,并努力争取 2060 年前实现碳中和的宏伟目标以来,我国不仅在政策驱动层面持续加力,更在法律支撑体系构建上不断深耕,全方位、多角度地推进这一绿色转型进程。实现"双碳"的重要工具之一便是碳市场中的交易,而碳的交易又与其他市场化理论不同,不能用传统的商品交易理论完全概括,碳市场有其独特的内在生成逻辑,恰巧的是其与环境法的数字治理逻辑有很强的关联性。在举全国之力实现"双碳"的时机,环境法的数字化改变可以达到"一石二鸟"的目的,既有利于环境法理论的创新,同时也可为"双碳"的实现提供法律上的支撑。

一、"双碳"在环保法律上的缘起

环境中存在大量的生态元素的循环,这些循环为地球的运行提供了保障。环境法作为一类调整环境的法律,就应该贴近甚至是用法律映射出生态元素的循环,以此体现法律的"环境属性",最终顺应自然,达到环保目的。在这些循环中,有我们肉眼看得见的例证,例如,与水相关的法律法规中关于对河流湖泊中生态用水量、分配水量、耗水量的规定,这实际上是在考虑国家和社会公益的前提下,用法律的手段"模仿"生态中水的规律,从而映射水的生态循环。与我们看得见的生态循环不同,碳元素难以用肉眼观察,其在地球上的循环是指其通过与其他物质交换从而达到循环再生的自然现象,交换的对象包括有机物（包括我们人类在内的生命）和无机物（包括水体、气体、岩石等），这种循环往复的过程使地球各个组成部分和生命本身都可以对碳元素进行所谓的"回收再利用"。也即，与人类相关的地球空气空间中所含有的二氧化碳被陆地上可吸收二氧化碳的物质（例如植物）所吸收，再通过人类活动或者其他自然活动（例如地质活动、生物活动等），又以某种形式返回到空气空间中的过程。"双碳的调整"对于以上碳循环的约束，要求法律不但在理念上，甚至是技术上也要做出相应的改变。之所以这样理解，是因为：我们以前从各种环境法理论学说或者是环境行业知识中了解到一个非常大的争议，即环境法调整的对象——污染破坏，是人类没有遵从自然规律、不当使用环境的结果，所以解决环境问题，也即约束人的行为本身。但是这种环境行为是一种以环境作为媒介的法律行为，比以往的法律行为更为复杂，对法律行为的标准化提出了挑战，比如对于环境侵权、环境所有权、涉环境因素的合同等都提出了挑战。进而，在这种逻辑的支撑下，很多理论学说在讨论这个话题时，陷入了一种"先有鸡，还是先有蛋"的逻辑论证循环，进而导致一种思考环境法学问题的论证前提假设，即"行为必须用行为本身来治理"。

  本书认为这种观点本身带有现象论的特征，也即把一个丰富复杂的，可能导致人类无法全部弄清自然规律的生态环境进行简化，从而抓住事物的要点，建立起有关此事物的逻辑关系。例如，如果问什么是环境伦理，可能会有人回答，环境伦理只不过是关心环境问题的人的共同想法而已，而这些共同的想法很有可能还会出现分歧。本书对这些"共同的想法"进行深度的思考，发现对"想法"本身也可以进行标准化的区分，这些"想法"不但可以彰显学术理论的特立独行，以获得支持，同时也确实有其实践意义，可以帮助人们对环境行为的经验进行总结归纳，提出对策。但是，总结经验，不能只是简单的有取舍的总结，不能为了"化繁为简"而轻易地忽略其他事实。评价这种思考的方式，我们可以将其理解为：人在参与环境实践时，很有可能由于以上论证的原因，为了节约思考的成本，导致在认识环境时不可能脱离既有的人类认知本身，而这些人类既有的认知本身，总是指向某个具象化的事物，以方便作为思考的参考。这就说明，"思考"或者"想法"本身很有可能具有潜在的指向性，可能会将某个人或者某个事物作为理解新事物的参考对象。例如，当我们学习工业知识时，第一次听见"车床"的概念时，我们会习惯性地将"车床"理解为"带有四个轮子的床"。[1]这种理解方式不是思考的错误，而是将"想法"引向纯粹外在事物（而非事物的哲学本质），从而获得辅助参考，以节约学习成本。

在这种逻辑的支撑下，部分学者认为法律与生态的关系是一种纯粹的交叉关系，也就是说，环境法是研究生物与环境之间相互关系及发展变化的规律与机理。在自然界这一综合体系内，包括人类在内的生物，与环境系统之间存在着错综复杂、互为因果的相互作用与制约关系，共同维系着一个在特定时间跨度内相对稳定的平衡态势。在这种平衡态势之下，地球上的生态系统可大可小，相互交错，最大的生态系统为地球本身，对此可适用法典化的思路来对应"环境的整体性"的议题；最小的生态系统可以是一滴水，不太适合用法律的手段进行调整，所以常见的方式是将生态分为几大类的子系统，分别对应不同的环境部门法。由此，持以上观点的学者认为，环境法与其他法律的区别点如下：

---

[1] 车床是主要用车刀对旋转的工件进行车削加工的机床。参见百度百科：https://baike.baidu.com/item/%E8%BD%A6%E5%BA%8A/328399?fr=ge_ala，2024年6月1日访问。

首先,环境概念最直接反映的是人与生态的关系。生态中因环境污染破坏引起的事件很多,例如某种猴子因为想吃香蕉,不但会将树上的香蕉全部摘下,还会将香蕉树的叶子破坏掉,导致树木的损坏;某种狮子属于濒危物种,其会因为争夺领地或者抢夺食物而发生厮杀,导致种群数量的下降,物种变得更为稀少。这些事例虽然也导致了环境法中所指的"物种多样性问题",但是环境行为不涉及与人无关的自然物,而是关联对人有影响的自然物。在这种环境法的学说中,无论该理论是基于人类中心主义,抑或动物中心主义,还是自然中心主义,大都认为如果用法律手段调整环境,法律中的关系必须涉及人与人、人与动物、人与无机物等反映生态的关系才行。

其次,生态循环具有整体不可分割性,但却可以进行分类调整。环境要素之间不但存在看得见的物理连接,还有看不见的潜在物质交换、元素循环。所以,在谈及环境保护问题时,因为这种循环往复导致了环境的不可分割性,就如同湖中的水一旦被阻隔,没有对外交换的能力,就会变质,失去生态功能,因此人类不可能割裂地讨论某一个单独的环境要素,忽视其他因素。但是,元素彼此之间的关联性如此之强,会给环境立法、环境司法带来巨大的挑战。例如,根据《固体废物污染环境防治法》的规定,该法调整的范围不涉及全国范围内所有的固体废物,涉及海洋的固体废物和含有放射性的固体废物由其他有法律约束性的文件进行调整。该法之所以采用如此的立法技术,主要是因为,虽然各个环境要素的关联性非常强,但是如果在立法中也对应着采用一部法律来调整整个自然环境,就会使自然规律和社会科学规律发生不同步,产生冲突,比如,导致条文内容过多,法律变得臃肿复杂;内容过于中心化,不符合现实中政府各个部门的分工等。所以,用一部法律调整所有环境

第一章　大数据时代环境保护问题的相关表达

领域是不合适的，必须在尊重自然规律的前提下，将法律措施在一定的空间、时间和条件下，依据社会科学规律，分为不同领域的部门法，如此就可以构建起分门别类的环境部门法，这不但适应于部门的职能分工划分，也使得法律变得更具有专业性。

再次，自然资源具有稀缺性，但是也具有相对的无限性，环境法要维持好资源的使用平衡。无论是在自然科学界，还是法学理论学说中，都有学者认为地球上的资源存在枯竭的可能性，而且还从现实中找出了种种例证。例如，鹤岗、鸡西曾经都是中国重要的产煤区，但是由于资源枯竭，加上又没有新的产业作为支撑，其人口在不断外溢，所以当地的房价在不断下跌，成为典型的人口流出、资源枯竭、产业萎缩的城市。例如，阜新以前是"煤电之城"，曾经拥有亚洲最大的煤矿和亚洲最大的发电厂，进入 21 世纪，煤炭产业日渐衰退，阜新也因此陷入"矿竭城衰"的困境，2001 年国务院就正式认定阜新是全国第一个资源枯竭型城市，阜新面对城市收缩，开始了城市转型。[1]但是面对例证，还有部分学者认为，从总体上看，人类所面对的地球环境资源没有边界，地球上的自然资源不会枯竭，只存在某个部分或者某种资源的枯竭。例如，新西兰的自然资源的数量并不多，而且作为岛国，其与其他国家相隔离，资源运输也不方便，为了解决这个问题，新西兰除了大力发展海上资源，还非常重视可再生能源的开发，目前为止，新西兰 40% 的能源都是可再生资源，包括风能、太阳能、水力发电，就算传统的铁矿、铜矿、石油等能源枯竭，该国也能维持运转。[2]也就是

---

[1] 参见《辽宁阜新：转型先行先兴》，载 https://www.gov.cn/xinwen/2016-06/03/content_ 5079178.htm，2024 年 6 月 30 日访问。

[2] 参见《【乡村"镇兴"】第 33 期：能源型"低碳城镇"——新西兰新普利茅斯（New Plymouth）》，载 https://www.sohu.com/a/561165393_ 121123688，2024 年 6 月 30 日访问。

说，从人类的发展史上看，地球上的能源从广义上看，不存在枯竭问题，当某种资源遇到枯竭的问题时，总有可行的替代方案。当然，这类学者也承认，由于科学技术条件的限制，人类开发自然的能力是有限的，在找不到替代能源的前提下，资源可能会面临枯竭，产生能源危机问题。

最后，环境法中的"环境"与民法中的物和财产既有联系，也有区别。在传统民法理论中，一直有物和财产的概念，虽然涉及环保问题，但是不属于环境法意义上的"环境"概念。而环境法中的某些法律要素，却可以成为民法中的物和财产所调整的范围。例如，环境法中的"土地""森林""湿地"等都可受到民法的调整，但是环境法中的"空气""阳光"等是环境法特有的。由此，对于环境法的理论和范式的研究就自然而然地与其他法律不同。关于这种区别在理论上应该怎么解释，学者们各有说法。例如，有学者认为，民法是建立在意思自治基础上的，所以只有能完全权利化的事物才可以纳入民法的调整范围，而像"空气""阳光"等事物属于学者口中的公共产品，为了避免环境公害的产生，设定权利并不是一个最好的方案，当然更不用说对于像水、鱼类等自然流动的资源，无法为其很好地设定权利，因此只能另起炉灶，构建新的法律关系。

本书认为从环境法学的发展来看，关于以上的观点，有其自身的道理。环境问题并不是在古代社会就有的，而是在近代随着人类改造自然的能力逐渐提升，而一步步展现出来的。任何事物，包括环境问题本身，不论是想象中的，还是真实存在的，并且不论是在何种时间、何种地点、何种形态出现的，只要这种事物能够被人的意识所捕捉到，就可以通过该事物呈现出的现象被人类所学习和理解。对于环境法来说，相比较于民法、刑法等古老的法学学科，环境法从其自身的理论深度和组

第一章 大数据时代环境保护问题的相关表达

织结构来看,还无法与其相比,因此部分环境法理论试图通过对于环境问题现象描述的方法,排除所有的先入为主的、预设的理论,从而建立起独立的学科体系。这种思考的逻辑,即是把环境问题仅仅当作对象来看,至于环境问题是不是独立存在的某种事物,或者说环境问题的本质到底是什么,暂且先搁置,而只是先把与环境问题有关的现象看作跟意识相关联的事物。这样思考的好处在于,符合人类认识新事物的逻辑。因为,当我们在认识一样新出现,或者是尚未弄清其内部逻辑的事物时,也可以借助某种已经存在的事物作为参考坐标,这样就可以对需要了解的事物有预先的了解。如若没有这种事先的思想建设,人类对于未知事物的了解就会变得异常缓慢和困难,也许根本就无法知道这属于存世的哪一类事物,陷入认知的盲区。换句话说,使用此种逻辑后,会使人们对于新事物的认识逐渐变得清晰,当信息的获取、知识的积攒、实践的深刻,累积到一定程度后,人们就可以明确确定它到底是何物。就好比说,小孩从小到大都没见过老虎是什么样子,他仅仅是从其他人的语言中获取过对于老虎的描述,会天真地认为老虎的样子和自家的猫差别不大,都具有相似的外形特征。但是当小孩第一次去动物园目睹了真实的老虎后,他就会立刻发现,原来对于老虎的模糊认识,现在立即变得清晰了,当然,这种清晰不是"分辨率"逐渐变高的过程,而是站在原有认知之上,对于原有概念的升级。否则,如果小孩没有预设的、对于猫的印象,当他看到真实的老虎后,他可能会变得无从理解眼前出现的生物。由此,回到法学认知中来,当我们认知一个新法学概念时,从预先认识到完全认识,也符合类似的逻辑。刚开始时,只有一个大体的概念,为了能够在法律上对其进行定位,需要借助以往的法学概念帮助理解,比如法学著述中经常出现的"准……制度"

"类比推理""参考适用"等概念，在某种程度上可以认为是对这种逻辑的类似描述。当法律实践慢慢积累，达到认知的临界点时，有可能会创制出新的法律术语来表达该概念。

这种对于法学概念的认识由模糊到清晰的过程，本书没有贬低的意味，相反，持肯定态度。因为，环境法学者的这般努力最终是想构建起一门独立的学科，从而更好地解决现实中的环保问题，而不是为了构建纯粹的环境法学科而单纯构建。只有这样，在环境保护的议题下，我们才可以说，在环保事务领域，环境法学本身才是最初的调整环保的法学专门学科，不但没有预设其他的学科，反而可以作为其他学科的预设，由此环境法学才能成为一门独立且严谨的学科，本书的写作才具有学术上的意义。

但是，随着数字技术的出现，其改变了人类对于法学研究的看法，同时最为重要的是，其不仅仅引起了法律中技术法条的改变，抑或法律的技术渊源的改变，而是使法学基本研究的路径发生了重大的改变。以往由于环境法学涉及的自然领域过于复杂，与此对应，需要学习研究大量的自然科学技术、社会科学原理。这就导致环境法学的研究领域无边无际，而且研究的切入点也纷繁复杂，最终的结果导致环境法学给他人呈现出的印象是"缺乏稳定的研究视角"，使这种细分的法学学科在总体上缺乏学术的认同感，使该学科既融入不了自然科学的研究领域，也使法学同行之间没有学科的归属感。尽管以"环境保护法""环境与资源保护法"等名义有了现实世界中的客观体现，但是其学科内部并没有建立起一套获得大多数环境法学者认同的学术研究套路，所以有部分环境法的初学者认为，环境法在理论上只是一个"边缘"的研究领域，与民法、刑法相比，其缺乏统一的研究路径是一个值得重视的问题。这也提醒环境

第一章 大数据时代环境保护问题的相关表达

法学的研究者，法学理论的研究有必要区分"由现实的环保问题引发的社会需求"和"由媒体引发的环保热点话题"。前者引起了社会公害，值得动用法律的手段去治理，而后者可能只是媒体的炒作，不足以引起学术讨论以及新法学学科的建设。如何看待技术对于法学理论的影响？如果突破法学学科的分类方式，结合当前理论界、司法实务界、科学技术界的观点，可以大体上分成三个群体，一类是技术派群体，这类研究者认为，科学技术（包括环保技术在内）是解决环保问题的核心，其更多的是关注技术在环保法中的体现，将技术标准吸纳进环境法中；一类是社会学群体，这类研究者认为，与温饱、故意伤害等其他问题不同，环保问题是社会诞生之后产生的法律议题，环保问题产生的根本原因在于人类的行为方式，因此主张研究社会组织方式对于法律的影响，例如研究环保组织等；一类是传统法学研究群体，其希望将传统法学的研究方式带入解决环保问题的进程中，以一种"先验"的，或者说"先入为主"的方式，将已经成熟的法学经验引入环境法中，以求尽快解决环保问题。

本书认为，以上的研究群体在各自的研究领域之下，都具有巨大的研究价值和必要性。可当我们从环境法学科本身研究路径的视角观察时，会发现现实的改变已经触动了环境法学理论的核心内容，这理应让环境法学研究者引起注意。所谓的法学研究路径，其实并不仅仅指公认的法学实践模型，并以该模型作为该领域的法学共同体思想。实际上，某个法学研究领域（包括环境法学的研究共同体），为了节约研究成本，或者说为了符合思维惯性，对于尚待解决的问题倾向于使用传统的研究方式。如果合适，那么就会继续使用传统的研究方式。由此，在理论研究时，只要还能解决问题，不必过度追求路径的改变。

相反，如果现实中出现的事物，导致了该领域整体研究意义的变化，使得法学的专业交流、专业判断等都发生了变化，引起以前的"法学思维共同体"的重构，那么我们对于路径的理解和运用就要相应改变。本书认为，在这个背景下，本书所要讨论的议题具有引起路径改变的可能性。

二、人与自然的融洽及其方式

实际上，研究环境法学是世界上大部分国家面临环境问题时的现代化解决方案。每个国家不同的地理特色和文化背景，影响着其法律的制定。因此，形成具有中国特色的环境治理方式也是顺理成章。但是，具有中国特色的环境治理方式随着时代的前进，应当如何更好地实施，是一个值得不断探讨的话题。由于学科研究的路径依赖，以及环境法移植的门槛较低，所以很多学者对于此问题的讨论往往是借助域外的环境法学的理论来进行，并通过比较研究，得出的结论当然是具有很大的区别，由此体察出理论与现实之间的巨大张力。但是中国的环境治理方式所独有的中国特色，必须有自己的理论体系作为支撑。中国与域外的环境法的历史发展表明，理论体系的自我体现可借助研究路径来表达，即通过路径的研究将关于中国特色的环境法理论集中表达出来。

自20世纪，政府的社会治理范围相应地增加了环境治理。任何种类的社会治理都必须强调治理的合法性和合理性。研究以往中国古代和近代的法律发展史，可以发现在古代和近代的律令中，虽然有环境保护的内容，但其存在形式和规定的内容，算不上现代政府治理。当西方文化进入中国，尤其是西方法学进入科举考试后，根植于西方文化的法学思想开始成体系地对中华文化产生影响，自此，西方法学思想由学习和模仿的对象，

第一章 大数据时代环境保护问题的相关表达

逐渐演变为批判社会事务的理由依据。虽然西方法学思想有一定的借鉴意义,但也造成了外国文化与中国文化之间的巨大张力。

对于西方法学理论,其部分理论证成具有精妙的逻辑思维,使这些理论具有一定的"吸引力"。然而环境法学是一门解决社会问题的学科,追问的是中国现实环保问题,以及中国理论历史脉络的传承性,并以此作为参考构建新的理论。目前对环境法学中的基本概念的解释和理解,不同程度地受西方法学、西方历史学等影响,因此当我们说要构建具有自己特色的理论时,实际上就是要重新解释环境法的底层逻辑,以达成新的法学理解上的合意,在此基础上重新构建环境法学的逻辑思维。本书认为,数字技术的出现,有助于环境法学的概念重塑,因此数字技术可成为构建中国特色的环境法理论的重要因素之一。

2016年,习近平总书记在哲学社会科学工作座谈会上提出"加快构建中国特色哲学社会科学",并进行了深入、系统阐述。同时,习近平总书记还指出,"不同学科有自己的知识体系和研究方法","每个学科都要构建成体系的学科理论和概念"。[1]如果用法学学科的视角切入,习近平总书记指出的"知识体系和研究方法",实际上就是指法学研究的共同体所研究的该学科的基础问题。环境法学研究共同体所面对的基础问题,毋庸置疑,是环境问题。而环境问题恰恰不是一个法学逻辑问题,而是一个社会现实。最直接的例证就是《环境保护法》对环境的定义,其对于环境的列举说明了环境不是逻辑推理的产物,而是存在于人类组成社会之前。由此,我们也可以说,该定义后半部分所罗列的关于环境的种类,其存在依赖人类对于客观世

---

[1] 臧峰宇:《建构中国自主的哲学知识体系》,载《新华文摘》2022年第22期。

界的发现，也就是上文所提及的关于研究路径所指向的该领域的基础问题。可见，环境法学研究路径所指向的基础问题——环境问题，随着环境技术的发展可能会发生巨变。这种可能的巨变，自然而然会引起环境法研究路径的改变，由此引发环境法研究者共同体的观念改变。

这种可能的改变来自环境法研究者一直以来对环境问题的一个误解，而这个误解犹如研究者所面临的一个谜题。就好似保险箱的大门被密码机制所产生的谜题所锁住，想要打开保险箱，类似要弄清环境问题的实质，就必须先解开眼前的密码学谜题。而解密的过程需要技术的加持——环保技术。环保技术的出现，的的确确改变了我们对于环境问题缘起的看法。以前环境法学者习惯将每个环境问题当成独立的系统看待，对水、空气、土地等涉及的环境问题分门别类地进行研究，例如，当环境法学者在研究某一个具体地区的环境问题时，并不是将整个地区的环境问题当作一个综合的生态系统来做整体研究，而是对环境进行切割，分类进行研究。具体而言，将该地区涉及的水资源继续细分，可能做河流流域研究、湿地保护研究、地下矿产资源研究等；将该地区涉及的空气继续细分，可做大气污染研究、空气质量研究等；将涉及的土地资源继续细分为垦地研究、林地研究、自然保护区研究等；将一地区涉及的动物资源做濒危珍稀动物研究、畜禽产品的农业问题研究等。之所以将这些环境问题进行切割研究，从现实层面出发，由多种原因造成，并不是故意而为之。可能的现实原因在于，法律的编撰规则使法律不可能调整所有环境领域，否则会导致法律条文的冗长复杂，从而使制定法无法具体地适用；也因为中国地大物博，所涉及的环境资源极为丰富和广泛，不可能由一个部门来调整所有的生态环境，致使对应着的政府组成形式也相应

第一章　大数据时代环境保护问题的相关表达

复杂。

可是，从环境保护的角度出发，分割式的研究和治理导致学者们不容易找到调整整个生态系统的应对方案。如今，技术的出现，可让人类换一个视角来看待环境问题，允许通过技术的视角将环境问题的分割式解决方案"还原"成整体解决方案，也就是说，对于环境问题，在理论和现实中，人类不必将其理解为"过度排放污染物超出自然的自净能力"，以及"过度索取超过自然的再生增殖能力"，而是理解为"所有的环境问题都是人类的社会行为扰乱了生态的自我循环平衡"。当我们基于这个技术视角去思考环境问题，以及思考应对环境问题的法律手段时，解决环境问题的思路至少在逻辑上就变得相对简化，同时也变得更加"有的放矢"了，也即解决环境问题可从技术角度出发，通过技术迭代，重新构建起生态中的物质循环，并将其反映在法律中，那么将技术进步作为法律变革重要因素的环境法也必然受惠于此。

如果认为"环境问题等同于物质循环的问题"，那么从广义上讲，环境法的重要使命之一便是保障物质循环的重新建设。借助全国统一碳交易市场的运行，来重建"碳物质循环"即是证明。之所以如此理解，是因为在地球的所有生态循环中，"碳物质"的循环是最基础的循环之一，是地球上大量碳基生命的重要生存保障之一。经过历史学家的考察，地球上的"碳物质循环"其实也被打断过，每一次的打断实际上都会引起严重的"环境问题"。例如，在远古生物恐龙还没有出现之前，地球上的生命就已经大量出现，且其生命形式各种各样。在恐龙出现之前的石炭纪时期，据考证，地球上存在的主要生命体之一便是树木。当时的树木与现在不同，十分高大，这是因为当时的树木品种中大都自身含有一种叫作"木质素"的成分。"木质素"不但可以使树木快速生长且外形高大,同时也使得树木本身的构造十分坚硬,树木死亡后,本来应该可以被自然界分解,但是由于"木质素"的存在,即使是石炭纪存在着的巨大昆虫也无法分解如此坚硬的树木,更不用说早期的微生物也没有进化出分解"木质素"的能力。这一现象存在的好处就是树木残骸大量堆积,成为腐殖质,进而在物理、化学、生物的多种作用之下被催化为煤炭的最初形态,但是缺点在于,由于树木残骸无法被分解,所以树木残骸所含有的"碳元素"无法被释放,地球上的部分"碳元素"的循环就被打断。树木的过度发展,导致了危机产生,也就是人类今天所认为的环境危机,这就使当时空气中的"碳元素"的数量急剧下降,引发了一系列的环境问题,例如气候干燥、地表气温急剧下降等生态巨变。后来,随着这些巨大植物的消失,地球生态才得以改变。其中,导致这些植物残骸消失的重要原因之一,便是可以分解这种树木的微生物出现,使树木中的"碳元素"又得以返回到自然界的循环中,可以被再利用。

通过以上对于案例的分析,我们对于碳交易,或者"双碳"愿景又有了新层次的认识:首先,无论是以往的环境问题,例如上文所提及石炭纪的巨型树木无法被降解的问题,抑或当代社会中人类所面临的由工业生产所引起的环境污染破坏问题,从生态规律上看,都可以得出相似的结论,也即,环境问题的本质是打破了自然界中的物质循环,导致循环不畅,引起了环境危机。例如,我们常见的海水富营养化,是因为海水中的重金属元素超标,属于重金属元素的循环不畅。所以,要想解决环境问题,就可以使物质循环重新建立,从而使人类所面对的"污染破坏"得到在自然界中被解决的机会,解除危机。其次,大数据技术的出现,为物质循环的建立增加了可行和高效率的

第一章 大数据时代环境保护问题的相关表达

手段。这是因为从自然科学的角度看,重建物质循环的根本办法就是加快分解和物质循环的速度,例如可降解塑料袋的应用。但是这种技术的发展和筛选需要社会制度的支撑。而碳交易市场的建立就为人类实现人与自然的融合提供了一个类似的实验窗口,需要环保法律给予足够的支撑。

三、碳市场交易是环保法律数字转型的先行场域

每当我们谈起碳交易,以实现"双碳"目标的时候,我们脑海浮现出的概念是"建立起一个有效的碳交易的场所,为了能让交易者愿意来市场进行交易,交易的规则必须具有强制性,让重污染的企业必须参加碳交易,从而买卖配额。同时,为了鼓励企业的积极性,而不是一味适用强制性的参与规则,市场还必须保证配额的稀缺性,以提高企业参与市场交易的积极性"。实际上,碳交易市场的影响远远不止如此,大量由碳交易市场引入环境法中的制度,都对环境法律的数字化有深远的影响。例如,为了碳交易的顺利进行,一定要防止碳交易的价格扭曲,根据有效市场假说,要想降低市场中交易的成本,必须让大量关于商品的交易进入市场当中,这样参与市场竞争的人,对于交易的商品就会有充分的了解,市场中碳配额交易出现欺诈、重复等违背交易规则的现象,就会在一定程度上降低。但是,在真实的碳市场交易中,市场参与者不太可能掌握全面的交易信息,无法实现如上所说的"通过交易信息的汇总,以实现市场透明度,防止市场扭曲"的目的。所以,碳交易最让环境法学者津津乐道的,或者说碳交易的重要议题,是碳市场的金融化,通过引入金融工具,借用金融工具天然所具有的收集信息的属性,就可以让大量的、具有不同交易预期、不同交易风险爱好的市场参与者汇聚到一起,基于对未来的不同预期,达到使市场参与者相互吸引,促成交易的目的。

　　本书认为,碳交易市场影响最为深远,却不容易被人体察到,但对环保法的数字技术化有重要推动作用的是自愿减排市场。碳交易中的强制减排市场随着金融化的不断加深,例如引进碳期货交易、碳配额抵押交易等新型金融工具,的确加深了环保法自身的金融化程度,因为这些碳金融工具的使用,往往伴随着碳金融科技的发展,而碳金融科技本身与数学基础知识、数字加密技术联系非常紧密,将法律制度的数字化水平带入了一个新的阶段,同时,在环保法律实践中,随着大量的金融机构参与到碳交易中来,围绕着金融机构的开户、代理、结算等金融中介行为也在不断丰富着环境法数字化实践理论。而自愿减排市场对于大数据技术在调和人与自然冲突方面起到的融合作用也是十分深远的。原因在于强制减排市场虽然也体现了数字技术在法律中的应用,但是这种作用更多体现出一种"事后治理"的思维。也即,强制减排市场通过将高碳排放的企业引入市场当中,将"配额的买卖"作为中间环节,以此实现社会资源(包括资金、技术等)从"高碳领域"向"低碳领域"的转变,倒逼高排放的企业进行产业的降碳升级。但是,"不排放碳气体"或者"排放碳气体数量低"的企业是无法参与到强制碳交易中来的,更无法享受到国家给予碳交易的政策优惠,而如上的两种企业恰恰也可能是研发我国能源转型技术的企业,例如林业企业(可发展林业碳气体吸收)、固体废物回收企业(可发展垃圾焚烧发电)、畜牧企业(可促进可燃气体大量产生)。这些企业的参与,可以促进传统环保行业的发展,如循环经济、绿色发电、环境影响评价等,降低中国社会中总的碳气体的排放。为了降碳,早日实现"双碳"的目标,市场的设计者使用大数据技术扭转了这一情形。也即,在碳市场交易中,

第一章 大数据时代环境保护问题的相关表达

人们可以看到,自愿减排市场的参与涉及核证减排量的约束,通过严格的方法,将非碳排放行为转化成同等效应的碳气体温室效应,公平参与到市场之中。例如,甲企业每年产生大量的碳气体,需要购买相应的碳配额才能满足其生产需求,否则就会停产,影响收益。而乙企业则是碳汇科技类的企业,可产生大量经过认证的碳汇,如此,甲乙之间的交易,既满足了双方的需求,也促进了碳汇科技的研究,而碳汇科技从研发到交易,无不体现了大数据技术的应用,促进了环境法的数字化应用,为未来环境法数字化制度的细化,乃至未来的法典化的进一步发展都提供了坚实的法律实践依据。

第四节 大数据技术在法律中引起的改变

提起大数据技术在法律中的具体应用以及巨大影响,受过法学思维训练的研究者,通常第一反应便是大数据技术对于我国基础法律制度的影响。具体到环保领域,环境问题所涉及的污染破坏首先触及的是某样具体的事物,例如森林、海洋,或者是具体到某个自然人所使用的耕地,而在大数据技术的赋能下,数字技术或者是由数字技术所形成的法律关系,可能会变得更为复杂,也就是说,以往人与人之间的关系单纯是"人—人"关系,而传统环保法律的关系是"人—自然媒介—人"关系,但是大数据技术加持下的法律关系可能是"人—大数据技术—自然媒介—大数据技术—人"关系,甚至是去掉自然媒介,仅形成"人—大数据技术—人"关系,也即只通过数字技术在法律中映射人与自然之间的关系,例如学者经常谈到的智能合同、执法行为自动化、涉环境行为的自动决策等。在以上的这些以技术作为"中介"的法律行为中,大数据技术在现有法律制度安排下的法律关系中的定位到底如何，不但是一个新话题，也是大数据技术对环保法律产生影响的创新点之一。例如，大数据在法律中的应用所产生的数字要素，到底是何法律性质，是环保法律中首先要碰到的问题。

　　数据本身该如何安放到现有的法律关系中，取决于现有实体法和程序法的安排，而实体法与程序法又有其内在的联系，需要互为参考。从实体法上说，作为民事领域的"根本法"，《民法典》在其条文中对数据有着原则性的规定，并且将数据与网络虚拟财产采用并列的方式进行展示。成文法采用如此的法律技术，既体现出民法典作为调整世俗社会的法律，为了应对社会事务的迭代更新，以及缓解成文法滞后性的问题，采取了包容开放的阐述，以应对不断出现的数字化事务，当然，也体现出立法机关、司法机关、法律研究者等对于数据、虚拟财产，还没有形成法律理念上的共识（包括世俗社会中的习惯，以及由此产生的行业规则、伦理道德等）。所以，以权利思维为主要调整工具的《民法典》，该给大数据技术界定何样的法律制度边界线，是一个难题。因此，在实体法上，数据与传统民法上的物有很大的不同，由此衍生的数据的生产、数据的转移、数据的存储、数据的交易等，呈现出与以往不同的特征。当出现复杂的法律案件时，不一定能完美地套用既存的法律工具，以实现数据价值，更不用说，体现出数据本身独特的法律属性。从程序法上看，以民事程序为例，诉讼程序的发动以是否具有原告资格为起点，而资格的具备以是否具有民事法律中的权利、权益等法定事由为基础，此时的数据收集、利用、转移等活动不但可能具有其独特的法律制度，而且相关的法律事实还涉及大量的政府部门，例如环保、自然资源、卫生健康、公安、教育、国家安全机构、电信、交通等，每个部门所在领域的规章

第一章 大数据时代环境保护问题的相关表达

制度都有可能对民事法律行为的生效与否产生影响，更不用提及诉讼中的证据收集运用、法律依据的适用等问题。由此，我们可以得出大数据技术在应用到各个领域（包括环保领域）的法律实践中的特点。从维护数据秩序的角度来看，除了效力更高的法律法规外，为了体现法律工具的灵活性，各个领域的部门规章、规定、部门标准、行业协会规范等不断出现，甚至是企业的行业习惯，也都对数据的法律渊源产生了辅助的促进效果，为社会实践中的数据处理提供了具体详细的规范操作参考。

在大数据时代，即使是保守传统的行业，也要面临数据竞争的不断挤压，面对日益增多的、关于数据的、具有法律约束性的文件，要注意其规则变化，对其充分理解后，利用其数据价值以提高社会福利，同时，也要梳理整备，挖掘出数据与法律的因应关系，为大数据技术的应用扫除障碍。

本书需要在这里进行明确的是，这里所指的大数据技术对于法律制度的影响，或者说由大数据技术所形成的法律关系，与以往学者讨论的数据概念，既有联系又有区别。当前关于数据的热门话题，包括个人信息的收集与个人数据之间产生的人格权法律争端；企业数据的合规性审查；国内数据的跨境流动法律问题等，以上所举出的例子，是关于数据的核心问题之一，关系到数据被收集、加工、交易，以及按照法律规定的形式处理后所具有新的法律价值和法律权益。此外，《数据安全法》颁布施行后，根据该法的规定，国家建立起数据的分类分级管理制度，并对不同种类和法律等级的数据适用不同的管理手段。基于此，又诞生了相应的数据安全管理制度、数据风险评估制度、数字中介制度、数字许可制度、数据出境制度等。虽然以上的这些法律概念、理论和制度与本书谈论的数字技术概念息息相关，也是本书立论的数字法律理论基础，但是，本书所要谈及的大数据技术的广度和深度不止如此，而是更进一步，从系统论的宏观角度谈论大数据技术对于环境法的影响。

大数据技术的出现，是现代网络信息技术广泛渗入，以及电脑算力不断提高之后的复杂社会现象。面对这一新出现的社会事物，早期，人们对其调整的思路仍然沿用传统商品交易模式的法律制度，也即通过法律的解释，将其纳入现有的商品交换法律制度中。最为典型的现实操作是，适用民事规则将其解释为法律关系中的客体，再将其纳入现有的合同制度中，以物物交换、服务交易等传统方式进行调整。但是，随着大数据技术的进一步发展，尤其是导致了现实中新型法律事实的出现，传统法律制度对于大数据技术的调整显得捉襟见肘：首先，影响基础法律制度。传统商品的交易规则沿用过去流传下来的社会经验和习惯，但是数据产品的特征之一在于可以将多个法律行为关联人都纳入同一个数据产品之中，并利用这一优势将复杂的法律关系简便化，例如，可将产品合同订立、执行、转手等行为全部集合在同一个平台的同一个智能合同之中，大大简化交易成本。这种对于交易的简化，也会影响到法律中的基础制度，例如民法中的"物权与债权的转换关系"。其次，调整规则平台化。数据产品的价值也来自网络对于数据的加工、收集和整理，其交易的方式也同样依赖网络平台进行。传统商品的价值判断有来自于历史的文化传承的影响，例如现有财产分割规则要尊重当地的文化习惯。相比较而言，数据产品的价值增值在于网络对于信息的生成、积累和流通，一旦数据产品失去所依赖的平台，那么数据产品的价值就会大打折扣，甚至毫无价值可言。最后，数据产品促使"去中心化""部分去中心化"现象出现。以往法律制度中的财产基础制度，大部分都是建立在"中心化"基础之上的。例如，在财产登记制度中，将财产信息统一汇聚在某一机构,以方便对房地产市场进行管理。而数据产品的登记分散在各个网络平台,会使登记的信息出现"部分去中心化"现象,甚至加密货币在采用了密码学加密技术后,可以使持有者匿名化,这就导致出现了"去中心化"现象。

上述对于关联大数据技术的数据产品的讨论,都在说明大数据技术将法律制度的研究带入了一个新的数字技术领域,换言之,当前法律制度的理论基础大部分基于生活中的实体物质,而非网络空间中的数字模型。这种质的变化需要法律为数据的法律要件化提供发展的空间,只有如此才能为数据的分享、利用和交易提供便利。

具体到生态环境治理以及环境法理论构建来说,环境大数据技术的特征也同样要求改变法律制度来保障环境大数据的使用。因为数据产品的特征契合了生态环境分区治理以及生态环境以政府调整为主导的治理模式。例如,环保部门可利用区块链等数字技术,将污染物排放信息、濒危动植物信息、自然资源、环保资金等数字信息上链,构建起有关环保的数据信息平台。借助此信息互通平台,不但可以监控全国的生态环保领域,处理跨行业、跨部门、跨行政区域的环境事件,还可以通过数据的实时更新,将环保治理的资源投放到最需求的领域,提高效率,避免资源的重复浪费。

第五节 大数据技术是解决环保问题的可行手段

基于大数据技术的环保法律制度,将大数据技术应用到环境法律制度中来,不但是践行国家对于数据要素顶层设计的法律体现,也是将数据要素这种新型的生产要素应用到环保领域的创新。它继承了环境保护领域中的可持续发展理念，同时也可以推动环境保护的数字化转型，是通过数字化的形式来为具有中国特色的生态文明的发展提供法律保障。

一、基于大数据技术的环保法律制度的含义

在以往的法学研究中，数据要素大多被当作法律范畴中的辅助元素来研究，并没有进入到法律关系中的核心理论，诸如基于数据要素的法律逻辑推理、权益机制的设定等。但是随着大数据技术在案件中的应用越来越广，形成了大量关于数据的新事物，对传统的社会秩序以及过往的社会利益分配机制造成了影响。对此，大量的学者认为，大数据技术对法律的影响，已经上升到引起法律场域转换的程度，也即，以往的法律制度已经不能完全匹配在网络空间中的权益归属和数据要素的流转。这就等同于提醒法学研究者，由于网络空间发展的底层逻辑与现实世界不同，对于传统法学的研究已经不能满足数据要素的流转规则，同时，所谓数字法学的研究也不能是简单的对于传统法学理论的衍生或者补充。具体来说，受到大数据技术冲击的法律行业，主要往如下的几个方向发展：

第一，以技术本身为研究对象，思考技术进入法律后，怎么与传统法律制度耦合。例如，对于大数据技术进入法律后引起的新型法律风险，该如何对冲；再如，大数据技术以代码化的方式存在，该如何设计并体现法律代码化之后的法律尊严等。当前现实中的可借鉴的典型环境法案例为：黑龙江省人民政府摸清并掌握了区块链技术的核心要素后，认为其符合农业农村方面的数字化发展需求，遂通过技术落实《乡村振兴促进法》的相关规定，以大数据技术为突破口，设立黑龙江省农业投入品监管溯源平台，通过将农业农村领域中涉及的人和事物进行

第一章　大数据时代环境保护问题的相关表达

网络的链接，并利用区块链技术进行实名制管理、标识地理信息管理、销售路径地图化管理等创新，实现了农业大数据的联通，还对传统的农业金融、农产品销售、农村日常生活设施进行了大数据技术的赋能。[1]此案例回应了技术与法律制度该如何耦合，引发了法律层面的思考。

第二，借助大数据技术，仍研究法律制度本身。此种研究并不是简单地借用其他学科的研究方法，并将其作为补足传统法学研究短板的手段。例如，借助大数据的定量分析的优势，通过对数据进行加工整理，得出辅助研究结论的证据。现实中的典型环境法案例是碳汇认购案件。以长阳土家族自治县人民法院审理的案件为例：2023年，被告人向某在禁猎期并在禁猎区内猎杀了一只野兔。该野兔属于《野生动物保护法》中的"三有动物"，受到法律保护。[2]为了能在履行生态环境修复法律责任的同时，还体现生态环境损害赔偿，当地法院探索通过林业碳票制度来达到生态全面修复的目的。最终，在承办法官的引导下，被告人愿意认购"林业碳汇"以修复受损生态。该案的处理结果体现了当地法院"林业碳汇+生态司法"赔偿机制的重要创新。该案件涉及了自愿减排交易的议题。根据《温室气体自愿减排交易管理办法（试行）》第四章的相关规定，全国温室气体自愿减排交易市场的交易产品为核证自愿减排量。而所谓的核证自愿减排量实际上就是利用大数据技术将非碳排放的行为等同为直接排放碳气体造成的效应。这一转化的过程是用数额来表示最后的转化结果。此过程，不但体现了大数据技术与碳配额这种数字碳资产的关联关系，也证明了大数据技

---

[1] 参见中央网信办信息化发展局指导，中央网信办数据与技术保障中心牵头编制的《中国区块链创新应用发展报告（2023）》。

[2] 有重要生态、科学、社会价值的陆生野生动物，简称"三有动物"。

术在将减排行为标准化后，就可以为环境司法所用。[1]

具体到环境法学来说，如果认为数字法学呈现出"（数字）技术+法律"的特征，那么从该学科的发展看，环境法学在早期就具有了以上的特征。《环境保护法》中的基本制度大多都与技术相关，或者是针对技术设立专门调整科技的法条，诸如"三同时"制度、环境影响评价制度等都体现了技术对于环保的重要性。但是如果从法学的"领域研究"的角度观察，当前数字法学中的技术法学意涵与以往环境法中的调整角度不同。以往环境法律关系中的环保技术是手段，技术要适配人的存在，但是这种思考随着技术的发展出现了变化，因为包括环保在内的技术有其自身的发展逻辑。换言之，大数据技术为人类解读自然界的生态规律提供了一种新的底层思维方式，能够帮助人类拆解并分析环保案件中的种种疑难。随着技术的愈加复杂，人类与技术深深地关联在一起，甚至出现了技术颠覆了以往的人类生存规则的现象，诸如人格利益的技术拟制、人际关系的技术再塑造、信用关系的技术表达等。此时，当前所呈现的社会人际组织形式可能也发生了变化。人们除了重视在现实世界中的交往外，也渴望在网络空间中获取新的"身份"。例如，在现实生活中，人们都有自己的性别、年龄、职业、家庭等现实世界的归属特征标签，但如果回到网络，现实中的人在区块链的加密赛博空间中，又有可能有"网络技术大咖""矿工"等新的身份，此时既有的社会空间感发生了变化，当我们不停在社会和网络空间之间切换时，我们很有可能不禁要问"我们到底是谁"或者"我们更看重哪个身份"等诸如此类有关空间感的问

---

[1] 参见《猎杀一只野兔 认购16.18吨林业碳汇》，载 https://www.hbfy.gov.cn/DocManage/ViewDoc?docId=6f1f6041-867b-4543-ba4c-1b733d6bb730，2024年6月21日访问。

第一章 大数据时代环境保护问题的相关表达

题。这种空间感继续演变的结果是会影响到现实社会的组织形式,因为网络空间中的逻辑规则与现实不一样,当基于大数据技术规则形成的人际规则对线下的世界造成影响时,就有可能意味着传统的社会规则无法很好地调整网络与现实相互夹杂的人类生存方式。在两种规则相互交融的时代背景下,至少在网络空间领域,过往规则的影响在下降,自然人、公司等概念的法律属性在网络空间领域潜移默化地发生着改变,也即,从大数据技术的角度看,个人演变为数据生成的节点,与数据有关的公司(平台)成为数据交换的一个个中枢。在这样的视角下,传统主权国家的概念也将会在数字空间的理论下产生更多的意涵。我们既存的法律制度是对过往经验的总结,是对过去利益分配规则的保障,但新数字空间的建立基础与此不同,是对我们当前社会经验的挑战。具体到环境法来说,我们的大量环境规则是以传统的实体物质作参照并设计的。以新修订的《森林法》为例,相比以前的版本,新修订的《森林法》在森林的生态保护上更进一步,不但创新了新型法律制度,也对之前的部分森林法律制度进行了修改。如果我们仔细体察会发现,新修订的《森林法》由于涉及土地利用问题,所以在其整个关于森林的规则体系中,既有关于土地利用的规则,也有参考土地利用规则而制定的森林资源利用的规则。这就出现了上述所提及的"以传统的实体物质作参照"的情形,导致新修订的《森林法》中部分创新的法律制度不知该如何利用数字技术落地执行。最为典型的例子是新修订的《森林法》中的异地补种法律责任。[1]由于该法没有对此规定作进一步的解释说明,所以引起的现实问题是:"如果要进行异地补种,那么选择其他何地作为

---

[1] 参见《森林法》第74条、第76条的规定。

补种的区域？做此选择的理由和标准又是什么呢？"这就导致现实中，各个地区的司法机关适用相关法律条文时，对其的理解可能存在不一致。其中一个原因可能在于，寻找适合补种的区域，不是简单地作"物和物之间的替换"，而是要找到符合生态规律的异地补充的办法。随着诸如土地、森林、水流等传统资源的数据化，可以以技术赋能的方式，通过技术的匹配，高效实现异地补充。

综上，将大数据技术融入环境治理，有利于实现和构建具有中国特色的数据要素法律制度体系。假设环境治理的数字技术的融合过程没有法律手段的保障，就有可能导致利用环境数据要素的各方利益受损，不符合中央关于构建数据基础制度的初衷。

具体来说，在大数据技术的应用过程中，也就是数据要素的流转过程中，需要建立相应的市场（或者说数据流转平台）。虽然数据要素是一种特殊的事物，表面上看是信息的电子化，但是从技术上看是众多指令集的聚合。当我们在交换此类数据要素的时候，不但以往交易传统事物的法律风险仍在，同时，技术带来的新风险也会进入法律中，所以需要在数据流转的平台化架构下构建适合其规律的法律规则，这样不但可以确认数据要素的法律地位，也可以达到对数据要素进行法律控制的目的。讨论至此，本书不认为关于大数据技术的法律制度应当是基于私法的交易制度，并将关注点完全投入数据确权、知识产权、智能合同等领域。实际上，如果基于大数据技术的法律制度仅仅只是对传统法律制度的技术化改造，那么涉及大量调整技术的法律法规，早就应该成为所谓数据法学的鼻祖，但是事实并非如此。原因在于，大数据技术引发了环保领域巨大的变化。其核心变化在于可以利用大数据技术对环境领域的数据要

第一章 大数据时代环境保护问题的相关表达

素实现平台化治理,这有利于完善"双碳"的数字化基础制度以及赋能生态环境的分区治理。这是因为,当我们谈到大数据技术的时候,学者的思路往往是追溯到区块链、以太坊等数字技术对于法学的影响,此类数字技术虽然在运行上有诸多的不同,但是在本质上都是相通的,均是通过技术构建"共识协议",再通过类似"智能合约"的工具将自定的"共识协议"进行传播。此种技术方式在环境保护中引起的变化是:首先,可以适用自动执法。也即可以事先设定环境治理的特定目的,当条件满足时,自动执行对涉及环保的行为的监管,由此就可以凭借技术自动确认行为在法律上的性质,从而自动作出有法律约束力的决定。其次,可以自动实现环境数据交换中的约束性条件。也即通过大数据技术在涉及环境的行为中设置前提条件,当不符合前置条件时,行为就无法进行,如此不但可以为涉及环保的行为设立一定的进入门槛,起到筛选参与者的环保能力的作用,同时还能起到约束参与者行为的目的,达到环保中预防的效果。

　　以上形成的这种机制,与其他的互联网技术结构有所不同。数字作为一段字符其本身是没有固定意义的,其存在的价值更多的是涉及利用该数据的领域,也即数据在某个需求它的领域,不停产生和交换,以此获得价值,同时数据由于一直被使用和交换,在这种后置过程中,其价值还在不停增长和积累。由此我们可以说,数据对价值的增长领域依赖性特别强。这里的领域可以理解为由法律的性质所决定的交易范畴,具体来说,如果数据是在特定平台技术下产生的,那么数据的利用也要受此种平台技术的约束。这种技术思维融入环境法,我们可认为,环境数据是由数字技术背书创造的信用所形成的。因此,环境数据的利用不能脱离数据交易平台的监管,这样才能避免数据交易所带来的市场纠纷、伦理风险、技术困境。

所以，本书认为，基于大数据技术的环境法律制度，其概念是在尊重生态规律，以及遵循中央关于构建数据基础制度更好发挥数据要素作用的顶层设计思路的前提下，以大数据技术为驱动力，形成关于生态环境的保护、资源使用的环保数字要素平台，并利用平台进行数据的网络交换，使平台更加具有开放性和动态性，以此吸引更多的主体，使平台的环境数据得以持续更新，实现更广范围的环保社会合作，最终达到以最小的社会成本治理环境的目的。

二、大数据技术赋能环境治理的法理基础

（一）自然法学说

1. 古典自然法学说

在欧洲资产阶级革命的浪潮中，资本主义经济体系得以产生萌芽并迅速拓展，促使资产阶级作为一股新兴的政治势力崭露头角，步入历史的主舞台。他们要求对法律制度进行改变，这是古典自然法学说诞生的背景之一。[1]

古典自然法学说，其核心聚焦于自然法理念，视其为事物秩序的体现与正义评判的标尺。该学派坚信，正义之真谛蕴藏于宇宙秩序中，那是一系列构成所有成文法基石的、关于正义的基本且终极原则的集合，它不仅指引着法律的制定，更是人类行为不可偏离的准则。进一步而言，古典自然法学派将法律的本质视为一种超越主观意志的客观规律，即"理性"，它贯穿于宇宙、自然、人类社会乃至万事万物之中，是立法活动不可背离的基石。立法者所创设的法律体系，必须深刻反映并遵循

---

〔1〕 舒国滢：《17、18世纪欧洲自然法学说：方法、知识谱系与作用》，载《比较法研究》2014年第5期。

第一章 大数据时代环境保护问题的相关表达

这一客观规律,方能确保法律的公正与合理。[1]

在古典自然法学派的阵营中,汇聚了众多法学与哲学领域的杰出思想家,他们各自以独到的见解丰富了自然法理论。譬如,格劳秀斯(Grotius)将自然法视为正当理性的规范;[2]洛克(Locke)则在此基础上进一步提出了构建公民社会与国家的构想;[3]而卢梭(Rousseau)则通过社会契约理论诠释了自然法的实践意义。[4]

古典自然法学派主张,在实在法之外尚存一个先验且客观的法则,此法则构成了人定法的根本源泉与价值评判尺度。立法者的核心使命不在于创造新法,而在于揭示并阐述万物内在固有的必然性,即自然法之真谛。自然法不仅调控人类社会内部的交互关系,更致力于促进人类与自然的和谐共存、相互辅助与生态平衡,而这一思想则为环境法理论的构建提供了一定的启示。

根植于人类对自然界及其运行规律深入理解基础之上的环境法学,其核心议题之一便是对生态法则的精准把握与有效应用。这一追求,与古典自然法学派所强调的自然法作为普遍客观规律的存在,形成了深刻的共鸣。环境法致力于构建一个人类与自然和谐共生的法律框架,这一愿景与古典自然法学派所倡导的自然法理念不谋而合,即将自然法视为指引人类与自然和谐相处的根本法则。环境法不仅聚焦于人类社会内部的秩序维护与利益平衡,更将目光投向自然界的生态平衡与可持续发展,这种跨领域的视野,恰与古典自然法学派超越传统法律分

---

[1] 朱明哲:《面对社会问题的自然法——论法律社会化中的自然法学说变迁》,载《清华法学》2017年第6期。
[2] [荷]格劳秀斯:《战争与和平法》,[美]A.C.坎贝尔英译,何勤华等译,上海人民出版社2005年版。
[3] [英]洛克:《政府论》,瞿菊农、叶启芳译,商务印书馆2020年版。
[4] [法]卢梭:《社会契约论》,李平沤译,商务印书馆2011年版。

野的宏观视角相契合。

在环境法的立法与执法实践中,古典自然法学派的理论贡献不可或缺,它指导着立法者如何通过法律手段揭示并体现环境保护的客观规律,从而推动环境法体系的持续创新与发展。同时,环境法的具体实践也为古典自然法学派提供了宝贵的实证素材与研究案例,进一步丰富了其理论内涵,促进了该学派理论的深化与拓展。

2. 新自然法学说

法国宪法学界先驱狄骥(Duguit)认为,在现实法律架构内,绝对的"理性化"概念并不成立,法律并非超脱现实的幻想构建,而是深深扎根于社会现实的实践产物,它展现出与人类社会相似的动态性,其根源深植于社会结构的多元与复杂性之中,每一独特的社会形态均以其特有方式雕琢着法律的面貌。[1]传统自然法理论随着时代的发展逐渐暴露出其局限性,在第二次世界大战之后,新自然法学说开始流行。这一新兴学派,不再拘泥于抽象理性个体的永恒法则,转而探索一种能够适应社会、经济变迁的自然法观念。[2]

与古典自然法学派相区分,新自然法学派虽同样立足于自然法作为法律评判的至高准则,却以一种更为包容和前瞻的视角,调和了古典理论中"理性"的绝对地位,转而强调法律与道德伦理、公平正义等核心价值之间的深刻纽带。[3]该学派进一步细化了法律的功能与要求,主张法律应以公共利益为导向,确保其在可预测性、稳定性及透明度上的高标准,同时免于政

---

〔1〕[法]狄骥:《公法的变迁》,郑戈译,商务印书馆2013年版。

〔2〕陈宇:《近代自然法学说和社会契约论——现代政治合法性的逻辑推演》,载《重庆交通大学学报(社会科学版)》2010年第3期。

〔3〕罗久:《自我立法的限度——青年黑格尔论近代自然法学说的局限》,载《人文杂志》2019年第4期。

第一章 大数据时代环境保护问题的相关表达

治波动或其他外部因素的干扰,展现出对公众负责的姿态,并随时代变迁而持续进化,以适应社会发展的新需求。

环境法学的构建与演进深受新自然法学派理论精髓的启迪,其中新自然法学说杰出代表罗尔斯(Rawls)的思想更是成为连接两大法学领域的尝试之一。20世纪60年代,罗尔斯积极发声以反对越南战争中的征兵政策,并视其为对弱势群体的不公,这一经历深刻塑造了他对社会正义问题的独到见解。1971年,罗尔斯的力作《正义论》横空出世,[1]该书因初版封面选用绿色,而被哈佛学子戏称为"绿魔",其影响力可见一斑。据统计,自问世以来,全球范围内已有超过五千篇论著聚焦于该书的解析与探讨。

《正义论》不仅对实质正义进行了深刻剖析,还将研究视野逐渐拓宽至法治的形式价值层面。这一学术转向,对新自然法学派产生了深远影响,促使该学派在坚守法治核心价值的基石上,同步强化了对法治形式化制度架构与秩序稳定性的追求。在罗尔斯正义理论的推动下,新自然法学派的法治观念实现了认知与方法论的新平衡,即在坚守现实主义立场的同时,亦给予法治形式价值应有的重视,进而深入探究法律规范的本质属性及其所维系的社会秩序之稳固形态。[2]此等转变,不仅丰富了法治理论的内涵,也为法治实践提供了更为全面且深入的指导原则。[3]

恰逢环境法学方兴未艾之际,《正义论》的问世恰逢其时。

---

[1] [美]约翰·罗尔斯:《正义论》,何怀宏、何包钢、廖申白译,中国社会科学出版社1988年版。

[2] 廖申白:《〈正义论〉对古典自由主义的修正》,载《中国社会科学》2003年第5期。

[3] 姚大志:《罗尔斯的"基本善":问题及其修正》,载《中国人民大学学报》2011年第4期。

受其理论的启发,环境法学者开始聚焦于环境问题的法律规制,提出了环境正义、绿色公平等新颖理念。[1]罗尔斯在书中阐述的"无知之幕"与"差别原则"等观念,强调在社会资源分配中应优先考虑弱势群体的利益,这些理念在环境法领域内得到了创造性的应用。这些理念的提出,不仅极大地丰富了环境法学的理论架构,还促进了环境法实践活动的创新与进步,为环境保护事业注入了新的活力与动力。

在新自然法哲学思潮的启迪下,环境法学界逐步聚焦于环境议题的法律规制途径,并创新性地提出了环境公正与绿色正义等核心理念。这些新兴理念深刻揭示了环境保护领域内公平正义的迫切需求,为环境法制体系的建构与实施奠定了坚实的价值基石。新自然法学的正义、权利及民主等理论精髓,直接且深刻地塑造了环境法学的理论架构,为其发展注入了新的活力。不仅如此,新自然法学派对环境法的影响已跨越理论界域,渗透到法律实践之中。在环境法领域内,一系列旨在促进环境公平与正义的法律制度与政策应运而生,如环境影响评价机制、环境公益诉讼等,它们背后的理论意涵均有新自然法学的影响。

鉴于环境危机的加剧及人们环保意识的觉醒,环境法学作为一门专业学科正逐步赢得学术界的广泛认可与支持。新自然法学派以其独特的理论视角与贡献,对环境法学的孕育与成长起到了至关重要的推动作用,加速了该学科的独立化进程与发展步伐。尤为值得一提的是,新自然法学派关于自然法内容可变、法律需顺应现实变迁的见解,为环境法应对复杂多变的环境挑战提供了坚实的理论支撑。特别是其关于环境公正与绿色正义的阐述,更是为环境法学构建了富有前瞻性的理论框架与

---

[1] 程世礼:《评罗尔斯的正义论》,载《华南师范大学学报(社会科学版)》2002年第5期。

第一章　大数据时代环境保护问题的相关表达

价值导向。这种对于社会新事物兼收并进的逻辑，也使得数据思维进入了环境法之中，现在我们经常在法律中讨论的数字正义、算法正义等话题，也可以将其法律逻辑追溯到新自然法学的理论。

(二) 人类中心论

在人类环境法学领域，人类中心论学派占据着举足轻重的地位，其领军人物例如金瑞林教授等，对推动该学科的发展作出了不可磨灭的贡献。

该学派的核心理念在于将人类置于环境认知的核心，视环境为环绕人类、支撑其生存与进步的、由自然与人为因素交织而成的综合体。其核心聚焦于探究人类活动如何塑造并影响环境，以及探索法律框架内如何有效保障人类生存环境的质量与可持续性。[1]

作为人类中心论学派的杰出代表，金瑞林教授不仅深刻洞察到人类活动对环境产生的深远影响，更积极倡导利用法律工具这一杠杆，精准调控人类行为，旨在维护生态平衡，促进社会的绿色转型与可持续发展。[2]

然而，尽管人类中心论学派在环境法学界拥有广泛的影响力，其观点亦遭到了来自多方面的审视与质疑。部分学者指出，过度聚焦于人类的中心地位，可能无意中削弱了对生态系统整体性及其内部各生物间相互依存关系的认知，进而忽视了非人类生物的权益与保护需求。因此，在环境法学的深入探索与实际应用中，更需秉持一种更为包容与全面的视角，综合考

---

[1] 杨通进：《人类中心论与环境伦理学》，载《中国人民大学学报》1998年第6期。

[2] 金瑞林：《〈环境法律的理念与价值追求——环境立法目的论〉序》，载《环境保护》2000年第9期。

量多方因素，力求构建出既符合人类发展需求，又能兼顾生态平衡的法律与政策体系。从这一逻辑出发，大数据技术为上文提及的"兼顾"思路又提供了一种现实中可操作的"平衡"手段。

(三) 生态中心论

生态中心论学说秉持生物界为核心的理念，主张将现代生态学对环境的理解，作为环境法基础定义之基石，此举旨在更有效地推行可持续发展战略，达成环境法立法的根本目标。该学派尤为重视生态环境的整体架构与生物多样性的维护，并坚信环境法应致力于促进生态系统的和谐与稳定。生态中心论学派的见解在环境法学领域占据着举足轻重的地位，其学说价值随着环境问题的加剧与生态文明建设的深化而日益凸显。

作为生态中心论学派的杰出代表，张梓太教授在环境法学界享有盛誉，他积极倡导将生态学的前沿理念融入环境法治建设中，以期实现对生态环境与生物多样性更为周全的守护。[1]此外，张梓太教授的研究触角还广泛延伸至环境政策、环境法执行机制等多个维度，其全面而深入的探索为环境法学的整体进步贡献了宝贵力量。[2]

(四) 协调理论学说

协调理论致力于在环境保护与经济社会发展之间的协调上，探索和谐共存的路径，该学派坚信两者非但不是对立的，反而能够相辅相成，实现共生共荣。在环境法律体系的构建与执行中，协调派学者倡导全面审视环境保护与经济社会发展的内在

---

[1] 张梓太、李晨光：《关于我国生态环境损害赔偿立法的几个问题》，载《南京社会科学》2018年第3期。

[2] 张梓太、张乾红：《我国环境侵权责任保险制度之构建》，载《法学研究》2006年第3期。

联系,力求精准把握两者间的最优平衡点。

该学派进一步指出,人类中心视角与生态中心视角在深层次上具有统一性,强调以人类为中心的环境观念与尊重整个生物圈生态平衡的理念应当和谐统一。协调派主张人类与自然界的共生哲学,即环境保护不应以人类利益的牺牲为代价,同时也不得忽视其他生物体的生存权益,应共同构建一个和谐共生的地球家园。

为实现环境保护与经济社会发展的双赢局面,协调派强调在两者之间精心构筑平衡桥梁。在制定环境政策时,该学派坚持全面审视环境、经济、社会等多维度因素,确保政策既具有前瞻性又具备可操作性,旨在推动社会的全面可持续发展。协调派视环境保护为可持续发展的基石,而经济社会发展则是推动这一进程的不竭动力,两者相互依存,共同驱动社会向更加绿色、繁荣的未来迈进。

作为环境法协调学派的杰出代表,常纪文对环境法与经济社会发展的微妙关系有着深刻而独到的理解,主张在环境法制定与实施过程中,需兼顾经济社会发展的合理需求,避免环境保护成为经济发展的桎梏。[1]在其学术著作中,常纪文深入剖析了环境法的调整范畴,明确指出环境法不仅应调整人类社会内部的关系,还应涵盖人与自然之间的复杂互动,这一观点为协调学派的理论体系提供了坚实的理论支撑。[2]

(五)环境伦理学说

作为探究人类与自然环境间伦理互动的学术领域,环境伦

---

[1] 常纪文:《新常态下我国生态环保监管体制改革的问题与建议——国际借鉴与国内创新》,载《中国环境管理》2015年第5期。

[2] 常纪文:《再论环境法的调整对象——评"法只调整社会关系"的传统法观点》,载《云南大学学报(法学版)》2002年第4期。

理学致力于解析人类应如何秉持道德原则以便与自然环境和谐相处，并考察这种伦理纽带如何塑造人类的行为模式与决策过程。该学科领域内流派众多，每一流派均秉持着独到的视角与见解，并由各自的领军人物引领发展，共同丰富了环境伦理学的思想宝库。

1. 人类中心主义

人类中心论将人类视为宇宙的核心，道德伦理的框架主要围绕人类构建，而将自然环境视为辅助人类达成目标的工具与媒介。尽管人类中心论并未特指某一具体人物为其标志性代表，但其核心理念跨越了多个学科疆界与哲学流派，例如，在功利主义伦理体系中，部分观念便隐约透露出人类中心论的倾向，强调了人类利益在价值评判中的中心地位。

2. 非人类中心主义

非人类中心主义哲学体系主张道德和伦理的普适性，不仅涵盖人类，也延伸至所有生物及自然环境，强调人类应尊崇并保护自然界的固有尊严，而非单纯将其视为服务于人类利益的资源。

第一，动物权利论：以彼得·辛格（Peter Singer）为代表。他提出了"动物解放"的概念，通过《动物解放》一书，[1]呼吁将道德范畴扩展至动物界，开启了动物权益保护的新纪元。

第二，生物中心论：以保罗·沃伦·泰勒（Paul Warren Taylor）为代表。他构建了生物中心论的伦理学框架，提出不伤害原则、不干涉原则、忠诚原则、补偿正义原则，为生物中心伦理提供了坚实的理论基础。[2]

第三，生态中心论：代表人物包括奥尔多·利奥波德（Aldo

---

〔1〕〔美〕彼得·辛格：《动物解放》，祖述宪译，青岛出版社2006年版。
〔2〕〔美〕保罗·沃伦·泰勒：《尊重自然：一种环境伦理学理论》，雷毅、李小重、高山译，首都师范大学出版社2010年版。

第一章　大数据时代环境保护问题的相关表达

Leopold）和霍尔姆斯·罗尔斯顿（Holmes Rolston Ⅲ）等。此流派聚焦于生态系统的整体性和相互依存性，主张从系统层面审视道德问题。奥尔多·利奥波德的"大地伦理学"便是这一思想的典范，他强调人类应将自己视为生态系统的一部分，以整体利益为导向进行道德考量；[1]霍尔姆斯·罗尔斯顿则通过自然价值论深入剖析了自然界的内在价值，为环境伦理增添了新的维度，促进了环境伦理学的发展。[2]

3. 后现代主义

后现代主义环境伦理学将整体有机观念置于核心地位，主张人类与周遭世界构成不可分割的统一体，赋予自然界内所有生命形态以同等的内在价值认同。此理论体系致力于消解由现代性构筑的人与自然之间的二元对立格局，旨在重构一种更为和谐共生的人与自然的关系以及人际关系。值得注意的是，后现代主义环境伦理学的思想并未局限于某一特定学者或流派，而是广泛渗透并散播于多元化的学科领域与哲学思潮之中，呈现出一种跨学科的、多元融合的理论风貌。

（六）狭义调整论

在探讨环境法的调整范畴时，狭义调整论秉持一种限定性视角，主张其焦点应严格限定于人类社会中因环境资源的开发、利用、保护、改良及管理活动而衍生的社会关系网络，即纯粹的人际互动层面，而将人与自然间的生态联系视为自然科学探讨的范畴，非法律直接调整对象。此理论框架下，环境法旨在通过界定和调解人类在环境资源相关行为中的权责配置与利益

---

[1]　[美]奥尔多·利奥波德：《沙乡年鉴》，曹明伦译，人民文学出版社2022年版。

[2]　[美]霍尔姆斯·罗尔斯顿：《环境伦理学》，杨通进译，许广明校，中国社会科学出版社2000年版。

冲突，来促进环境保护与可持续发展策略的实施。

作为狭义调整论的支持者，吕忠梅、马骧聪、曹明德等著名学者均对环境法的核心调整领域进行了深刻剖析与阐释，尽管他们各自的阐述路径有所差异，但均一致强调环境法聚焦于人类社会内部因环境事务而生的相互关系。

马骧聪等强调，环境法的使命在于规整人们在环境资源管理与保护过程中所涉及的多元利益关系，这些关系本质上均为人与人之间的权利与义务，需借助法律机制予以明确与调和。[1]吕忠梅进一步指出环境法所调整的社会关系范畴涵盖了生态环境维护与污染防治两大核心领域，这些领域内的所有活动均触及人类行为规范的设立与利益冲突的解决。[2]而曹明德则创新性地引入生态社会关系概念，这一概念范畴广泛，囊括了从宏观生态管理到具体环境污染与公害防控等多个层面的人与人之间的关联，进一步丰富了环境法调整对象的内涵。[3]

三、大数据技术赋能环境治理的基本原则

基于大数据技术的环保法律制度的基本原则的意涵在于，当大数据技术融入环境保护法律实务，为了克服成文法的局限性，以及避免技术带给法律的新型风险，需要用法律控制算法科技伦理，以达到在稀释技术创新带来的法律风险的同时，还能实现大数据技术与环境法律制度的耦合。

（一）高质量发展原则

随着科技进步，我国发展迈入了新的阶段，为贯彻新时代

---

[1] 马骧聪：《论我国环境资源法体系及健全环境资源立法》，载《现代法学》2002年第3期。

[2] 吕忠梅：《"生态环境损害赔偿"的法律辨析》，载《法学论坛》2017年第3期。

[3] 曹明德：《法律生态化趋势初探》，载《现代法学》2002年第2期。

第一章 大数据时代环境保护问题的相关表达

建设的总要求，以高质量发展理念为指导，习近平总书记强调处理好高质量发展和高水平保护的关系。高水平保护是高质量发展的重要支撑，我国强化生态环境保护治理，加快发展绿色转型，使"绿水青山"的环保理念实现得更好。由此，本书认为，大数据技术赋能环境保护制度以高质量发展为原则，是马克思主义在环保领域的实践，是推动建设美丽中国和提高我国在"数字新疆域"治理话语权的必然要求。具体来说：

首先，高质量发展原则是我国高质量发展理念的要求。高质量发展是全面建设社会主义现代化国家的首要任务。[1]高质量发展不仅关乎经济的发展，还关乎生态环境的绿色和可持续。我国在高质量发展理念引导下重视保护环境和强调可持续发展，更加注重环境保护和生态环境的建设。从曾经的粗放型经济变成节约型经济，在各个领域都以环境保护为核心。强调环境保护，更注重科技水平的进步，应对环境保护问题，要运用先进的科学技术提升环境保护效能，减少环境污染。相比粗放型的经济发展模式，高质量发展模式能够减少能源消耗、减少环境破坏，为环境保护提供动力。

其次，高质量发展原则是马克思主义理论的实践。马克思主义随着时代的变化在不断更新。新时代背景下，智能化和网络化拓宽了发展空间，智能化改变了人们的生活方式，使人们的生活发生了颠覆性的变化。运用新质生产力推动环境治理，多元主体参与，以及网络空间新社会关系的发展是马克思主义在环境治理的实践。因为，生产力是马克思主义政治经济学的核心范畴，是推动人类社会发展进步的根本性力量。习近平总书

---

〔1〕 习近平：《高举中国特色社会主义伟大旗帜 为全面建设社会主义现代化国家而团结奋斗——在中国共产党第二十次全国代表大会上的报告》，载 https://www.12371.cn/2022/10/25/ARTI1666705047474465.shtml，2024年6月30日访问。

记强调：发展新质生产力是推动高质量发展的内在要求和重要着力点，必须继续做好创新这篇大文章，推动新质生产力加快发展。[1]其中的新质生产力是关于马克思主义理论中生产力不断升级的结果。要求发挥好新质生产力，利用好新技术，为环境保护注入新的活力。

高质量发展原则要求多元主体运用信息技术参与环境治理，有渠道、有条件地表达环境治理诉求，反映广大公众参与者的整体利益。马克思主义也正是要求多元参与主体进行利益表达，将公众的利益作为关注点，发挥马克思主义话语的协调整合功能，在网络空间赢得理论优势。网络空间延伸了马克思主义中关于人的本质的意义，使得人不再是"虚拟人"，而是"现实人"。人既是社会关系的创造者，也是社会关系约束的对象，是从事活动进行社会生产的主体。在生产与创造的过程中，网络空间作为新兴媒介，催生出了新型社会关系形态，这些关系在根本属性上依然契合马克思主义理论框架下的人类社会关系范畴。马克思主义关于人类及其社会关系的深刻阐述，深深植根于实践活动的土壤之中。由此观之，网络空间的发展已超越单纯虚拟领域或技术集成的范畴，它实际上是实践活动的又一崭新维度，一个由人类实践活动直接塑造，并日益成为日常生活与生产中不可或缺的网络实践场域。网络空间的独特性也正创造着新的社会关系。由此，利用大数据赋能环境保护领域，也是马克思主义关于人的生产创造的实践。

最后，高质量发展原则推动建设美丽中国和提高我国在"数字新疆域"的话语权。当前我国着力推进"美丽中国"建

---

[1] 参见《习近平在中共中央政治局第十一次集体学习时强调　加快发展新质生产力 扎实推进高质量发展》，载 https://www.gov.cn/yaowen/liebiao/202402/content_6929446.htm，2024年6月30日访问。

第一章 大数据时代环境保护问题的相关表达

设,在满足人民基本生存发展的前提下保障高质量的生态环境产品和服务,良好的生态环境是对民生福祉的供给,以提供健康、美丽的生态环境为导向,技术赋能环境保护以进一步提升生态环境福祉效益,以高质量发展为核心构建环境与人类之间的和谐关系。生态环境的构成要素本身是会移动的,所以一国关于环保的治理行为,也会随着环境要素的移动而参与到国际环境保护的事务中。比如,人类的活动领域不断延伸,拓展到极地、深海,以及网络空间。我国作为负责任的大国,始终重视在"数字新疆域"的治理,不仅支持联合国在"新疆域"治理中调节各国利益的行动,还积极地参与环境治理的国际合作。换言之,由于各国资源禀赋不同,需要努力打造合作互补的平台,调动资源,以实现各国优势成效最大化。同时,我国参与新疆域治理规则的制定,积极表明主张,依托现有制度参与新疆域治理工作,不断完善我国话语体系,并提升该领域的理论创新影响力。具体到数字技术新领域,在确保有效应对因为数据问题而引起的国家安全、隐私泄露等问题的基础上,积极参与"数字新疆域"的治理,发挥中国在"数字新疆域"治理中的主动性和创造性。例如,在海域开发、应对气候变化、陆地环境污染等方面都需要运用数字治理。但是,在大数据技术赋能环境治理方面,面临诸多新的困境,这些困境与传统环境治理问题交织,还涉及网络空间等新领域。从大数据技术角度看,科技的不确定性增加了新疆域治理的难度,因为技术的发展相对于规制而言存在滞后性,这就要求加快人工智能和数字技术的发展,来构建中国在新疆域的话语权。最为典型的是,我国倡导在不同的疆域构建命运共同体,比如对网络空间倡导网络空间命运共同体,对海洋领域倡导海洋命运共同体。

综上,在应对环境数字治理方面,我们应当坚持党的领导,依托新质生产力提供的利好政策,上下联动,提升数字治理执行力。同时,在域外,充分发挥大国影响力,积极探索国际环境数字技术的合作模式,引领理论潮流。

(二) 环境数字正义原则

正义的内涵因汇入时代精神弥久常新,关于正义的定义和价值的讨论有着悠久的历史,源于古希腊时代,后形成各种正义理论。比如,柏拉图(Plato)认为正义是指每个人都享有权利并履行义务;[1]洛克认为正义主要面向生命、资源和财产;[2]罗尔斯认为正义与权利义务相关,并且不能为了获取更多数人的利益而牺牲少数人的利益。[3]总的来说,针对正义理论有两种分歧:功利主义和权利主义。功利主义认为,追求社会总体利益时,对于较小利益的牺牲是可以接受的成本。而权利主义却不这么认为,指出为了功利的目的,剥夺他人的权利反而是不正义的。可见,社会追求的正义要在不同的时空背景下讨论,正义的含义在契合时代精神的过程中不断被解释和修正,与不同领域融合就会产生专门领域的正义观念。当涉及环境领域时便产生了环境正义,当涉及算法时便产生了数字正义。

对于环境正义的探讨,起源于 20 世纪 80 年代的美国,民众反对美国政府将废气处理地选择在黑人和低收入聚居区,引发"反对不公平使用土地"的大讨论,进而形成"使用环境是否正义"的社会关注点。随后,各种有关"环境正义"的组织大量涌现,推动了"环境正义"运动的发展。尽管尚未形成统一的

---

[1] 谷春德、史彤彪主编:《西方法律思想史》(第 5 版),中国人民大学出版社 2017 年版。

[2] [美] E. 博登海默:《法理学:法律哲学与法律方法》,邓正来译,中国政法大学出版社 1999 年版。

[3] [美] 约翰·罗尔斯:《正义论》,何怀宏、何包钢、廖申白译,中国社会科学出版社 1988 年版。

第一章　大数据时代环境保护问题的相关表达

理论体系，但仍可总结出具有代表性的观点分类：一种分类是实质性和程序性的环境正义观。例如，彼得·S. 温茨（Peter S. Wenz）在《环境正义论》中关于所有权概念的论述就是实质正义的体现；[1]而程序性环境正义则注重正义的实现过程。另一种分类是功利主义观和权利主义观。在功利主义伦理学视角下，环境正义的概念被扩展至追求非人类生物福祉的提升，即强调在环境资源的分配与保护决策中，应当考量并促进除人类以外生物种群的幸福与繁荣，从而构建一个更为广泛且深刻的正义观念。彼得·辛格为人类以外的动物提供了极为详尽的功利主义指示。[2]权利主义论认为社会中最少受惠者受益时，则人人都会受益。同时，环境分配中有善恶之分，而环境赋予的善的内容被视作环境正义。因此可知，环境正义关注的是实质正义的实现，其正义的理念和实践都以社会整体利益为出发点，最终强调的是分配的公正。

要实现环境正义需对源头的环境分配到末端的服务人类进行全方位考虑，通过全生命周期过程的环境保护，达到成本最小而效益最大化的目的。随着大数据技术赋能环境治理，利用数字化的优势，环境保护以自动化为基础变得更加"智慧"，由此衍生出数字正义。这使得如今算法时代对于环境正义的考验不再局限于自然资源，而是逐渐迈向环境数据要素。

算法时代的数字正义可以理解为用正义原则引导数字实践。数字正义的出现体现了大数据、人工智能、区块链等新兴技术下，正义在数字领域的深刻变革，成为现代正义价值的新形态。随着互联网技术的不断更新，数字技术正在对正义理念进行空

---

[1] [美] 彼得·S. 温茨：《环境正义论》，朱丹琼、宋玉波译，上海人民出版社2007年版。

[2] [澳] 彼得·辛格：《动物解放》，祖述宪译，中信出版社2018年版。

前的改造，相对应地，也导致了大量争议性话题的产生。部分典型争议性问题为信息不对称导致的"算法黑箱"和数字技术引发的"算法歧视"。算法的自动化是人为编制的，其运算法则代表了人的意志和价值选择。所以，在如今的环境保护领域，基本要求是既要关注环境正义，也要关注大数据层面算法的正义。因此，要实现数字环境正义需借助法律和技术的"双重准则"，而不是对环境正义或数字正义进行直接替代，是一种有选择的"扬弃"过程。为此，保障数字环境正义需要以下的考量：

首先，数字正义要求实现公开透明，保障公众知情权。针对大数据环境保护制度构建可视化的机制，确保公众都有了解和理解数字信息的机会，是实现数字正义的基本要求。内部算法对于非专业人员或一般参与者来说可能构成看不见的"黑箱"，大数据环境保护制度可将相关信息适当地公开透明化，让人们可以通过大数据技术一探法律程序的过程。换言之，可让算法用通俗易懂的方式帮助人们理解，以方便公众用常识即可判断和解释自动化决策，最终使公众接受和理解相应的裁判结果。

其次，数字正义要求公众广泛参与，并确保参与的机会平等。如果公众无法了解技术的决策过程和决策依据，等同异化了平等地位，就会导致数据非正义。因此，大数据环境保护有赖于公众参与。对此就需要用法律制度确保公众有参与的机会，让公众参与到环境保护的大数据信息流传过程中，同时用法律制度拓宽公众参与的渠道、参与的范围和选择参与的方式，破除技术"壁垒"，使公众参与的方式不再单一地局限于小范围的听证会和研讨会。

再次，数字正义要求破除代码歧视，确保技术代码公平。自动化的环境治理体系，要求环境保护法律制度排除技术歧视

第一章 大数据时代环境保护问题的相关表达

和不公。前述谈到的"技术黑箱"和"技术歧视"正是技术带来的弊端，也即代码的法律规制问题。不仅如此，数据制度的落实对技术的依赖性较强，处理数据不可避免地需要依靠专业人员或者相关科技企业，这些控制主体掌握大量的环境数据，可能会引发"数据鸿沟"，也即数据控制主体可能会利用数据进行垄断或不当干预，这都需要法律制度予以破除。

最后，数字正义要求大数据技术标准化，确保排除人为干扰。例如，上海市利用"206"系统（刑事案件智能辅助办案系统）辅助司法机关全流程在线办案，通过提供精准、智能化的监管、服务模式，形成了高效的自动化程序。[1]这种自动化看似具备了自主意识，但是仍然需要人为控制，也即自动化实际上是由监管者或算法设计者控制的，是一种在允许范围内的自动化。这些主体在编写代码、控制代码和标注数据时很可能带有主观偏好，这就可能导致司法过程受到代码算法的影响，对数字正义理念的落地实施产生影响。对此就需要对代码进行严格的法律控制，设定严谨标准和必要防范。由此，针对大数据技术赋能环境保护法律制度也需要进行更加严格和复杂的专业设计，防止人为主观因素的干扰和渗透。

（三）坚持数据治理的"政府主导、市场辅助"原则

我国提出的推进数字政府建设，要求将数字技术运用于政府管理服务中，从而提高政府科学决策的效率，是构建数字政府的助推剂。在环境保护领域，充分运用大数据技术是构建数字政府的应有之义。实践中，个人和企业掌握着部分数据资源和技术，而每个人都是环境的受益者，也应当是环境保护的参与者和践行者，所以应构建由政府主导、其他主体配合的环境

---

[1] 参见《最高法司改办何帆：中国法院正努力把人工智能引入办案系统》，载 https://www.thepaper.cn/newsDetail_forward_1746283，2024年6月30日访问。

保护理念。换言之，本书认为，在"政府主导、市场辅助"原则下，企业协助政府的合作方式是环境治理的必经之路。因此，坚持"政府主导、市场辅助"原则应当成为大数据环境保护制度的主导理念之一。然而，此原则下的政府主导不是指由政府全权干预，也不是对市场主体实行"命令—控制"。因为凭借单一的"命令—控制"关系，很难激发市场主体的积极性，甚至可能使市场主体应付了事。同时，也要给予市场主体一定的技术创新的自由空间，只有这样才能将市场作为"试金石"，在激发市场积极性的同时，也包容新型环境数据法律事务的出现。所以，"政府主导、市场辅助"原则就是要求协调好各方的"角色定位"，促使政府和市场能发挥各自的特点，具体来说：

首先，在应对环境问题上，政府要具备整体调控和激发市场动力的能力。在面对复杂和高成本的环境数据问题时，个人或其他私主体并不一定具备足够的应对能力，即使有能力应对，也无法保障其是基于社会整体利益出发，所以就需要政府进行引导和统筹。考虑到企业的逐利目的，政府也应建立良好的激励机制，这样更易于激发市场主体的参与动力，使企业积极加入协助政府的环境保护行列中。如此，不仅有助于形成良好的竞争意识，而且有利于企业内部进行技术革新，愿意进行高度专业的数字技术研发和实验，这样会促使市场主体从被动地遵守法律制度转变为主动地争取合作。

其次，坚持"政府主导、市场辅助"原则应充分挖掘市场能力。具体表现在以下几个方面：其一，政府职责众多，不可能将过多的资源投放到数字技术的实验领域，所以在构建数字政府的进程中，可能无法直接参与数字方案制定、研发和实践运用等工作，因此需要借助市场的灵活性。可见，"政府主导、市场辅助"原则是大数据技术产生的催化要素之一。其二，智能技术植入环境保护体系时,使得行政程序对人力的依赖性减弱,由"人为因素"逐渐转变为"数据因素",自动化加强的同时,环境治理效率也在提高。这体现在从源头的数据收集,直到传输到政府手里,整个过程不需要执法人员现场检测、识别,并且在终端自动采集数据基础上就可以瞬时传输数字化精准分析,相比传统的人为干预提高了效率,节约了成本。其三,坚持"政府主导、市场辅助"原则,要求充分促进市场和政府的创新配合,而大数据技术植入环境治理增强了政府运行的技术性。因此,在"政府主导、市场辅助"的多元治理理念指导下,植入过程应更具有公开透明性,只有这样才能保证新颖的数字技术合作领域的严谨性和稳定性,进而增强政府在数字领域的公信力。其四,在应对环境治理的决策和执行时,传统的环境治理模式无法完全排除主观臆断的因素,会出现不合法律规范的非理性判断。而数据算法在编程之后,可完全按照预设的程序运行,降低了情绪、认知等人为因素对法律行为的影响,使大数据技术应用的合理性变得更强。

最后,坚持"政府主导、市场辅助"原则能够有效防范失误。当市场中出现了新型数字技术,尤其是该新技术在环境监测、行政自动化决策等环境治理的场景中应用时,为了防范产生不可逆的法律风险,必须加强政府的监管,从而纠正数字技术方面的偏差。可见,坚持"政府主导、市场辅助"原则,也能有效预防市场主体因失误造成的环境损害。

综上,坚持"政府主导、市场辅助"原则是对大数据时代的回应,因为政府有更强的激励机制和应对能力,利用市场的技术优势实现更智能的环境治理,在避免技术失误造成环境损害的同时,也能有效应对政府权力被数字技术架空的风险。

(四) 数据全生命周期原则

环境是人类生存所依赖的资源,关系着人类未来的生活和发展，因此维持良好的生态环境是人类生存发展的基础，提升环境保护的效益也自然成为环境治理领域中永恒的话题。在传统的治理模式下，对环境保护和环境治理强调的是事后追责的规则，但是事后追责的模式已经无法适应信息技术的发展。在成本—收益分析的视角下，事后阶段的生态修复和对违法行为的惩罚已经不是最优的治理方式，所以需要转换思路，由"事后追责"转向"全生命周期"管理的思维模式。

实际上，在以往的环境治理领域，就已经存在类似于"全生命周期"的环境保护模式，例如在废弃物处理领域，根据《固体废物污染环境防治法》的规定，在固体废物的收集、转移、处置环节都需要加强管理和维护。[1]在污染者负责的原则下，要求生产者、销售者、进口者以及使用者都对污染承担责任。[2]可见，以上的这些规定，对固体废物的处置是立足于全过程的，包括从收集到处置，对整个过程的各个环节均进行调整和管控，并制定切实可靠的技术策略和技术处理路线，防止污染物对环境产生污染，甚至二次污染，此即通过"全过程的管理"来达到"全过程的环境保护"目的。

具体到环境数据领域，也存在数字技术本身的全生命周期管理理念。数据领域的生命周期可进一步细分为数据的集成、流通、储存、开发利用以及保护等阶段，数据的集成包括将分散的数据从系统当中收集出来，并整合为结构化的数据；数据的流通是指按照一定的规则，将信息数据作为流通的对象传输到需求方；数据的储存主要是指从服务器当中把采集的数据储存起来；数据的开发利用主要是指对数据的分析和挖掘，通过对客观事实进行描述总结和解释，作出相应的决策。

---

[1] 参见《固体废物污染环境防治法》第16条。
[2] 参见《固体废物污染环境防治法》第102条。

第一章 大数据时代环境保护问题的相关表达

在推进数字中国建设的时代背景下，特别是自中共中央、国务院《关于构建数据基础制度更好发挥数据要素作用的意见》发布以来，我国数据要素化进程加快，将数据价值运用于公共领域，释放数据的潜在价值是亟待探索的课题。运用大数据赋能环境治理领域，对实现国家治理现代化具有重要战略意义。因此，无论是环境治理，还是大数据技术，都与全生命周期管理的理念产生了契合，且在实施的底层逻辑上保持一致，由此，我们可以说，如果将数据全生命周期理念嵌入环境治理中，就需要以数据全生命周期为原则，指引相关环境保护制度的构建。具体理由如下：

首先，数据全生命周期原则是用数字来推动环境治理的创新要求。数据作为治理手段，需要借助数字的工具来提高治理的效率，在数据全生命周期推动治理创新，并将数据广泛运用于环境保护领域，使之成为构建数字政府的驱动力之一，这是数据推动环境创新治理的必然要求。例如，在环境领域的数据检测平台，通过传感器接收数据，传输到数据聚合平台后进行分析处理，再通过数据共享平台进行数据交流，最后经过综合分析传输到微观的应用领域中，实现数据的自动化决策。整个数据从产生到实际应用的过程，为环境的检测提供了更智能、高效和精准的指导。

其次，数据全生命周期原则下的治理模式要求全过程的预防控制。全生命周期治理模式并不是否定事后追责的模式，而是要求通过技术进行全过程的预防和控制。生态环境的大数据监测可利用云计算、人工智能为生态环境检测网络提供一体化系统，以云计算为基础设施，标准化规范和运行管理体系，构建可视化的模型；还能以大数据为中心向环境治理参与者，提供"一站式"解决方案。其内部标准体系包括纵向、横向管理平台和检测网络平台。例如，纵向的省、市、区县、乡镇的管理平台；横向的政府其他相关委办局的管理平台；检测网络平台包括智慧应用中心、大数据中心、天地空一体化监测网络。应用中心包括大气环保、水质环保、土壤等子系统；数据中心包括采集、储存、分析、处理以及共享的数据平台；一体化包括自动检测、数据采集、数据管理、风险评估、超限警告以及应急预案等网络。全生命周期可构建一套标准的规范体系，实现全过程的预防控制。

最后，数据全生命周期原则的应用可解决现实环保难题。就重金属污染防治而言，单一的、传统的环境保护和治理的方式难以满足当前的实际需求，也无法完成源头预防和过程中的阻断。同时在面对环境保护时不能达到很好的效果，仍会对人体造成威胁。为了应对这些问题，实现源头精准识别和风险的高效转化，就需要围绕全生命周期理念，构建全链条一体化的全生命周期环境保护模式，实现污染物的全过程数字化控制，达到环境法中的预防效果。

综上，数据全生命周期原则对推动环境治理数字化转型具有促进意义。借助数据工具提高环境治理效能，实现数据治理模式下的全过程预防控制，有利于解决环境治理难题。

(五) 数字风险预防原则

环境风险最初是由自然因素引发的，但随着大数据技术赋能环境法律，法律风险的概念范围有所"改变"，也即环境治理在变得智能化的同时，也掺入了数字技术带来的风险，迎来了新的挑战。面对新旧风险的双重压力，合理的风险预防在环境保护领域显得尤为关键。这就决定了环境风险预防可成为基于大数据技术的环境法制度的原则之一。

过往的环境法上的风险预防原则起源较早，其最早在德国

第一章　大数据时代环境保护问题的相关表达

的法律概念中出现,后逐渐延展到国际环境法领域。[1]最早的风险预防理论要求在采取涉及环境行为的活动之前,须先制定周密的计划,确定不会造成不利影响后再开展活动,并且适用要有明确的对象(也即大多是开发环境的行为)。其实质是在开发环境的行为造成不可逆的损害结果之前,提前进行预防。

出于对预防的看重,如今越来越多的国家将风险预防原则作为一项本国环境法律的基本原则。虽然该原则在各个国家发展演进的过程中表达方式不同,但是综合环境法研究领域对此概念的理解,以及各国的相关原则性规定来看,可以提取公因式,总结出一个具有"共识性"的法律概念:当凭借现有科学认知得出,某项决策或活动存在可能导致严重的生态环境损害风险时,即使缺乏关于环境损害、因果关系和经科学验证的证据,也应当采取适当的措施进行预防或降低生态环境风险。[2]可见,尽管风险预防原则适用的前提是具备潜在风险,但是也必须建立在现有的科学认知基础之上的专业逻辑评估上,如此,该理论认为的"潜在性"才具有合理性。从该概念又可以体察出,当前的风险预防原则作为我国环境法的一项基本原则,是以"预防为主",主要针对环境污染破坏进行事先预防,不单单侧重对未来确定的损害进行预防,还包括针对未来不确定的风险。大数据技术作为当前以及未来对于环境法律影响较大的因素,其与法律的结合,到底会带来何样的收益和风险,有可能会因为突破我们现有的学科认知,而无法得到准确的回答,因此,将风险预防的理论作为大数据技术赋能环境保护制度的基

---

〔1〕 邢爱芬、李一行:《风险预防原则在防灾减灾领域的适用》,载《中州学刊》2019年第10期。

〔2〕 李昌凤:《新时代我国环境法风险预防原则的制度建构》,载《行政与法》2024年第1期。

本原则之一，更能回应生态环境治理的要求。具体来说，理由如下：

首先，风险预防原则顺应了国际发展的趋势。人类依靠环境生存发展，对环境的探索已经达到了史无前例的地步，出现的生态环境风险作为较为严重的社会风险之一，是全人类共同关注的议题。面对环境风险，没有任何国家能够置身事外，如何将风险控制在合理的限度内成为有待解决的难题。作为全球生态文明建设的重要引领者，我国更不可能置身事外，应主动把握时代发展大势，对环境风险做出数字化方面的积极回应。

其次，风险预防原则能维持正常的环境治理秩序。生态安全是发展的基础，是可持续发展的保障。生活的诸多领域面临环境风险的威胁，而风险预防从源头控制，正是为营造良好的生态环境未雨绸缪。在大数据技术赋能下需要以风险预防原则为引导，有效应对不确定的数字技术风险。例如，算力的拥有者可能会形成"算法垄断"，进一步导致数字技术的"垄断"。由此带来的数字技术风险就需要提前规避。

第二章

大数据技术赋能环境治理的法律需求

本章节先展示当前我国环境治理中的数字化实践,再通过对实践的理论抽象来分析将大数据技术融入环境治理的基本法律需求,最终回归到法律本身,来观察现存的法律制度是否可以支撑起大数据技术在法律中的运用。

第一节 当前我国环境治理的数字化体现

近年来,以大数据、云计算、物联网以及人工智能等为核心的新一代信息技术领域经历了前所未有的迅猛发展态势,这些技术的革新不仅广泛渗透至各个行业领域,而且正在以前所未有的深度和广度重塑着传统行业的面貌,引领着社会生产力的深刻变革。生态环境领域也不例外,大数据技术正在成为环境治理的驱动力之一。党的十八大以来,以习近平同志为核心的党中央高度重视生态文明建设,将其纳入"五位一体"总体布局和"四个全面"战略布局。在此背景下,我国积极推动大数据等信息技术在生态环境领域的广泛应用。这一趋势也体现在环境立法和环境治理实践之中。

一、顶层设计日趋完善,法律政策不断深化

党的十八大以来,党中央、国务院对加快推进生态文明建

设作出一系列重大决策部署,为生态环境领域的大数据应用指明了方向。习近平总书记主持召开的中央全面深化改革领导小组第十四次会议强调,推进全国生态环境监测数据联网共享,开展生态环境监测大数据分析,实现生态环境监测和监管有效联动。

2015年以来,国务院及生态环境主管部门制定出台了一系列政策文件,为地方开展生态环境大数据建设提供了根本遵循。其中,国务院办公厅印发的《生态环境监测网络建设方案》明确提出整合各类生态环境监测数据,搭建生态环境监测大数据平台。[1]原环境保护部发布的《生态环境大数据建设总体方案》对生态环境大数据平台建设进行了系统部署。2018年,生态环境部印发《2018—2020年生态环境信息化建设方案》,进一步细化了总体要求、重点任务和保障措施。《国民经济和社会发展第十四个五年规划和2035年远景目标纲要》也将"加强公共数据开放共享"列为重要任务。总的来看,这些政策文件从宏观层面擘画了我国生态环境大数据建设的发展蓝图,对指导各地开展具体实践起到了重要作用。

在国家层面政策引领下,各省市区因地制宜地制定了本地实施方案,结合实际需求细化落实国家战略部署。可以说,中央和地方的政策规划共同勾勒出"数据互联互通、业务协同联动、社会多元参与"的顶层设计,为生态环境数字化、智慧化转型升级奠定了体制机制基础。

二、环境监测模式创新,实现全方位立体感知

依托物联网、大数据、GIS(地理信息系统)等前沿技术,

---

〔1〕 参见《生态环境监测网络建设方案》第三部分的内容。

第二章 大数据技术赋能环境治理的法律需求

各地不断创新环境监测手段，构建天空地一体化监测网络，全面感知大气、水、土壤等关键环境要素的动态变化。

在大气环境监测方面，济南市在常规站点基础上，新建了1740个公里级微站，实现了中心城区全覆盖。同时首创了"移动监测车+出租车"的路网监测新模式，实时监测全市主要道路颗粒物浓度，每小时形成浓度分布热力图。[1]福建省统一建设水质自动监测系统，在主要流域布设1400多个监测断面，基本实现了县级以上集中式饮用水水源地监测全覆盖。[2]在土壤环境监测方面，四川省依托物联网技术，在全省布设500余个自动监测点位，远程实时监控土壤环境质量变化。[3]

环境监测模式的变革，一方面弥补了常规监测的时空分辨率的不足，另一方面拓展了数据获取渠道，为开展精准治污、溯源分析提供了扎实的数据基础。海量、多源、异构的环境监测数据，为大数据的分析应用提供了丰富的"原料"。

三、生态环境云平台加速构建，形成"一朵云"格局

生态环境云平台是各地开展大数据应用的重要载体。通过融合环境监测、环境质量、执法办案等方面的数据资源，平台实现了生态环境全生命周期、全链条、全过程的数字化管理，为科学决策、精准监管、便民服务提供了有力支撑。

甘肃省启动"云上甘肃生态环境"工程，基于大数据和空间信息技术，构建"1+9+1+8"业务应用体系，打通了全省生

---

[1] 张亚茹等：《济南市大气污染物时空变化及预测分析》，载《环境工程》2020年第2期。

[2] 李晖：《福建拟投资1.54亿元建水资源环境统一监测系统》，载《仪器仪表用户》2013年第6期。

[3] 高旭等：《土壤生态环境健康监测与评价技术现状与展望》，载《环境监控与预警》2021年第5期。

态环境数据"最后一公里"。[1]

从各地的探索实践来看，统一、集中的大数据平台正在成为必然选择。这种"统一"模式有利于打破"数据孤岛"，实现数据资源整合共享，提升系统集成和业务协同水平。可以预见，随着国家生态环境大数据体系不断完善，地方平台也将加快与国家平台的互联互通，逐步实现全国"一张网"。

四、依托大数据平台，环境监管实现智能化

依托统一完备的大数据平台，各地大力推进智慧环保建设，以数据为抓手破解环境监管难题。通过智能分析挖掘环境大数据，监管工作实现由粗放式向精细化转变，执法能力由被动响应向主动预警跃升。

济南市依托无线传感网络，对企业关键设备的用电量进行实时监测，通过大数据分析量化生产负荷，及时发现偷排偷放等违法行为。针对空气质量、污染源排放等监测数据，平台建立智能报警管控机制，实现报警信息自动推送、问题处置实时反馈。依托视频监控资源，建立"环保+住建"联合执法机制，显著提高了问题发现率。[2]广州市搭建污染源自动监控系统，接入3000多个重点监控单位，24小时监测污染物排放情况，通过对监控数据进行多维度智能分析，及时锁定超标排放行为。[3]

大数据、物联网等技术为生态环境监管插上了智慧的翅膀。

---

[1] 参见《投资亿元 甘肃构建"云上生态环境"大数据平台》，载https://www.linxia.gov.cn/lxz/zwgk/bmxxgkpt/lxzsthjj/fdzdgknr/hjbhzhlxx/art/2023/art_361e3642cd28433da8effbe4e7687432.html，2024年6月3日访问。

[2] 许宏宇等：《济南市智慧环保综合监管创新应用场景》，载中国环境科学学会：《2020中国环境科学学会科学技术年会论文集》（第4卷），2020年9月21日。

[3] 滕嵩：《污染源自动监测技术在生态环境保护中的应用探析》，载《黑龙江环境通报》2023年第7期。

通过对海量环境监测数据的智能分析和应用,各地环境监管能力得到大幅度提升,环境执法效能实现了由"一竿子插到底"向"千里眼顺风耳"的飞跃。

五、环境质量考核常态化、精准化

环境质量考核事关各地综合发展质量和领导干部政绩评价。相比传统的人工抽检和统计核算,基于大数据的考核方式更加客观、精准、高效。

济南市出台《济南市道路颗粒物排名办法》,创新采用道路移动监测,每月对主次干道的PM10浓度进行排名,实行"红橙黄绿"四色等级管控。镇街空气质量考核与PM2.5日均值、PM10日均值、二氧化硫小时值挂钩,考核结果直接影响干部奖惩和生态补偿。[1]

基于大数据的环境质量考核能更好地发挥指挥棒作用,调动地方政府和干部队伍改善环境质量的积极性、主动性。客观公正的考核数据、奖惩问责机制能有效传导压力,倒逼属地政府强化环境保护主体责任、狠抓工作措施落实。[2]

六、推动企业环境信息强制性披露

环境信息依法披露是重要的企业环境管理制度。自党的十八大召开以来,国家层面陆续颁布了一系列规范性政策文件,旨在持续强化并完善环境信息的强制性披露机制,此举标志着我国企业环境信息的公开透明达到了一个崭新的高度,迈出了

---

[1] 刘杨等:《2013~2020年济南市环境空气质量及其变化趋势评价》,载中国环境科学学会、中国光大国际有限公司:《中国环境科学学会2021年科学技术年会论文集(一)》,《中国学术期刊(光盘版)》电子杂志社有限公司2021年版。

[2] 邬晓燕:《基于大数据的政府环境决策能力建设》,载《行政管理改革》2017年第9期。

坚实而重要的一步。

2021年，生态环境部印发《环境信息依法披露制度改革方案》，明确了企业环境信息依法披露的对象、内容、方式、监管措施等。同年，《企业环境信息依法披露管理办法》和相关配套标准《企业环境信息依法披露格式准则》出台，标志着企业环境信息强制性披露制度进一步完善。[1]

在新规范的指引下，各地积极推进信息披露平台建设，安徽、江苏、福建等省市相继建成企业环境信息依法披露系统，规范企业填报流程，加强企业披露信息的审核把关。生态环境部门定期对披露情况开展核查，严肃查处弄虚作假行为，披露率和数据质量稳步提升。[2]

完善的法律制度为企业披露数据奠定了规则基础。海量的披露数据极大提升了企业环保管理透明度，为公众参与环境监督开辟了新渠道。数据积累也为后续开展行业评价、推行差异化监管、发展绿色金融创造了有利条件。

七、初步构建生态环境大数据标准体系

标准是大数据有序、高效流动和应用的重要保障。近年来，我国加快生态环境大数据标准体系构建，陆续出台了多项国家标准和行业标准，初步形成了较为系统的标准规范。

2019年，全国信息技术标准化技术委员会大数据标准工作组生态环境行业组成立，象征着生态环境大数据标准化的航船正式扬帆起程。《信息技术 生态环境大数据 数据分类与代码》与《信息技术 生态环境大数据 系统框架》这两项国家标准，如

---

[1] 邓可祝：《大数据条件下环境规制的变革——环境信息规制功能的视角》，载《中国环境管理》2019年第5期。

[2] 参见《让大数据更好赋能绿色发展》，载《贵阳日报》2023年4月9日。

同航海图上的关键坐标,为生态环境数据的分类、编码规则及平台构建提供了坚实的指导。

工业和信息化部编制并印发的《大数据产业发展规划(2016—2020年)》特别圈定环保领域的数据应用为战略发展的核心焦点之一,彰显出政府很早就对绿色科技予以重视。全国生态环境标准化技术委员会还组建了专门针对生态环境大数据的工作小组,引领并推动了一系列标准的制定与完善。在国家层面,一系列标准如雨后春笋般涌现,诸如《生态环境统计管理办法》等,为生态环境大数据的建设铺设了基石。同时,更多的关于生态环境数据的政策等正在紧锣密鼓地编制中,旨在为数据管理提供更细致的指导原则。

行业标准方面,诸如《生态环境信息基本数据集编制规范》(HJ 966—2018)等规范,如同精确的指南针,为特定领域内的数据治理提供了更加具体的规范,确保了数据的准确性和实用性,为绿色生态的保护与可持续发展注入了强大的动力。

生态环境大数据标准体系的逐步构建,有力地规范了数据采集、存储、开放、应用等各个环节,促进了数据的共享共用。各地可参考国家标准,因地制宜地制定地方标准,指导本地生态环境大数据平台高质量建设和应用。

八、助推环保产业数字化转型升级

生态环境大数据的应用正引领着环保产业的数字革命,推动其转型与升级的步伐。眼下,全国各地正紧锣密鼓地推动环保业与大数据技术的深度融合,数字环保与智慧环保的概念如同春风,催生了一片繁荣景象,一批领头羊企业和示范项目应运而生,迅速崭露头角。

以固废处理为例,北京中持环保集团巧妙融合大数据与物联网技术,在河北省张家口市搭建起一个智慧环卫的一体化平台。这个平台犹如城市的神经中枢,将环卫云、物联网和移动终端紧密相连,实现了环卫作业的智能化调度与实时监控,如同给城市清洁装上了智慧大脑。[1]同时在生态环境监测与环境咨询服务领域,也纷纷布局环境大数据。当前,企业可利用在线监测和视频监控等物联网技术,打造出智慧环境云服务平台,为企业提供全方位的环境管家服务,这如同为绿色家园的守护者们配备现代化的工具箱。[2]

未来,物联网、工业互联网、大数据、人工智能、区块链等新技术将加速与环保业务场景深度融合,催生一批数字化、网络化、智能化的环保新业态、新模式,形成全新的产业生态。环保行业数字化转型是大势所趋,也是实现高质量发展的必由之路。

九、生态环境数字孪生技术方兴未艾

数字孪生是近年来兴起的前沿技术,在工业、城市、交通等领域得到广泛应用。生态环境部门也开始探索数字孪生在生态环境监测预警、污染溯源、应急处置等方面的应用。

福建省创新开发了"闽江流域水环境大数据系统",对全流域水环境实现了"数字孪生",可精准预报水质变化趋势。[3]广东省汕头市建设了潮汕平原数字孪生水环境智慧管控系统,实

---

〔1〕 田军:《基于物联网GIS的城市环卫智能化管理和分析》,载中国城市科学研究会轨道交通学组:《智慧城市与轨道交通2016》,2016年4月19日。

〔2〕 韩志彬:《环境监测中大数据技术的应用》,载《信息系统工程》2024年第7期。

〔3〕 福建省水利厅:《福建"三条河流"助推数字孪生水利建设》,载《中国水利》2022年第21期。

现了对重点河流、闸坝的精细化管理。[1]山东省黄河三角洲国家级自然保护区应用数字孪生技术，构建保护区数字化管理平台，实现了对湿地生态系统的精细化监测、预警、管理。[2]

数字孪生生态环境，是运用大数据、物联网等技术，在虚拟空间构建高精度环境要素模型，实现对复杂生态系统的仿真、模拟、预测。这是一种全新的环境管理思路和技术手段，有望在污染防治、生态修复、环境应急等领域发挥重要作用。

十、国家智能社会治理实验基地成为生态环境大数据应用试验田

2021年，国家发展和改革委员会等八部委联合确定首批国家智能社会治理实验基地，其中生态环境领域10个，为生态环境大数据创新应用提供了广阔舞台。江苏省正倾力打造国家级生态环境智能治理实验区。在其全省范围内，一个庞大的智慧环保网络正在成形，它将大气、水、土壤、固废以及生态等领域的监测数据囊括其中，巧妙地将人工智能技术应用于环境预警与应急管理，为绿水青山织就了一张无形的安全网。[3]而安徽省合肥市，正打造智慧城市，以"AIoT+大数据+5G"的创新组合拳，开创了智慧环保的新篇章。重点行业的VOCs排放AI算法模型的研发，加上VOCs超级站的建立，为城市呼吸系统的净化注入了智能因子。

---

[1] 刘海瑞、奚歌、金珊：《应用数字孪生技术提升流域管理智慧化水平》，载《水利规划与设计》2021年第10期。

[2] 魏学文：《黄河三角洲生态治理的数字化路径研究》，载《滨州学院学报》2022年第4期。

[3] 陈曦、朱益、郭晓峰：《江苏省环境监控辐射应用系统项目建设与研究》，载中国环境科学学会、中国光大国际有限公司：《2015China中国环境科学学会学术年会论文集》，2015年8月6日。

国家智能社会治理实验基地的设立,不仅为生态环境大数据应用提供了试验田,更是加速了成熟经验的推广,形成了可复制、可借鉴的模式,为全国生态环境治理体系的现代化进程点燃了燎原之火。环境监测、企业监管、环境执法、信用评价、公众参与等每个环节都在制度创新的浪潮中焕发出新的生机,为解决我国生态环境保护的棘手问题,提升治理体系与治理能力的现代化水平,注入了源源不断的动力。

然而,大数据时代赋予我们机遇的同时,也带来了挑战。在这一背景下,我们需要审慎思考,如何在现有实践经验的基础上,构建一套科学规范的生态环境大数据法律制度体系。清晰界定政府、企业与公众的责任边界,筑牢生态环境大数据的安全防线,共同营造一个共建、共享、共治的美好生态格局,显得尤为重要。

第二节 大数据技术赋能环境治理的基本法律需求

一、重视大数据技术赋能环境治理的系统性

大数据环保法律制度是一个有机的整体,由多个相互关联的子制度构成。它涉及生态环境大数据的采集、存储、管理、共享、开放、应用等全过程和全方位内容。因此,构建涉及大数据技术的环保法律制度,需要从整体、全局的视角来统筹考虑,不能"头痛医头、脚痛医脚",必须坚持整体性原则,进行顶层设计,全面统筹各要素、各环节,将其融为一个有机统一的制度体系。

生态环境大数据建设涉及众多主体,包括各级政府环境部门、其他相关管理部门、企业、社会公众等。大数据技术赋能

第二章 大数据技术赋能环境治理的法律需求

环保法律制度应当明晰界定各类主体的法律地位,合理划分权利义务边界,确保权责对等、分工协作。这就需要我们从全局高度加强顶层谋划,按照生态文明体制改革的总体部署,科学编制国家生态环境保护规划,在环境监测、污染防治、生态保护、环境执法等重点领域明确大数据的战略定位和运用路径,以指导环保立法进程。

在纯粹数据领域,要坚持数据驱动,加强生态环境大数据平台的整体规划,推进部门协同和数据汇聚共享,打通"数据孤岛",最终形成全国"一张网"。[1]同时,要全面梳理现行的生态环境保护方面的法律法规,消除制度冲突和空白,构建内容全面、程序严密、配套完备的法律制度体系。

生态环境大数据法律制度还应当与国家大数据战略相衔接。生态环境大数据作为国家数据资源的重要组成部分,其制度建设要服从和服务于国家大数据发展的总体布局,与数据资源确权、开放、流通、交易等基础性制度相呼应,与数字政府建设、数字经济发展等国家战略相促进。[2]要准确把握党中央关于加快大数据立法进程的决策部署,加强跨部门协调,制定数据管理、公共数据开放共享、数据资源权益保护、数据安全等方面的法律制度,为生态环境治理现代化提供有力法治保障。

此外,还要注重不同层级、不同领域生态环境大数据法规、标准、规范的系统集成。在修订环境保护领域的核心法律中,增加大数据的有关规定;在环境影响评价、排污许可、环境执法等重点领域制定配套的行政法规;在环境监测、污染源监控

---

[1] 赵欢:《搭建"环保大数据平台"的设想与实践》,载《环境与发展》2017年第3期。
[2] 郑少华、王慧:《大数据时代环境法治的变革与挑战》,载《华东政法大学学报》2020年第2期。

等环节制定相关数据标准规范。同时,鼓励地方立法探索,为国家立法提供可复制、可推广的经验。通过纵向到底、横向到边、规范有序的生态环境大数据法规体系建设,为生态环境保护提供全方位、多层次的制度支撑。

二、重视大数据技术赋能环境治理的稳定性

大数据技术赋能环保立法要遵循渐进原则,做到稳妥审慎、循序渐进地推进制度建设。一方面,要立足现实国情,充分考虑不同地区、不同部门在数据基础、技术条件、管理需求等方面的客观差异,因地制宜、分类指导,把握好立法节奏和力度,避免脱离实际搞"一刀切"。另一方面,也要着眼长远,围绕大数据发展前沿,预留足够的制度空间。随着大数据技术在生态环境保护领域不断深化应用,相关法律制度也必须与时俱进,实现从不完善到逐步完善的动态优化。

当下,生态环境大数据尚处于起步阶段,法律制度的重点在于规范数据平台建设、资源汇聚、标准制定、开放共享等基础性工作,为破除体制机制障碍、推动生态环境大数据有序流动和应用提供制度保障。未来,随着数据资源日益丰富、应用水平显著提升,立法重心应逐步转移到加强数据质量管理、明晰数据资产权属、规范交易流通规则、强化隐私安全保护等方面,为数据价值挖掘和变现创造良好法治环境。[1]因此,生态环境大数据立法应当准确把握发展阶段特点,科学拟定分步推进、持续深化的法治建设路线图和时间表。要本着问题导向,聚焦不同时期的立法需求,突出重点,有的放矢。对法律实施中出现的新情况新问题,要及时开展评估,适时启动修法程序。

---

〔1〕 谢明、郭少青:《以大数据建设驱动我国环境法治进程》,载《环境保护》2019年第9期。

第二章　大数据技术赋能环境治理的法律需求

此外，大数据立法还要坚持刚性约束与弹性适用并重，在设置较为原则、弹性的条款时，为因时因地制宜预留空间。借鉴互联网立法经验，明确监管底线要求的同时，也为制度创新和跨界融合留足回旋余地。

三、重视大数据技术赋能环境治理的耦合性

大数据环保法律制度不是一个孤立的制度，而是与其他法律制度相互交织、彼此影响的。因此，必须立足整个法治体系，着力做好与数据资源、信息安全、隐私保护等相关领域法律的衔接协调，实现法律规范之间、管理部门之间的有效配合。同时，在制度设计中应当兼顾不同利益主体的合理诉求，在维护国家利益、社会公共利益的同时，保障公民、企业等各方主体的合法权益，实现多方共赢。

一方面，大数据环保法律制度要与国家数据资源管理制度相协调。生态环境大数据作为国家基础性战略资源，对于推进数字中国、智慧社会建设具有重要价值，其采集、共享、开发利用等，都应当符合国家有关数据资源管理的法律规定。要加强顶层设计，明确生态环境部门在数据管理中的职责分工和权限边界，推动建立统一规范、互联互通的数据基础制度，为生态环境大数据开发利用营造良好的制度环境。

另一方面，大数据环保法律制度还要与信息安全和个人隐私保护法律相协调。生态环境大数据中往往含有敏感信息、隐私信息，在数据采集、传输、存储、共享等各环节，必须严格遵守信息安全和隐私保护的法律规范。特别是《个人信息保护法》对个人信息的合法收集、合理利用进行了全面规制。大数据技术赋能环保法律制度时，要与其相衔接，在保障生态环境数据合理应用的同时，依法保护公民个人信息。具体包括建立

健全分级分类管理制度，加强数据脱敏处理，严格用户身份认证和权限管控，强化数据使用全流程安全防护等。同时，要依法保护企业商业秘密、名誉权等合法权益。

此外，还需要与网络安全法律制度相协调。因为网络安全事关国家安全、社会稳定、公共利益。生态环境大数据应用主要通过互联网实现，必须高度重视数据网络传输、存储中的安全防护。按照"谁主管，谁负责"的原则，落实生态环境主管部门的网络安全主体责任，提升网络安全防护能力。将与大数据技术相关的环保制度纳入国家网络安全防护体系，加强与网络安全相关法律及其配套制度的衔接，切实保障环境数据和网络系统安全。

四、重视大数据技术赋能环境治理的合法性

合法性是有关大数据技术必须遵循的基本原则。只有合法合规，制度才能真正发挥效用，赢得社会各界的普遍认同。有关生态环保大数据的立法必须以宪法为根本遵循。要通过立法确认生态文明建设在国家发展全局中的战略地位，明确生态环境大数据为国家治理体系和治理能力现代化的关键抓手。立法过程中要充分体现人民主体地位，保障公民环境权、知情权、参与权和监督权的实现。要严格界定公权力边界，规范和约束公权力行使，明晰公民和社会组织在生态环境大数据采集、开发、利用等方面的权利义务。运用法律武器捍卫国家数据主权，规范数据跨境流动，防范生态环境敏感信息外泄。

大数据环保法律制度应当与生态环保法律体系相一致、相配套。党的十八大以来，我国不断完善生态环保法律体系，先后修订了大量与环保有关的法律法规，对环境大数据的监测、信息公开等作出了原则规定。制定涉及大数据的环保法律制度，

要主动对接现行法律，在内容和措施上做到承接、细化、创新，增强制度的系统性、协同性。

大数据环保立法要严格遵循党中央关于生态文明建设和生态环境保护的一系列重大方针政策。党的二十大报告提出"污染防治攻坚向纵深推进"，要求"加快发展方式绿色转型，深入推进环境污染防治，提升生态系统多样性、稳定性、持续性，积极稳妥推进碳达峰碳中和"。这些都是涉及大数据的环保法律制度必须遵循的政策导向。要以党中央决策部署为根本遵循，运用大数据推进现代环境治理体系和生态文明制度体系建设，为美丽中国建设提供有力法治保障。

此外，要坚持科学民主立法，严格遵循法定程序，按照《立法法》的规定，严谨、规范地开展法律法规的制定、修改、废止等工作，确保立法过程公开透明、有序高效。加强人大主导作用，强化立法计划的刚性约束。完善社会公众广泛参与立法的工作机制，拓宽民意表达渠道，增强制度的社会认同度。健全政府立法工作的监督机制，强化对部门规章和行政规范性文件的备案审查，及时纠正违法或不当的立法行为，维护法制统一。

五、重视大数据技术赋能环境治理的新颖性

当前，我国正处于生态文明建设的关键时期，传统的环境治理思路和方式与大数据技术有差异，而环境治理也需要用大数据这一数字技术手段来破解深层矛盾、提升治理效能，这就需要以改革创新精神，推动涉及大数据技术的环保法律制度从理念到实践的重塑。

首先，可尝试在部分领域，运用数据作为环境治理的驱动之一的新理念，大数据不仅仅是一种技术工具，更是一种新型

生产要素和治理手段。要运用大数据思维创新法治方式，变革环境治理模式。坚持以人民为中心，广泛运用互联网思维，调动各方力量参与生态环境保护，实现多元共治、协同共享。坚持系统观念，加强部门协同、区域协同和全社会协同，构建大数据赋能下的环境治理新格局。

其次，涉及大数据技术的环保法律制度应当具有前瞻性和创造性，积极回应新技术新业态新模式发展需求，以制度创新引领环境治理能力提升。比如，建立环境大数据安全防护制度，规范风险评估、分级防护、监测预警等；建立环境大数据公益诉讼制度，赋予环保组织提起诉讼的资格，保障公众环境权益；建立大数据环境损害鉴定评估制度，提高生态环境司法的专业化、精细化水平。

当前，生态环境大数据应用在很多领域还是空白，缺乏可借鉴的实践案例，立法创新任重道远。应当充分发挥地方立法权，支持有基础、有条件的地区在环境信息公开、社会共治、绿色金融等重点领域先行探索，吸收国际先进经验，为国家后续的环境立法提供"样板间"。积极评估总结地方立法成果，加强立法互鉴，及时总结经验，加快构建具有中国特色的大数据法律制度体系。[1]

六、重视大数据技术赋能环境治理的可实施性

涉及大数据技术的环保法律制度的生命力在于实施，关键在于执行。制度设计再精巧，内容规定再严密，如果缺乏可操作性，会在实践中难以落地见效，损害法律权威。因此，必须把促进制度落实作为立法的出发点和落脚点，突出法律措施的

---

[1] 万知涵：《试论以大数据建设驱动我国环境法治进程的策略》，载《低碳世界》2019年第12期。

第二章　大数据技术赋能环境治理的法律需求

针对性和实效性，确保法律条文能够转化为推动工作、解决问题的利器。

处理好刚性与柔性的关系，针对涉及大数据的环保立法应当合理把握制度的力度和弹性。对于事关国家利益和公共利益的重大事项，如生态保护红线、污染物排放总量控制、流域生态补偿等，应当以刚性规定为主，确保令行禁止。而对于难以"一刀切"的事项，如公众环境意识、社会参与程度等，宜用指导性措施引导，增强制度的包容性和弹性。开展环境教育宣传，培育全社会生态文明理念，有助于提高制度的社会接受度。

要正确处理法律原则与实施细则的关系。在明确法律原则和总体框架的同时，制定配套的实施细则，将抽象的法律要求具体化。以数据采集为例，国家层面要制定统一的环境监测制度，各地各部门要进一步细化数据采集的主体、标准、流程等，编制统一的技术规范。进一步讲，法律规定政府和企业要公开环境信息，配套制定信息公开办法，明确公开的类型、内容、途径、频率等。通过制度创设和制度完善，做到立法有原则，执法有规范。

制度的配套支撑很关键，软件和硬件建设要齐头并进，夯实制度实施基础。必须大力加强基础能力建设，加快构建传感器监测、卫星遥感、大数据分析等技术支撑体系，为法律全面实施创造物质条件。优化大数据环保平台功能，强化数据脱敏、加密等安全保障机制。加强基层执法力量配备，建立完善网格化执法体系。大力培养复合型人才，为大数据时代背景下的环保治理提供智识支持。

制度的惩戒威慑直接影响着制度的实施，要构建多元化的法律责任体系，根据违法行为的性质、情节和危害程度，合理设置民事、刑事、行政责任。针对逃避监管、伪造数据等屡禁不止的违法行为，加大处罚和执法力度，切实发挥法律的威慑作用。针对大数据环保中出现的新类型违法行为，要密切关注司法实践，细化违法情形和处罚措施，及时弥补法律漏洞。加强司法与执法的协调配合，落实有奖举报制度，鼓励公众参与监督，不断增强法律的权威性。

第三节 我国现行法律规定对大数据技术支撑不足

一、数据思维冲击现行的法理逻辑

大数据时代的生态环境治理是一个崭新的领域，我国涉及大数据技术的环保立法实践尚处于起步探索阶段，立法和执法部门对相关问题的认识还不够深入全面，立法经验相对欠缺。

以《环境保护法》为例，虽然肯定了国家生态环境大数据平台建设，但是对数据类型的表述比较笼统，对收集、共享的具体要求也比较模糊。[1]实践中，涉及生态大数据的部门众多，但是部门间共享不畅，严重制约了国家生态环境大数据平台的整合应用。

《大气污染防治法》《水污染防治法》等重要法律虽然涉及数据信息管理，但是也主要局限于环境质量状况、重点污染源监管等方面。对如何运用大数据优化环境治理体系和能力建设，尚缺乏必要的法律引导。大数据在污染溯源、生态预警、风险评估等环节中，面临着诸多法律和技术障碍，影响落地后的效果。[2]

---

[1] 参见《环境保护法》第17条。
[2] 蔡志丽：《环境污染防治大数据应用中的法律问题研究》，河北大学2017年硕士学位论文。

第二章 大数据技术赋能环境治理的法律需求

相关数据制度大多沿袭传统模式，对新技术思维应用考虑不足。实践中，环保机构利用大数据开展执法、企业利用大数据提升治污和信息公开等行为，已有积极探索，但尚未上升到法律层面。相关主体的权责边界模糊，法律风险难以厘清。

可见，面对不断发展的生态环境大数据实践，现行法律规范供给明显滞后。亟须以问题为导向，加强调查研究，找准大数据环保立法的痛点难点，融入数据思维，为生态环境治理提供更加精准、管用的法治工具。

二、大数据技术法律标准不统一

大数据法治化离不开配套的技术标准规范。没有相应的数据标准体系，大数据在采集、传输、存储、应用等环节就难以实现互联互通、共享共用。当前，我国在大数据环保标准建设方面相对滞后，虽然原环保部发布了一系列信息化标准，但总体上看，在数据采集、质量控制、共享开放等方面的标准规范仍不完备，难以适应新时期生态环境治理的实际需要。

生态环境大数据具有来源广泛、类型多样的特点，不同行业、不同地区的数据标准不统一，格式、分类、流程等差异较大，很难实现数据的无缝对接和融合应用。以生态环境监测数据为例，虽然生态环境部发布了数据管理办法，但对不同类型数据的分类、编码、质控流程等缺乏细化规范，不同"水池"的数据难以实现"汇聚连通"。例如，在流域水环境治理、农业面源污染防治等具体领域，数据标准缺失的问题更加突出。跨省跨部门的水质断面监测数据如何实现互联互通，水利、农业、交通等部门掌握的数据如何统筹利用，污染防治和生态保护数据如何融合，尚缺乏制度规范和标准指引，难以为精准治理、系统治理提供数据支撑。

近年来，生态环境部加快推进大数据标准体系建设，发布了一系列技术规范，初步搭建起国家生态环境大数据平台。但总的来看，大数据标准供给仍显不足，尚不能完全满足生态环境治理体系和治理能力现代化的迫切需要。下一步，要把标准规范作为大数据环保法治建设的重要内容，加紧制订生态环境大数据采集、传输、共享、应用等关键环节的标准规范，加强标准的统筹衔接和系统集成，为法治化的生态环境大数据治理夯实技术基础。

三、相关法律体系分散，缺乏系统性

目前，我国与大数据技术相关的环境保护规定主要散见于《环境保护法》《大气污染防治法》《水污染防治法》《土壤污染防治法》等法律中。这些法律对生态环境信息的采集、公开作了原则性规定，但尚未形成专门性的规定。政府多部门、多头管理的局面仍存在，不同部门、不同层级制定的相关制度缺乏有效衔接，难以形成整体合力。

生态环境监测数据管理就是一个典型。生态环境部发布的《生态环境统计管理办法》等规范性文件对环境监测数据的产生、传输等多个环节作了较为具体的规范，但这些规范性文件层级较低，法律效力有限。而《测绘法》《统计法》等法律法规虽涉及相关数据管理，但并未对生态环境数据作专门细致的规定，导致多个关键环节缺乏有力的法律衔接。从局部看，地方结合本地实际，也出台了一些生态环境数据管理的地方性法规。如《贵州省生态环境保护条例》《福建省生态环境保护条例》等，但受制于地方立法权限，加之不同省份进度不一、规定不一，难以从全国层面形成统一的制度体系。

可见，现行环保法律体系对生态环境大数据的管理和使用

第二章 大数据技术赋能环境治理的法律需求

缺乏顶层设计,分散化的立法格局尚待根本扭转。亟须在国家层面制定专门法律,系统规范生态环境大数据治理的各个环节,明晰法律关系,理顺管理体制,为生态环境保护提供全方位的法治保障。[1]

四、相关法律责任缺失,违法成本低

大数据环保实践中,可能出现数据失真、泄露、滥用等违法行为。但现行法律对相关责任主体的制约力度还不够。例如,企业为逃避监管处罚,故意隐瞒、篡改环境监测数据的现象时有发生,但现行处罚措施较为单一,执法的震慑力不强;个别不法分子出于牟利目的,非法获取、传播、买卖生态环境数据,侵犯商业秘密和个人隐私,但相关的法律责任却界定不清。[2]

由此,我们认为,如果违法成本过低,容易导致相关主体失去敬畏法律的约束,助长违法行为蔓延。例如,一些地方发现企业在线监测数据造假问题,但由于缺乏具体的处罚依据,只能做批评教育或下达整改通知书,很难从根本上制止此类行为。[3]生态环境部在 2018 年开展的生态环境大数据建设试点中也发现,部分地方和部门囿于"数据壁垒"思维,对数据共享开放持谨慎态度,没有真正发挥数据价值。究其原因,既有机制方面的掣肘,也与缺乏硬约束的法律责任有关。因此,必须尽快健全相关大数据的环保责任制度,强化法律的刚性约束,为大

---

[1] 陈山、邹雄:《地方环境立法中的大数据技术应用》,载《东南学术》2022 年第 2 期。
[2] 袁媛:《我国规范环境大数据应用的法律问题研究》,吉林大学 2019 年硕士学位论文。
[3] 方印、高赟、张海荣:《中国环境资源法治大数据应用问题探究》,载《郑州大学学报(哲学社会科学版)》2018 年第 1 期。

数据技术在生态环境治理中充分发挥作用提供坚实保障。[1]

五、现行环境法律规则具有滞后性，创新驱动作用发挥不足

当前，我国环境立法的指导思想还比较传统，对大数据的变革性作用认识不足，相应的制度供给明显跟不上时代需求，既没有充分释放大数据的应用潜力，也没有为大数据的创新应用提供有力的法治保障。

在生态环境监测领域，现行立法主要将监测数据视为环保部门开展管理的基础，对数据资源的深度整合和利用重视不够。生态环境大数据不仅可用于常规的污染源监管，更可通过多源数据关联分析，评估环境质量与经济发展、城乡建设、公众健康的关系，为生态文明建设提供科学决策支撑。但现有法律供给对此缺乏支撑。例如，在环境执法领域，执法人员运用在线监测、卫星遥感等获取的海量数据，对企业污染行为进行大数据比对分析，尚未成为常态化做法。[2]可见，既缺少鼓励创新的法律制度，也缺乏保障数据驱动执法的专业能力。[3]在环境信息公开方面，早在2007年，我国就公布了《环境信息公开办法（试行）》（已失效），开始要求环保部门通过政府网站、电视等便于公众知晓的方式公开政府环境信息。[4]但截至目前，对充分运用互联网、云计算等新技术手段，创新信息公开方式的要求还不够具体。不少地方的环境信息公开平台，存在功能

---

[1] 方印、徐鹏飞：《大数据时代的中国环境法治问题研究》，载《中国地质大学学报（社会科学版）》2016年第1期。

[2] 陆新元、秦虎、杨君：《大数据在环境执法与守法中的应用研究》，载《环境与可持续发展》2019年第2期。

[3] 刘丽香等：《生态环境大数据面临的机遇与挑战》，载《生态学报》2017年第14期。

[4] 参见《环境信息公开办法（试行）》（已失效）第13条。

第二章　大数据技术赋能环境治理的法律需求

简单、动态更新慢、缺乏互动等问题，难以满足公众参与环境治理的需求。

可见，要最大限度发挥生态环境大数据在污染防治、生态保护、公众参与等方面的创新驱动作用，必须加快转变立法理念，用开放包容的心态对待新技术、新应用，为推动生态文明建设注入大数据力量提供有力法治保障。

六、缺乏公众参与

生态环境是全社会共同关注的公共议题，环境大数据作为一种新型公共资源，其开发利用和治理应用，理应充分吸收社会公众参与。但目前的制度设计对发挥公众参与环境大数据治理的积极性和主动性考虑不足，公众参与渠道不畅、实效性不高，影响生态环境数据价值的提高。

在环境信息公开和公众监督方面，相关有约束性的文件虽对政府和企业的信息公开义务作出规定，但涉及公众如何获取、运用环境大数据的规定较少。实践中，公众依申请获取政府掌握的环境信息，往往面临门槛高、流程复杂、信息不全面等困难。[1]一些企业对自身的排污和风险信息讳莫如深，以保护商业秘密为由拒绝公开。公众无法便捷获取真实、全面的数据，参与环境治理、实施社会监督的基础就很薄弱。[2]

在部分领域，公众对环境决策的参与流于形式，公众运用环境大数据表达利益诉求的渠道并不通畅。大数据时代呼唤创新的公众参与机制，但现行法律对如何运用互联网优势，拓展

---

〔1〕 林正正、敖玉芳：《基于环境信息权的公众参与服务体系的构建》，载《广西政法管理干部学院学报》2020年第6期。
〔2〕 马军：《让环境数据和公众参与发挥力量》，载《可持续发展经济导刊》2021年第Z2期。

线上线下相结合的参与路径考虑不足。

如何切实保障弱势群体的环境知情权,防止"数字鸿沟",也是一大挑战。农村偏远地区的群众,在获取和利用生态环境数据方面处于相对弱势地位。单一化的信息公开和参与方式,往往难以充分覆盖这一群体。如何以通俗易懂的方式传递环境信息,让普通民众更好地享有知情权、参与权,还需要继续实践。

综上,大数据作为新一轮科技革命的前沿力量,正在重塑生态环境保护的理念和路径。但当前,我国环境法律制度对大数据时代的生态环境治理支撑度还不够,必须顺应信息化、数字化发展大势,加快构建与生态环境治理新格局相适应的现代环境法治体系。对标党中央关于加强生态文明建设的决策部署,以问题为导向,尽快制定出台专门的涉及环境大数据的有法律约束力的文件,前瞻性地规划生态环境大数据的采集、传输、存储、开放、利用和安全防护,厘清各方权责边界,细化配套的标准规范,完善公众参与、执法监管等支撑制度。推动形成全国统一、多方联动、法治保障有力的生态环境大数据治理格局,为打好污染防治攻坚战、建设美丽中国提供坚实法治支撑。

第三章

域外相关法律的规定

第一节 国外大数据技术赋能环保法律的介绍

一、美国相关的使用大数据技术的环保法律制度

(一) 美国《信息自由法》——重要的基础性法案

美国的环保大数据法律体系根植于一系列法律基石之中,尤以《信息自由法》[1]及《文牍精简法》[2]为典范。美国《信息自由法》显著增强了政府信息的透明度与标准化,为公民的政治参与和政府监督构筑了坚实的法律防线。

回溯至第二次世界大战后,随着民主化进程的加速,新闻生态的变革与国会力量的合力推动,特别是知情权理念的深入人心及新闻界对政府信息公开的持续倡导,促使美国在1946年颁布了《联邦行政程序法》。[3]该法第3条确立了公众获取政府

---

[1] 美国《信息自由法》(Freedom of Information Act,FOIA)是规定美国联邦政府各机构公开政府信息的法律,1966年由约翰逊总统签署,1967年生效。

[2] 美国《文牍精简法》要求各部门呈交的表格必须使用电子方式的法律,1995年由克林顿总统签署。

[3] 美国《联邦行政程序法》(Administrative Procedure Act,APA),是美国行政法的基石,规定联邦行政机关行为的一般程序性原则。

信息的权利，同时赋予政府在特定公共利益或合理理由下拒绝公开信息的权限。随后，公众对于提升政府透明度的诉求愈发强烈，历经多方博弈与协商，终于在1966年，美国对《联邦行政程序法》进行了重大修订，正式颁布了《信息自由法》。

美国《信息自由法》的适用范围广泛，涵盖了联邦政府层级下的所有行政实体，包括但不限于行政部门、军事机构、政府控股企业及附属机构等。该法案秉持"公开为常态，不公开为例外"的原则，也即除非涉及国家安全、个人隐私、商业机密等九类法定豁免情形，否则政府信息均应向公众开放。此外，这一法案创新性地实施了举证责任的反转机制，将信息公开责任的举证负担从公众转移至政府，此举不仅缓解了公众的举证压力，更促进了政府信息的妥善保管与数据安全的有效维护。[1]

美国《信息自由法》不仅促进了新闻媒体的自由繁荣，还极大地方便了公众获取政府资讯，洞悉政策制定及执行动态，因而被视为美国环保大数据法律框架不可或缺的基础性支柱。

(二) 美国涉及大数据技术的环保法律制度的特点

首先，从其自身看，美国社会展现出较为发达的公众认知，这在环境信息透明化方面尤为显著。美国公众对于获取环境信息、行使知情与参与权利的渴望，通过诸如TRI制度[2]及My Environment系统[3]等具体实践得以体现，彰显了政府致力于

---

〔1〕 周健：《〈信息自由法〉与政府信息公开化》，载《情报理论与实践》2001年第5期。

〔2〕 1986年美国《紧急计划和社区知情权法》（EPCRA）第313章规定建立"有毒物质释放清单"（TRI），收集、整理、分析企业上报的有毒化学物质排放的相关信息并向社会公布。

〔3〕 参见《看美国在环境信息公开上有什么经验？》，载 https://huanbao.bjx.com.cn/news/20160104/697467.shtml，2024年6月1日访问。

保障公众权益的坚定立场。此公众认知的增强，无疑成为驱动大数据技术赋能环保法制体系不断演进的关键力量。

其次，美国在数据法制建设方面展现出一定程度的完备性，通过构建一系列全面而精细的法律框架，为大数据技术在环境保护领域的深度融合与应用奠定了坚实的法律基石。这些法律不仅细化了环境数据从采集、处理、公示到查询的全过程管理规范，还清晰界定了责任归属与违法后果，有效保障了数据流转的合法性与安全性。[1]

最后，技术创新作为核心驱动力，在美国涉及大数据技术的环保法律制度的实施路径中扮演着举足轻重的角色。其政府积极倡导并支持技术革新，通过研发高效的数据检索工具、构建智能化的系统平台等创新举措，显著提升了环境数据的收集效率与发布精度，进而为公众提供了更加直观、便捷且高效的环境信息服务渠道，促进了环境信息的广泛传播与有效利用。

(三) 大数据技术在美国环保领域的应用

第一，借助大数据技术构建环境数据集成与共享机制。美国环境保护署内设有环境信息中心，该中心承担着环境数据生命周期的全面管理工作，涵盖数据采集、整合、存储、维护及公开等各个环节。同时，美国环境保护署构建了中央数据交换平台，旨在促进联邦、地方各级政府、企业及美国环境保护署内部各部门间环境数据的高效、安全、精准与即时流通，增强了数据共享的广度与深度。

第二，利用大数据技术建构环保数据检索平台。为了提升公众对环境信息的可获取性，美国环境保护署精心打造了诸如

---

[1] 王曦：《论美国〈国家环境政策法〉对完善我国环境法制的启示》，载《现代法学》2009年第4期。

环保事实数据库与TRI-Explorer查询系统等多功能平台。这些平台不仅覆盖了空气、水质、废弃物、有毒物质、辐射、土壤质量及地理空间信息等多维度数据，还通过直观友好的界面设计，极大地便利了公众对各类环境参数的查询与分析，为公众参与环境保护提供了强有力的数据支持。[1]

第三，在大数据技术的支持下打造社区环境感知平台。My Environment系统作为美国环境保护署推出的又一创新举措，深度整合了美国环境保护署、各州政府及受监管社区的环境空间数据与属性信息，形成了一幅详尽的社区环境地图。该系统允许公众轻松访问其居住地周边的空气质量、水体状况、土壤健康等环境质量指标，以及潜在的污染源与健康风险数据，从而增强了公众对周边环境的感知能力，激发了社区成员参与环境保护的热情与行动力，共同促进了环境质量的持续改善。

二、日本相关的使用大数据技术的环保法律制度

（一）日本《个人信息保护法》——重要的基础性法律

为捍卫个体信息权益，规制信息处理行为，保障信息流动的安全性、合法性与秩序性，并有效应对信息泄露、不当使用等潜在威胁，日本颁布了《个人信息保护法》。[2]此法案构建了一套全面的指导框架，体现了日本政府机构的立法权威，自实施以来，其已成为日本个人信息管理领域的基础性法律文件，扮演着至关重要的角色。

日本《个人信息保护法》详尽阐述了个人信息处理应遵循

---

〔1〕 赵小进等：《美国TRI制度对中国PRTR制度实施的启示》，载《环境科学与管理》2016年第2期。

〔2〕 日本的《个人信息保护法》于2003年7月16日由《平成15年法律第57号》制定，其是日本个人信息保护的核心法律。

的核心准则,如合法性、公平性、透明度等原则,并要求信息处理主体采取充分措施,以确保信息的安全存储与传输,防范任何形式的泄露或遗失风险。同时,日本《个人信息保护法》明确赋予信息主体一系列权利,涵盖知悉权、同意权、更正权、删除权等,强化了个人对其信息的控制力。此外,日本《个人信息保护法》还详尽规定了跨境数据传输的合规条件与流程,促进了国际数据流动的合规性。[1]为有效执行日本《个人信息保护法》,日本政府各部门依据其指导精神,分别制定了针对性强、操作性好的实施细则,以指导并监管其管辖范围内的商业实体。

日本《个人信息保护法》在构筑个人信息保护屏障、促进数据合规使用方面发挥了不可或缺的作用。通过法律强制与业界自律的双重机制,该法案不断适应技术革新与法律环境的变化,持续进化完善,为个人信息的安全与合理利用提供了坚实的法律保障。[2]

(二) 日本涉及大数据技术的环保法律制度的特点

第一,日本构建的大数据环保法律框架内,个人隐私数据的保护被置于显著地位。该体系凭借周密的法律架构与严密的监管机制,全面守护个人数据自收集至分析、应用各环节的安全与隐私边界。[3]

第二,日本实施的环境信息公开制度,为大数据技术在环保领域的深度融合奠定了坚实基础。通过广泛披露环境相关数

---

[1] 黄柏:《日本〈个人信息保护法〉的最新修改及动向》,载《日本法研究》2021年第0期。

[2] 李丹丹:《日本个人信息保护举措及启示》,载《人民论坛》2015年第11期。

[3] 陈美、梁乙凯:《日本开放政府数据中的隐私风险控制研究》,载《情报资料工作》2021年第5期。

据与信息，不仅增强了公众对环境治理的参与度和监督能力，还显著提升了环保工作的透明度和社会的信任基础。[1]

第三，日本涉及大数据技术的环保法律制度积极鼓励技术创新与应用实践。借助前沿的大数据技术与深度分析方法，实现了环境数据处理效能与精确度的双重飞跃，为环境保护事业注入了强大的科技驱动力，提供了更为坚实的技术支撑。[2]

（三）大数据技术在日本环保领域的应用

第一，全面采集与融合环境数据。日本采取大数据技术广泛汇集并整合涵盖空气质量、水体质量、土壤污染状况等在内的多元化环境数据。这些数据依托传感器网络、监测站点等先进设备实现即时捕获，随后经由高效的大数据处理平台进行深入剖析与挖掘，旨在透视环境问题的核心本质与内在规律。

第二，深度解析与预测环境数据发展方向。借助大数据分析技术的强大能力，日本环保机构能够深入剖析环境数据，精准识别出环境问题的核心驱动因素与潜在风险点。同时，构建并运用预测模型，对环境状况的未来趋势进行前瞻性预测与预警，为环境保护策略的制定提供坚实的数据支撑与科学预见。

第三，为环保政策的制定与执行提供智能化支撑。大数据技术成为环保政策从构想到实施全链条的重要助力。通过综合考量环境数据与社会经济因素，环保部门能够实施更为精准的政策效果评估与影响范围界定，从而制定出既科学又合理的环保政策方案。此外，大数据技术还助力政策执行情况的实时监测，确保政策调整的及时性与优化措施的有效性，推动环保政

---

[1] 郭少青：《国外环境公共治理的制度实践与借鉴意义》，载《国外社会科学》2016年第3期。

[2] 李维安、秦岚：《日本公司绿色信息披露治理——环境报告制度的经验与借鉴》，载《经济社会体制比较》2021年第3期。

三、欧盟相关的涉及大数据技术的环保法律制度

(一)《通用数据保护条例》——数据保护方面的核心法律规则

《通用数据保护条例》(GDPR),作为一项里程碑式的立法成果,其核心目标在于构筑起欧盟公民个人数据安全的坚固防线。[1]此法规不仅详尽阐述了数据保护的多维度规则与指导原则,更致力于强化对个人数据的全方位防护,有效遏制数据泄露、不当利用及非法采集等风险。[2]

GDPR的架构全面而深入,涉及内容广泛而完善。首先,GDPR强调了数据主体权益的保障,它赋予数据主体充分的知情权,即有权了解个人数据被收集、处理及利用的全过程,并赋予其修正、删除或限制数据处理的权利,而数据可携带权的引入,进一步增强了数据主体的控制权,允许其自由地将个人数据在不同服务提供者间迁移。[3]在责任界定上,GDPR清晰划分了数据控制者与处理者的角色与职责。数据控制者被要求严格遵守GDPR的各项规定,对数据处理活动承担全面责任;而数据处理者则需在处理过程中遵循同样严格的标准,并接受来自数据控制者的有效监督。[4]GDPR还确立了处理个人数据时须遵循的多项核心原则,涵盖了合法性、公平性、透明度、目

---

[1] GDPR (General Data Protection Regulation),全称《通用数据保护条例》,出台于2018年,前身是欧盟在1995年制定的《计算机数据保护法》,该条例适用于任何收集、传输、保留或处理涉及欧盟所有成员国内个人信息的机构组织。

[2] 王融:《〈欧盟数据保护通用条例〉详解》,载《大数据》2016年第4期。

[3] 程莹:《元规制模式下的数据保护与算法规制——以欧盟〈通用数据保护条例〉为研究样本》,载《法律科学(西北政法大学学报)》2019年第4期。

[4] 俞胜杰:《〈通用数据保护条例〉第3条(地域范围)评注——以域外管辖为中心》,载《时代法学》2020年第2期。

的明确性、数据最小化、准确性、存储期限合理性以及数据的完整性与保密性，这些原则共同构成了数据处理的道德与技术双重规范。此外，针对跨境数据流动，GDPR设立了严格的门槛，规定仅当目标国家能够提供与欧盟相当的数据保护水平时，方可进行数据传输。此举旨在确保个人数据在全球范围内都能得到充分的保护。

GDPR不仅深刻影响了欧盟内部的数据处理实践，其广泛的影响力还波及全球，促使各国企业及组织重新审视并优化其数据处理策略与流程，以符合GDPR的高标准要求，从而在全球范围内推动个人数据保护水平的提升。同时，GDPR也为非个人数据如环境数据的处理提供了宝贵的参考，强调了数据处理活动应遵循的普遍性原则与标准[1]。此外，GDPR也为后来颁布的欧盟《数据法案》奠定了法律基础，使《数据法案》规定的内容具有历史传承性，更容易被人们接受和实施。

（二）欧盟涉及大数据技术的环保法律制度的特点

第一，在欧盟构建的环保法律框架内，数据保护与隐私维护被置于显著位置。GDPR等法规的深入实施，不仅保障了个人数据在流转过程中的安全性、隐私性及透明度，还确立了非个人数据（诸如环境数据）处理时应遵循的相似高标准与准则，确保了数据处理的全面合规性。[2]

第二，倡导数据开放与共享机制。《数据法案》等规定的举措积极倡导数据的开放共享理念，通过界定清晰的数据访问权限、共享模式及利用规范，加速了数据资源的自由流通与高

---

[1] 王燕：《数据法域外适用及其冲突与应对——以欧盟〈通用数据保护条例〉与美国〈澄清域外合法使用数据法〉为例》，载《比较法研究》2023年第1期。

[2] 苏炜杰：《大数据时代我国劳动者的隐私保护：对欧盟和美国立法的借鉴》，载《社会科学论坛》2020年第4期。

效利用。[1]此举不仅增强了数据资源的经济价值与社会效益，更为环保领域的科技创新与持续发展注入了强劲动力。[2]

第三，欧盟在涉及大数据技术的环保法律体系中，不遗余力地推动技术创新与实际应用的深度融合。借助前沿的大数据技术与分析手段，显著提升了环境数据处理的速度与精确度，为环境保护工作提供了强有力的技术支持。同时，积极鼓励企业界与科研界携手合作，利用大数据技术进行环保领域的创新探索与实践应用，共同推动环保事业的进步与发展。

（三）大数据技术在欧盟环保领域的应用

第一，依托大数据技术，广泛汇聚并整合了涵盖空气质量、水体质量、土壤污染状况等多维度的环境数据。环保数据通过精密的传感器网络、广泛的监测站点等前端设备实现实时捕获，随后被导入大数据处理与分析平台，进行深度剖析与知识提取，以透视环境问题的深层根源及动态变化规律。

第二，借助大数据分析技术，欧盟环境保护机构深入剖析环境数据，精准识别出影响环境质量的关键要素及潜在威胁。进一步的，基于丰富的历史数据与实时的动态监测，构建预测模型，对未来环境态势进行前瞻预测与风险预警，为环保政策的科学决策奠定了坚实基础。

第三，大数据技术成为欧盟环保政策制定与实施过程中的关键驱动力。通过综合考量环境数据与社会经济指标，环保部门能够实施更为精确的政策效果评估与影响范围界定，进而制定出既科学又具针对性的环保政策。此外，大数据技术还助力

---

[1] 王锡锌、黄智杰：《公平利用权：公共数据开放制度建构的权利基础》，载《华东政法大学学报》2022年第2期。

[2] 商希雪：《政府数据开放中数据收益权制度的建构》，载《华东政法大学学报》2021年第4期。

政策执行过程的实时监控,确保政策调整的及时性与优化策略的有效性,推动环保政策的高效落地与实施。

第二节 大数据技术赋能环保法律的典型制度介绍

一、欧盟之环境信息公开制度

2001年生效的《奥胡斯公约》[1]奠定了欧盟环境信息公开制度的基石,该公约详尽界定了缔约国与政府机构在环境信息透明度、民众参与,以及法律救济方面的权责框架。作为该公约的积极倡导者与践行者,欧盟在构建环境信息公开体系时深受其理念与原则的影响,所形成的体系呈现出较高的制度化特征。

环境信息公开制度明确界定了欧盟及其成员国政府作为环境信息公开的核心责任方,需主动披露广泛的环境信息,并有效回应公众的信息获取请求。同时,制度亦延伸至高污染风险企业、大型公司及涉及公共利益的实体,要求它们揭露其环境活动详情,涵盖有毒有害物质的全生命周期管理信息,以及从生产、加工、应用到排放等各个环节。[2]

信息公开的范畴广泛,涵盖了环境质量状况(空气质量、水体质量、土壤污染监测结果等)、政府及企业的环境行动记录(环境政策制定、环境管理实践、环境绩效表现)以及特定项目的环境影响信息(大型基础设施、工业项目等的环评报告、许

---

[1]《奥胡斯公约》(Aarhus Convention),全称《在环境问题上获得信息、公众参与决策和诉诸法律的公约》,1998年签署,2001年生效。
[2] 李爱年、刘爱良:《后〈奥胡斯公约〉中环境信息公开制度及对我国的启示》,载《湖南师范大学社会科学学报》2010年第2期。

可证件详情等)。信息的发布渠道多样,政府与企业通过官方网站、公示板、媒体平台等途径主动公开,同时开放公众申请途径,确保信息需求的及时响应与满足。[1]

为确保信息质量,欧盟制定严密的数据质量保证体系,实施定期审核机制,以保障环境信息的真实性与准确性。对于违反信息公开规定或怠于履行义务的主体,也规定了严格的法律后果,包括但不限于行政制裁、民事赔偿责任等,以此强化制度执行的力度与效果。[2]

二、美国之数字验证服务制度

近年来,美国参议院针对国土安全与政府事务领域,推出了《改进数字身份法》,[3]该法案的核心目标在于推动美国数字身份体系的现代化转型,并强化对公民个人信息的保护,防止其遭受非法窃取。此法案于2022年正式提交审议,彰显了美国政府在强化数字验证服务领域的坚定决心与高度重视。在此之前,美国已构建起包括《犹他州数字签名法》[4]、《统一电子交易法》[5]等在内的数字验证法律框架,这些立法举措不仅奠定了数字验证服务的合法性基石,还为其安全性提供了坚实的法律保障。

此外,美国国家标准与技术研究院亦发布了详尽的数字身

---

[1] 王彬辉、董伟、郑玉梅:《欧盟与我国政府环境信息公开制度之比较》,载《法学杂志》2010年第7期。

[2] 项焱、陈曦:《大数据时代欧盟个人数据保护权初探》,载《华东理工大学学报(社会科学版)》2019年第2期。

[3] 美国《改进数字身份法》(The Improving Digital Identity Act),旨在使美国的数字身份基础设施现代化。

[4] 美国《犹他州数字签名法》,颁布于1995年,规定了用密码组成的数字与传统的签名具有同等效力。

[5] 美国《统一电子交易法》,1999年通过并建议在各州实施。

份操作指南，旨在为各类机构提供关于数字身份技术的全面指导。为进一步推动数字验证服务的进步，美国国家标准与技术研究院携手科技企业，共同创立了 Better Identity 联盟，[1]该联盟聚焦于优化美国的数字身份验证机制与保护措施，通过政策引导促进该领域的蓬勃发展。

美国政府正积极在多个关键领域推广数字验证服务的应用，并通过跨部门协作机制加速其实施进程，延及至环境治理领域，数字验证服务制度展现出尤为显著的价值。[2]具体来看：

首先，它确保了环境数据的真实性与精确性。环境治理流程中，海量环境数据的收集与分析构成了政策制定、环境评估及污染源监控等工作的基石。数字验证服务制度通过严格的验证流程，有效遏制了数据篡改与伪造的风险，为环境治理提供了坚实的数据支撑。同时，该制度还强化了对数据收集、处理及传输过程中各参与方的身份认证，确保了数据源的可靠性，防止了数据泄露与非法利用。

其次，数字验证服务制度显著提升了环境治理的效率与成效。通过自动化验证技术，减少了人工操作的错误与干预，大幅提高了数据处理的速度与准确性。这使得环境治理部门能够更迅速地识别环境问题，并据此制定更加精准的治理策略。依托大数据与智能科技的深度融合，该制度能够实现对环境数据的深入剖析与细致挖掘，进而洞察数据背后隐藏的规律与未来趋势，为环境治理策略的规划与制定提供更为精准、科学的参

---

〔1〕 美国网络安全政策中心在 2018 年指导 NIST 身份管理的高级执行顾问杰里米·格兰特（Jeremy Grant）成立了涵盖 20 余家美国科技企业的 Better Identity 联盟，并以联盟形式与政府开展政策制度、标准讨论等合作，旨在改善美国数字身份验证、保护等方面。

〔2〕 陈刚、蓝艳：《大数据时代环境保护的国际经验及启示》，载《环境保护》2015 年第 19 期。

考基准,从而增强决策的有效性与前瞻性。

再次,数字验证服务制度推动了环境治理的透明化与公正性。通过公开环境数据的收集、处理及验证流程,以及环境治理的决策与结果,增强了公众对环境治理工作的信任与支持。同时,该制度还加强了对环境治理过程的监管与问责机制,通过记录各环节与参与方的行为,实现了责任的可追溯性,有效遏制了违法违规行为的发生,提升了环境治理的公正性与有效性。

最后,数字验证服务制度为数字化生态环境管理提供了有力支持。通过对环境数据的验证与分析,构建了生态环境数字模型,实现了模拟预测与优化决策的功能,提升了生态环境管理的精细化与科学化水平。结合传感器与物联网等先进技术,该制度还实现了对生态环境的实时动态监测与预警功能,能够及时发现潜在的环境问题并采取相应的应对措施,从而保障了生态环境的安全与稳定。

三、日本之环境监测制度

日本的环境监测体系根植于一系列详尽的法律框架之中,这些法律基石涵盖了日本《环境基本法》,以及专项法律,如日本《大气污染防治法》[1]、日本《水质污染防治法》[2]和日本《土壤污染对策法》[3]等,它们不仅确立了环境保护的核心理念、准则与责任体系,还详尽规划了环境监测活动的具体执行路径与标准,为环境监测实践奠定了稳固的法律支撑。

日本构建了一个覆盖全国、多维度的环境监控网络体系,

---

[1] 日本《大气污染防治法》制定于1968年。
[2] 日本《水质污染防治法》制定于1970年。
[3] 日本《土壤污染对策法》制定于2002年。

依托大数据技术，对空气质量、水体质量及土壤状况等关键环境要素进行不间断的精准监测。这一网络由密布的空气质量监测站点、水质检测站及土壤分析点构成，确保海量、即时且高精度的环境数据得以汇聚。这些数据随后被导入先进的大数据处理与分析平台，经过深度挖掘与解析，为环保策略的制定提供了坚实的数据支撑与科学依据。

为了应对庞大的环境数据集，日本研发了高性能的大数据监测与分析平台。这些平台不仅拥有卓越的数据处理与解析能力，还能实现对环境数据的深度剖析，有效识别环境挑战与潜在威胁。此外，平台还集成了数据可视化功能，使环境监测结果更加直观、易于理解，便于决策者与公众快速把握环境状况。

为促进环境数据的开放与共享，日本积极推动建立跨部门、跨领域的数据共享机制，鼓励政府、企业界及社会公众共同参与环境监测与治理工作。通过官方渠道公开环境数据，不仅增强了公众对环境议题的认识与参与感，还促进了不同主体间的协同合作，提升了环境监测的整体效能。

为了持续提升环境监测的效能与精度，日本不断加大对大数据技术研发与创新的投入，政府与企业携手，为大数据技术在环境监测领域的应用研究提供充足资源。以日本 NTT 数据公司与澳大利亚 Climate Force 慈善机构合作的"智慧雨林"项目为例，[1]该项目运用大数据与物联网技术，对丹特里雨林的生态环境进行全面监控。通过在雨林内部部署广泛的监控设备与传感器，实时收集包括温湿度、土壤湿度、降雨情况及风速等在内的多维度环境数据，并传输至中央处理系统进行深度分析。这一创新项目不仅极大地提升了雨林环境监测的效率与准确性，

---

[1] 参见邮电设计技术杂志社官方微博 2024 年 1 月 19 日的发文，载 https://weibo.com/u/2280606931，2024 年 6 月 20 日访问。

还为制定针对性的生态保护策略提供了宝贵的数据支持。

四、瑞典之垃圾分类与处理制度

瑞典的垃圾分类与处理制度在全球范围内堪称典范，其高效且环保的策略显著降低了环境污染，并最大化地促进了资源的循环利用。

瑞典的垃圾分类制度极其详尽，细化为纸品、塑料、玻璃、金属、食物残余、可燃废弃物及有害废弃物等多个类别，而政府则进一步倡导居民实施精细化分类，如纸张与纸板的区分投放，以及玻璃瓶按色彩分类，此举显著提升了回收效率与后续处理的有效性。[1]

瑞典政府针对废弃物分类设立了严格的规范与要求，居民必须遵循既定标准，将废弃物准确投放至指定收集点。对于违规行为，政府采取包括罚款在内的处罚措施，并辅以广泛的宣传教育活动，旨在提升公众的环保意识与分类自觉性。

瑞典构建了全面的废弃物回收网络，采用了前沿的垃圾处理技术，通过立法与政策激励，鼓励社会各界参与分类与回收工作。遍布全国的回收站点与中心，为居民提供了便捷的回收途径，这些站点不仅负责初步分类，还确保可回收物资被高效转运至专业工厂进行再利用。

为确保废弃物处理过程的规范与高效，瑞典政府设立了专业的环保监管机构与法庭，负责环境案件的处理与审理，并制定了详尽的环保法规与标准，要求企业及个人严格遵守，并承担相应的责任。[2]

---

[1] 刘媛媛：《论国外垃圾处理对我国的借鉴》，载《甘肃农业》2021年第8期。
[2] 杨君、高雨禾、秦虎：《瑞典生活垃圾管理经验及启示》，载《世界环境》2019年第3期。

尤为值得注意的是，瑞典在废弃物管理体系中创新性地融入了大数据技术，这一战略极大地提升了垃圾管理的效能与环保成果。通过大数据分析，瑞典能够精准规划垃圾收运路线，优化资源配置，减少运输成本与环境影响。同时，数据分析还助力于及时发现并解决处理过程中的问题，确保整体系统的顺畅运行。此外，大数据技术还为公众教育与宣传提供了有力支持，通过分析公众参与度与知晓率，制定更为精准的环保宣传策略，促进了全社会环保意识的提升。[1]

第三节 相关国际条约的规定

尽管当前尚未有全球性、直接聚焦于大数据技术赋能环保法律的专门性国际条约问世，然而，众多国际环境保护公约已在一定程度上涵盖了数据应用与保护的相关议题，为大数据技术在环境保护领域的实践奠定了法律基石与发展导向。这些既有的法律文书不仅确立了数据使用的边界，还促进了数据保护原则在环保实践中的融合与应用。

此外，大数据技术日新月异的进步态势及其应用领域的持续拓宽，预示着未来环保领域或将迎来更加专门化、精细化的国际法发展趋势，旨在更为全面、系统地规范并促进大数据技术赋能环保的健康发展。这些潜在的法规框架将有望成为推动全球环境治理能力现代化、提升环境保护效率与精准度的关键力量。[2]典型的相关国际公约，展示如下（包括但不限于）：

---

〔1〕 赵玉杰等：《瑞典垃圾分类处理对我国农村垃圾处理的借鉴意义》，载《农业环境与发展》2011年第6期。

〔2〕 方印、徐鹏飞：《大数据时代的中国环境法治问题研究》，载《中国地质大学学报（社会科学版）》2016年第1期。

第三章 域外相关法律的规定

一、《个人数据自动化处理的个人保护公约》介绍

《个人数据自动化处理的个人保护公约》（即广为人知的《108号公约》），[1]是欧洲委员会于1981年制定的一项具有里程碑意义的国际公约，该公约以其悠久的历史，被视作欧盟《通用数据保护条例》的先驱与基石，奠定了全球个人数据保护领域的法律先河。

《108号公约》全面覆盖其所有缔约国，详尽规定了自动化处理个人数据时应遵循的保护原则与标准，旨在确保所有位于缔约国司法管辖下的个体，其个人数据在处理过程中均能得到充分保护，进而维护个人的基本权利与自由，特别是隐私权不受侵犯。[2]

作为国际范围内最具广泛性和法律约束力的个人信息保护公约之一，《108号公约》不仅为缔约国设定了统一的个人数据保护规范与标准，还深刻影响了全球个人数据保护法律体系的演进，为欧盟GDPR的出台奠定了坚实的法律框架基础。其中的跨境数据流通机制，更是促进了国际数据的流通与合作，加速了全球数字经济的一体化进程。[3]

尽管《108号公约》的直接目标并非针对大数据在环保领域的应用，但它所构建的数据保护与隐私框架，却为环保大数据的收集、处理与共享提供了关键性的法律支撑，确保环境治理在利用大数据技术的同时，不损害个人隐私权益，而该公约

---

〔1〕《个人数据自动化处理的个人保护公约》（Convention for the Protection of Individuals with regard to Automatic Processing of Personal Data，简称《108号公约》，自1981年制定以来经历了数次修订。

〔2〕 刘笋、佘佳亮：《美欧个人信息保护的国际造法竞争：现状、冲突与启示》，载《河北法学》2023年第1期。

〔3〕 程海玲：《108号公约现代化与个人信息收集合法性依据的重构》，载《时代法学》2019年第6期。

确立的数据保护基本原则同样适用于生态大数据的各个环节，要求环保机构在利用大数据进行环境监测、污染源追踪、政策规划等任务时，必须遵循合法、公正、透明的数据处理原则。

《108号公约》高度重视个人隐私权，强制数据控制者采取必要的技术与管理措施，以防范个人数据遭受未经授权的访问、利用、泄露或不当披露。在环保领域，这一规定尤为重要，因为生态大数据往往涉及居民敏感信息，如生活习惯、健康状态及出行模式等，其隐私保护直接关系到公众信任与数据应用的可持续性。

面对全球化的浪潮，生态环境数据的跨境交流日益频繁。为此，《108号公约》明确了跨境数据传输的准则与限制，确保数据传输过程中的数据保护水平达到国际认可标准，为跨国环保合作中的数据共享与分析提供了安全保障。

此外，《108号公约》还赋予数据主体一系列核心权利，包括知悉权、访问权、更正权等，在环保领域，这意味着公众能够了解自身数据在环保活动中的应用情况，并对不准确的数据进行纠正，从而增强了公众对环保大数据应用的信任与支持。

《108号公约》还积极倡导缔约国间在数据保护领域的合作与对话，这对于环保领域尤为关键。通过加强国际合作，共享生态大数据与成功经验，各国能够协同制定更加高效、科学的环保策略，共同应对全球性的环境挑战，推动全球可持续发展的进程。

二、《联合国气候变化框架公约》介绍

《联合国气候变化框架公约》（以下简称《框架公约》）[1]，

---

[1]《联合国气候变化框架公约》（United Nations Framework Convention on Climate Change，UNFCCC 或 FCCC），1992年6月在巴西里约热内卢举行的联合国环境与发展大会上通过，1994年3月21日正式生效。

第三章　域外相关法律的规定

其核心宗旨聚焦于对二氧化碳等温室气体排放实施全方位、系统性的管控，旨在通过此举有效遏制全球气候变暖趋势，进而减轻其对全球经济体系与社会结构所带来的不利冲击与负面影响。此公约标志着国际社会就全面管控温室气体排放达成共识，并构建了国际合作应对气候变化的基本架构。[1]

《框架公约》明确界定了国际合作应对气候变化的几项基本原则，诸如"共同但有差异的责任"原则、公正性原则、能力适应性原则，以及可持续发展原则等，这些原则共同构成了国际合作的基础。该公约特别强调了发达国家在减排方面的引领作用，并规定了其向发展中国家提供财政与技术援助的责任，同时认可了发展中国家在消除贫困、促进经济发展方面的优先需求。鉴于发展中国家的人均排放水平仍相对较低，其未来在全球排放总量中的占比或将上升，因此，经济与社会发展以及贫困消除被视为发展中国家最为紧迫且至关重要的任务。[2]

值得注意的是，尽管《框架公约》本身未直接提及大数据技术，但其宗旨的实现却深刻依赖于大数据技术的赋能。大数据技术已成为气候数据收集、监测、政策评估、国际合作促进及公众教育与参与等领域的关键驱动力，为应对气候变化提供了强大的技术支持。

步入大数据时代，《框架公约》的实施愈发凸显出对高效数据收集、处理与分析能力的依赖。大数据技术的应用极大地提升了环境数据的精确性与时效性，为环保决策提供了更为坚实的科学依据。鉴于此，《框架公约》及其缔约方会议不断强调气

---

[1] 杜志华、杜群：《气候变化的国际法发展：从温室效应理论到〈联合国气候变化框架公约〉》，载《现代法学》2002年第5期。
[2] 苑杰：《〈联合国气候变化框架公约〉第26届缔约方大会成果》，载《国际社会科学杂志（中文版）》2022年第2期。

候数据共享与分析的重要性，倡导各缔约方之间加强环境数据的交换，以增进对全球环境状况的全面理解，并据此制定更为精准有效的环保政策与措施。

在《框架公约》的引领下，各国正积极加强气候数据领域的合作与交流，利用大数据技术加速数据的流通与利用。同时，各国在气候变化应对实践中积累的经验与技术成果，通过大数据技术的数字化与可视化处理，得以在国际更加便捷地分享与传播，促进了全球范围内知识与技术的交流与融合。[1]

三、《生物多样性公约》介绍

《生物多样性公约》的核心宗旨聚焦于三大领域：一是推动生物多样性的全面保护，二是倡导生物资源的可持续利用方式，三是确保遗传资源利用惠益在全球范围内得到公平且合理的分享。迄今为止，该公约已汇聚了全球196个国家的力量，它们共同致力于上述目标。

该公约从诞生之初便确立了三项根本目标：首要的是生物多样性的守护，紧接着是探索其可持续利用的途径，以及确保遗传资源利用所得惠益能够在各国间以公正、合理的方式共享。此外，该公约还深刻认识到各国在生物多样性保护中承担的共同责任，同时亦强调责任的差异性，呼吁发达国家向发展中国家提供必要的资金援助、技术支持与能力建设服务。[2]

自该公约生效以来，各成员方在生物多样性保护领域取得了诸多瞩目成就，包括但不限于自然保护区网络的构建、物种

---

[1] 黄惠康：《论气候变化全球治理的中国主张——纪念〈联合国气候变化框架公约〉开放签署30周年》，载《国际法学刊》2022年第4期。

[2] 秦天宝：《国际法的新概念"人类共同关切事项"初探——以〈生物多样性公约〉为例的考察》，载《法学评论》2006年第5期。

第三章 域外相关法律的规定

保护项目的实施,以及遗传资源惠益分享机制的推进。[1]尤为显著的是,2021年在中国云南省昆明市成功举办了以"生态文明:共筑地球生命共同体"为主题的《生物多样性公约》第十五次缔约方大会第一阶段会议,会上《昆明宣言》的通过标志着全球生物多样性保护合作的新起点。随后,在2022年12月,由中国担任主席国的第二阶段会议在加拿大蒙特利尔市举行,会议达成的"昆明—蒙特利尔全球生物多样性框架"为全球生物多样性治理绘制了宏伟蓝图。

值得注意的是,尽管《生物多样性公约》文本中未直接阐述大数据赋能环保的具体条款,但随着大数据技术的日新月异及其在环保领域的广泛应用,其在生物多样性保护中的作用日益显著,形成了与公约目标相辅相成的间接联系。促进生物多样性繁荣的愿景,通过技术手段赋能,助力公约宗旨的实现。具体而言,大数据技术为生物多样性保护提供了创新工具,不仅弥补了传统保护手段的局限,还显著提升了保护工作的效率和精准度。

《生物多样性公约》重申了生物多样性作为全人类共同财富的重要性,并认可其在生态、遗传、社会及经济等多维度上的价值。生物多样性的维护,对于维持地球生态平衡、保障人类福祉具有不可估量的意义。在此背景下,大数据作为新兴战略资源,正逐步成为生物多样性保护的新动力。通过大数据的收集、分析与共享,科研、生产及生活方式正经历深刻变革,为生物多样性保护开辟了前所未有的路径。[2]

---

[1] 秦天宝:《论遗传资源获取与惠益分享中的事先知情同意制度》,载《现代法学》2008年第3期。

[2] 杨泽伟:《论国际法上的自然资源永久主权及其发展趋势》,载《法商研究》2003年第4期。

在生物多样性保护实践中，大数据技术的应用展现出巨大潜力。通过构建生物多样性监测系统，大数据技术能够实时捕捉物种分布、种群动态及生态系统健康状况等关键信息，为科学评估生物多样性现状、预测变化趋势及识别保护挑战提供了坚实的数据支撑。同时，大数据分析还能助力政策制定者作出更加明智、有效的决策，推动生物多样性保护政策的精准落地。此外，大数据平台还成为展示保护成果、提升公众意识、促进公众参与的重要窗口，对于构建全社会共同参与的生物多样性保护格局具有重要意义。

第四章

大数据技术赋能环境治理的法律建议

法律本身不但是解决人际纠纷，维护社会秩序的手段，其涉及的具体规则也体现了社会的文化背景和习俗，由此我们可以说，为了维护法律的稳定性和尊严感，不能轻易地修改法律。但凡是一个新的社会事物出现，并想融入法律中时，都必须进行审慎的思考。但是，任何一个系统（包括法律），在受到新型社会事物刺激的时候，也不得不作出反馈，此种反馈会反过来影响该系统本身。例如，大数据技术的出现，导致了大量新奇的案件，从这些案件中提炼出的新型法律事实不断刺激着现存法律规则，所以，根据以往的规则和经验去处理新事物，可能无法达到定分止争的目的。因此，在法律的稳定和灵活之间，还有可操作的空间，也即建立一种框架性法律体系，只规定基本原则和规则，这就可允许在不断对框架进行监控和调整的同时，及时对新事物进行修正。如此，不但可以保持法律的开放性，使类似大数据技术这种新事物纳入法律中，做到有法可依，同时，因为是框架性的法律体系，调整规则也可随着外部环境和技术进步而及时地作出变动。在这种思维下，本书认为，调整大数据技术的法律规则，即使放到环境法领域，也可以根据以上的法律逻辑，构建起框架性的体系，以此突破传统的"法律机械控制论"，做到及时观察环境治理或者环境实务中的反馈，并根据反馈及时修正法律规则。这种构建法律制度的方式，实际上在其他部门法领域也有所体现，例如在金融法律领域，为了应对层出不穷的金融科技，也采用了框架性法律体系，由此我们认为，本书所提出的构建框架性的环境法律规则是有理论和实践作为支撑的。具体来说，本书如下所要提出的法律建议，体现了两层意涵：其一，本书更多的是从系统论的宏观角度出发，将大数据技术和环境治理进行融合，既达到环境保护的目的，又避免大数据技术对现有法律制度造成新的风险，使环境法律保持开放性，更好应对未来出现的新技术。其二，由于技术随时都在进步，当前我们所讨论的区块链技术、哈希函数加密技术等大数据技术虽然在理论和实践上均炙手可热，但是并不是未来技术路线的唯一选择，同时也存在数字技术淘汰性的问题，所以本书针对此种情况，所提出的法律建议就不可能是事无巨细的法律操作规程，而是制度性的建议，旨在为大数据技术在环境法律中的发展献计献策。

第一节 环境数据要素确权

2019年10月，党的十九届四中全会首次提出将数据作为新的生产要素，数据是继劳动、资本和土地后，又一个被我国列为生产要素的概念。2020年，中共中央、国务院发布《关于构建更加完善的要素市场化配置体制机制的意见》。从该文件看，我国是首个在国家政策层面将数据列为生产要素的国家。数字技术已成为全球范围内推动各领域发展的核心竞争力之一。在环保领域，其也成了助力生态资源保护和治理的重要因素，[1]所以

---

[1] 参见《关于构建更加完善的要素市场化配置体制机制的意见》第1条。

第四章 大数据技术赋能环境治理的法律建议

在其后的 2023 年 2 月，中共中央、国务院印发的《数字中国建设整体布局规划》明确指出"加快构建智慧高效的生态环境信息化体系"。以上的国家政策表明，中国式现代化是绿色可持续发展的现代化，并且可以用大数据技术的方式加以体现。在数据要素的语境下，政府部门、私营实体及环保组织在推进环境保护与治理的进程中，广泛采用大数据技术收集并储存生态环境相关数据。这些数据作为相关主体参与环保活动的直接产物，其生成过程虽富有成效，但随之产生的数据权属界定模糊及数据资源供给匮乏问题，正日益成为生态环境数据高效利用的关键瓶颈。数据权属的不清晰不仅扰乱了社会利益的合理分配格局，更在此基础上加剧了生态环境保护责任界限的模糊性，导致环保参与主体在数据管理上出现疏漏，并增加了数据被滥用的风险。此状况不仅阻碍了数据在跨地域、跨部门间的顺畅流通，最终还可能削弱环境治理决策的精准度与科学性，对环境保护的整体成效构成不利影响。

目前，对生态环境数据是否应该赋予其权利尚没有明确的定论，由于生态环境数据权属有争议，由此又引发后续关于生态环境数据流转困难、生态环境数据主体不明、责任不清、生态环境数据隐私泄露与追责困难等一系列问题。以上的问题如果处置不当，会最终影响大数据技术在环境保护中的应用。

一、数据确权之辩

数据权的证成一直以来在学界存在诸多争议，主要争论分为肯定论与否定论。数据确权问题之所以这么久以来存在争议，主要缘于数据自身具有其独特的特殊性质。对于生态环境数据并不能准确地区分它为有体财产还是无体财产，普遍而言，源自环境领域的数据资源展现出无形性、非损耗性以及可无限复制等独特属性,这些特性使其显著区别于传统财产权制度下的资产范畴。因此,确立数据资源的权利归属,不仅是对既有产权体系的一种革新尝试,更是触及并挑战了传统产权制度边界的重要议题。这一过程要求我们在法律与制度的框架下,探索适应数据资源特性的新型确权模式,以确保其在促进环境保护与治理中的有效利用与价值实现。数据确权反对论认为,数据不能成为权利的客体,且生态环境数据是新兴的数据要素,是数字赋能生态环境所产出的成果,其本质上具有互联互通、共享共创的特点,如果进行传统的数据确权,会阻碍数据资源顺畅地流通流转。更不用说,生态系统中的自然资源本身就是相互联结的,因此生态环境资源也应具有资源共享的特点。在这个背景下,反对数据确权的观点在学界又具体细分为如下的主要观点(包括但不限于):

(一)数据非权利客体论

该观点认为环境数据本身具有重复性与可复制性的特点,且不是特定的产物,在大数据市场中的主要行为是流通,对其实行独占与控制无法发挥出数据的作用。同时,环境数据必须依赖互联网工具,如云计算、大数据、人工智能技术等,具有依附性。该主张进一步认为,环境数据只有依赖其他工具才能产生经济价值,如果只有环境数据则其就不具备独立创造财富的能力,或者价值会因此大幅降低。除此之外,将数据权利化还会产生主体不确定以及垄断行为等风险。[1]数据非权利客体的主张,其根源可追溯到环境数据作为非物质性财产的本质,这一特性导致了人们对其法律属性及具体内涵的认知存在模糊性。实际上,此观点混淆了生态环境数据与生态信息。生态环

---

[1] 梅夏英:《数据的法律属性及其民法定位》,载《中国社会科学》2016年第9期。

第四章　大数据技术赋能环境治理的法律建议

境数据与生态信息是两个不同的概念，后者多指对生态环境进行检测以获取检测数据，而前者包含的范围更广。

当环境数据被完整保存下来并能够稳定地加工利用时，其是具有确权基础的。因为环境数据是人们通过一定的途径记录的生态系统中自然资源的相关信息，任何人都可以合法获取数据并进行加工利用，因此环境数据应具有独立性。虽然环境数据依附于多媒体的存储介质而存在，但是数据与存储介质是相独立的，二者不是彼此依存的关系，也不是事物的一体两面，环境数据更不是靠存储介质产生价值。数据可以依附的介质也并不单一，介质在不停变化，但对数据内容本身所反映的社会现实并不产生影响。由此，在找不到相应的过往权利设立的对照时，该类学者认为，以上数据与介质之间的关系，可以参照知识产权的设定方式。但是知识产权与环境数据的创新性从本质上而言并不一样，数据的创造性是指从有到无地创造，并且是越使用，价值越大，是一个汇集性的概念。环境数据并不具备知识产权领域中所谓的独特性与专有性，二者在本质属性上存在矛盾冲突。

（二）数据流通阻碍论

该观点认为，数据是新型生产要素，若现在就为环境领域内的数据资源设置权利，会形成环境数据要素在市场内流通的壁垒。如此，不仅无法实现环境数据确权的目标，还会阻碍环境数据要素在市场的自由发展与交易。对此观点，有反对者认为，环境数据确权不仅不会造成阻碍，反而会促进环境数据的交易与流转。因为在环境数字经济中，如果缺失相应的环境资产数据权利的设置，就无法清晰地界定数据市场中环境资产数据的持有者与采购者之间的权益边界，导致各参与数据流转的主体在进行交易时，缺少交易信用的加持，增加数据要素交易成本。具体到法律规则上来说，双方之间均无法明确某项环境数据权益到底由谁享有，是单独享有还是共同共有，从而对后续的交易风险难以评估和规避。更为困难的是，以上的这些法律困境，由于涉及公共利益，无法只通过合同进行意思自治，以妥善解决。此外，确权的缺失也可能导致监管无法可依。比如，对环境数据进行监管的行政机关，由于无法判断数据的来源合法性，对于数据资源的流转行为也就无法进行合规审核，最终造成监管不能。

（三）数据公共物品论

此观点认为，环境数据是一种公共物品，虽然生态环境中的自然资源具有稀缺性以及非再生性，但是从自然资源中产生的数据信息并不具备这些特点。该观点的理由在于：首先，生态环境中所产生的环境数据不具有排他性，不能排除他人分享使用该数据。假若生态环境数据一旦被独占且排除他人使用，则会限制环境数据的流通、使用等功能，使环境数据的价值大大降低。其次，生态环境数据随时随地都在产生，并且在生态环境数据产生的同时，也可能会被多部门或多家环保平台收集，平台所收集与存储的数据可能是重复的，因此从数据收集的角度看，环境数据并不一定属于稀缺性资源，无需确权赋权。该观点进一步推论，数据就如同空气与阳光一般存在于我们的日常生活中，并没有人会对公共物品讨论传统理论中的确权问题，那么有关自然资源的数据也应为社会公众免费使用，且还要减少权利法律技术对数据使用的限制。

但是，本书认为该观点并不能在数据领域完全适用。理由在于，首先，如果不加区分地将环境领域中的资源信息认定为公共物品，那么不同主体之间所享有的环境资产的数据权利如何交易与流转？涉及的国家数据利益又该如何保护？其次，单

第四章　大数据技术赋能环境治理的法律建议

纯地将环境数据认定为公共产品，不仅无法对环境数据进行管理与规制，还会造成环境资源的浪费与混乱。相反，对环境数据进行确权，不仅可以规范环境市场交易的秩序，提高环境资源的高效流转与利用，实现资源的合理配置，也可维护我国的相关数据权益。

（四）个人信息隐私威胁论

这一主张认为，环境数据中必然包括有关企业、平台、个人的隐私信息，从而会对个人的隐私安全造成影响。然而就环境数据而言，对其确权会加强对环境数据的保护。对环境资源数据进行确权之后，可以在此基础上设置知情同意权，由环境数据权的持有者进行数据管理，并且通过流转该权利获得收益。如此规定可以增加对环境数据权利的侵权成本，从而有效预防与规制环境数据领域的侵权行为，这与我国现行的《反垄断法》[1]《个人信息保护法》[2]相衔接。

实际上，在有关环境数据产生的收益中，既包含个人利益，也含有公共利益的成分。我们不能在保护私人利益的同时，忽略公共利益。根据"公地悲剧"理论，当一个人使用公共资源时，可能会过度使用，造成环境负外部性，如海产品的过度捕捞、污染物的过度排放等。具体到环境数据领域，目前环境保护中所产生的环境数据也可以认为是一块"公地"，因为环境领域目前并没有构建起详细的数据权利体系，环境数据可能被随意收集与滥用，这对我国生态环境保护和环境领域内各主体的利益安全都构成了威胁。如此下去，不但会造成环境数据的浪费，难以满足我国新时期环境可持续发展与保护的需要，也无法与现在正依托大数据技术而发展的其他领域相对接。除此之

---

[1] 参见《反垄断法》第22条。
[2] 参见《个人信息保护法》第11条。

外，如果没有对环境资源进行确权，可能会造成掌握着大量环境资源的企业实施关于数据的垄断行为，如此一来，更不利于环境领域内各方的协调发展。而上述现象均可以通过对环境数据进行确权的方式加以规制。

二、环境数据确权的必要性

在生态环境领域中存在环境资源标准不统一、权属不清、主体不明、权益顺位不明晰等多种问题。对环境数据进行确权的重要意义是协调平衡各方主体在同一权利中不同权益的主张，规范环境数据市场秩序。对环境数据进行确权，首先应充分认识到环境数据与传统信息化数据之间的不同，环境数据与其他数据相比而言更具有复杂性，因而在权利分配时应关注其特殊性。

环境数据具有种类多样、内容丰富、内在属性复杂的特点。从环境要素上看，常见的环境数据包括以水、海洋、大气、土壤等为主的生态环境组成要素；从数据收集的主体上看，在履行环境监测、环境调研以及污染源与污染物管理等职责的过程中，政府环保部门累积了规模庞大的数据集，例如气象数据、水利数据、国土数据等；还有处在环保领域中的企业在进行环境基础设施建设中所产生的环境数据。在互联网平台中，数据在互动时存在着交易、积累、分析等再塑造行为。

当然，以上数据的产生和加工不是一蹴而就的，数据的增值可能是因多个主体在多个领域中的叠加行为引起的，所以在一项数据中可能包含多重数据权益。例如，企业在进行生产建设时所产生的可用于转让或获得收益的环境数据，既可能涉及企业的利益，也可能涉及社会公共利益和国家利益，又由于数据大多是通过平台进行分享和使用，所以又可能牵扯到平台的

第四章 大数据技术赋能环境治理的法律建议

利益,因此,我们可以说,环境数据具有财产权益的特点,但是其特殊性在于数据权益的边界不好把控,同时,怎样维护好数据权益中的公共利益和国家利益也是一个复杂的问题。

目前,我国环境领域中,数据资源交易市场正处于上升阶段,对于许多新鲜事物还处在摸索阶段。并且,由于环境工作的复杂性,生态环境数据的流转、共享、融合与交易的现状也不能满足当前生态环境多方面发展的需求。但是环境数据本身又兼具保护生态文明与人类可持续发展的重大使命,不能将环境数据简单地纳入财产分配规则的单一框架内讨论。换言之,当前环境数据中的规则无法支撑起使环境数据释放其本身所蕴含的巨大价值的作用。而为解决这一系列问题,环境数据确权是一个可行的法律逻辑起点。

三、环境数据确权路径的再思考

2022年12月,中共中央、国务院颁布了《关于构建数据基础制度更好发挥数据要素作用的意见》(以下简称《数据二十条》)。该文件明确提出了关于数据分类分级确权的理念。根据中央的文件,数据被分为公共数据、企业数据、个人数据;数据上的权利被分为数据资源持有权、数据加工使用权、数据产品经营权。《数据二十条》放弃了传统产权中以所有权为主的固有思维,创造性地提出"持有权"这一新权利,为环境数据确权提供了新思路。分类分级的数据产权制度是数据确权的中国方案,其中不仅包含中国对于数据产权制度的价值判断,即数据产权制度的设立有利于数据流通利用、利益公平分配、数据安全保障,同时也蕴含了法律类型化的思维。[1]

---

〔1〕 张宝山:《数据确权的中国方案:要素市场语境下分类分级产权制度研究》,载《北方法学》2023年第5期。

(一) 环境数据分类分级确权制度

《数据二十条》明确提出建立公共数据、企业数据与个人数据的分类分级确权制度。数据的复杂性要求根据不同主体利益与类型对数据的产权问题进行划分，数据产权制度不适合采用"一刀切"的模式，应当根据差异性理论进行多元化的模式设置，这也符合目前我国"精准施策"的要求。同时根据主体之间的差异提出以上三种依主体的数据类型化保护，不同的主体对其所享有的数据享有一定权利，注重分配数据利益。并且，政府、企业和个人三类主体也基本涵盖了社会经济关系的主体。将数据依照主体划分在一定程度上能够厘清争议，有助于清晰数据来源与归属。《数据安全法》对数据的定义是："任何以电子或者其他方式对信息的记录。"[1]在此语境下可以看出立法者认为数据与信息并不是同一概念，二者之间存在不同定位，也即信息来源于数据，是对数据价值的挖掘，那么对信息进行分类也能够明确其中数据的来源，以"谁产生数据，谁享有权利"为原则确定权利归属，这也是数据权利的起点。目前，在生态环境领域中，环境数据主要包括自然环境数据与环境行为数据，环境数据是环境信息形成的基础和载体。环境资源的价值并不关注"所有"，而在于环境数据在实际中的利用功能。环境数据中所包含的自然地理数据、企业排放数据与环境的信用数据等都是多方主体参与形成的，不能将环境数据笼统地归属于国家单一主体；然而，自然资源具有公共属性，基于该属性可将部分环境数据归为公共数据，公共数据包括政府部门和企事业单位在履行职责过程中所产生的数据，以及政府代表国家所享有的数据等，例如，环境数据中的地理信息数据资源。前文将数据

---

[1] 参见《数据安全法》第3条第1款。

第四章　大数据技术赋能环境治理的法律建议

分为公共数据、企业数据与个人数据。而在生态环境领域中，相比另外两类，针对环境个人数据最需要关注的是个人信息与个人隐私。对此可运用《个人信息保护法》中的相关法律规定对个人数据进行保护。

在环境领域中，公共数据与企业数据占比较大，但对于这两者而言，归属是比较清晰的，这是法律规范普遍适用的结果，并不会因为对数据产权的设置而发生改变。并且未来不论如何更详细地界定数据产权，从维护国家和社会公益出发，在满足一定条件下，政府可对其他主体所掌握的环境数据采取一定的措施。因此，通过以上分析可以将环境数据在三大分类的基础上进一步精简，分为公共数据与非公共数据，将企业数据与个人数据归为一类，公共数据为国家持有，非公共数据包括企业持有与个人持有。类型化数据分类的目的是确立谁能够对环境数据享有权利并获得收益，优化数据资源配置，完善激励机制。环境数据确权是为了实现环境数据领域内不同主体之间的利益相容，平衡主体间的权益分配，在合理适度的保护下推动环境数据经济发展。

(二) 环境数据产权配置框架

对环境数据进行确权并不是为环境数据确定一个绝对排他性权利，而是为环境数据主体在环境数据上设置一个在法定范围内，既尊重在先权益，又保障自身财产权及其他权利的方式，实现环境数据合理使用与开放利用相结合的理想目标。《数据二十条》中所提供的三项权利分置的新做法是针对数据财产权的特殊性进行适当调整，最终形成数据资源持有权、数据加工使用权、数据产品经营权的结构，对此本书认为，这是既符合当前实际，又具有可行性的做法。我国最开始提出数据产权制度时，采取的是"两权"思路，但在实践中经过运用后，发现

"两权"思路无法带动数字经济的发展,更不能有效激发数据市场的活力,"两权"的设立不符合当前的数字化发展要求,而后提出将数据细分为三项权利,以期完善数据制度体系。从数据产权制度的发展脉络可以看出我国设计数据生产要素时的用心。数据"三权分置"是无数理论与实践相结合,最终形成的数据权利结构性的结论。"三权分置"是以权能分割理论为依据,对产权进行不同程度的分割。因为环境数据的主体规模庞大,通过产权分割将其中一部分的权利授权不同主体进行利用,才能明确界定数据权益的边界。由此,对数据进行确权,是数据流通与交易的前提,同时,为了缓和数据流通与数据保护之间的矛盾,也可以通过数据产权分割理论,将数据权利设置为"三权分置"结构,以减少纠纷的产生。换言之,以《数据二十条》为指导,在对环境数据权利进行确定时,运用权利分置的思路,制定出既符合法理逻辑,又与当下实际情况相适应的制度。具体而言,如下:

1. 数据资源持有权

数据资源持有权是其他两项权利的基础,在数据三项权利中具有重要的地位。所有权是物权,具有绝对性与排他性,环境数据因其特殊属性,不宜采用所有权或物权形式加以保护。在现行法律制度中,赋予某项事物以持有权并不常见,而数据资源持有权的创造性产生,是符合目前环境领域内数据要素流通与生态领域发展要求的。因为我国主要的环境数据资源大多被政府与各企业所收集,但是该信息并不只会被某一主体所单独享有。例如,环境数据被政府部门和企业收集后,既可能会进入政府内部平台系统成为公共数据,也可能会被企业所存储后归为企业数据。此情形下,可能会发生同一环境数据资源存在不同主体的情形,可见将环境资源数据进行专有化并不符合

第四章　大数据技术赋能环境治理的法律建议

现实需求。同时，环境数据不具备严格的排他性，只有在涉及国家利益与公共利益时，才应对其严格管控。除此之外，环境数据只有在生态系统各部门各行业中实现流通与共享，才能发挥出其独特作用。因此，在环境数据的使用流转过程中，我们不认为其具备严格的排他性，但是，在对环境数据财产权进行确定后，应对其设置合理利用原则，进行必要限制，防止环境行业领域中的数据垄断行为。相反，如果赋予其所有权，将会产生法律逻辑冲突。而创造性地提出环境数据资源持有权是解决该问题的一大突破，有效地缓解了多方矛盾与冲突，也避免了法律逻辑的背离。

在数据资源持有权的权能谱系中，一是"控制权"，也即主体对所持有的环境数据资源享有控制和避免被他人不正当获取的权利；二是"管理权"，也即政府部门与企业对自身所持有或者授权其他主体的环境数据有管理的权利；三是"许可权"，也即持有权人对环境数据有许可他人使用的权利。数据资源持有权强调的是对数据资源的占有状态，可以自己持有，也可以授权其他主体持有。对于环境数据，不论是自行收集产生的，还是通过授权取得的，相关主体都有权根据法律规定或合同的约定，享有对其持有的权利。持有权的设置既保护了主体对数据资源的原生性占有权利，排除了他人的不正当获取，又保障了数据资源的流通。

2. 数据加工使用权

数据的加工环节向上承接数据资源持有者的大量数据资源，向下传递数据资源进行加工后的数据产品，是数据三项权利中最核心的权利。数据加工使用权中包含"加工"与"使用"两项行为。数据"加工"是通过对数据资源的汇集与分析等加工行为，提升环境数据的价值，同时，对原始环境数据进行"过滤"与"清洗",将环境数据中所蕴含的敏感信息进行隐匿或消除。数据"使用"行为既可以是对原始的环境数据的使用与分析,也可以是对环境数据价值的增值行为。

数据加工使用权是最核心的权利,这是因为如果没有加工使用这一行为,很难将原始的环境数据形成有价值、有秩序的环境数据资源集合,更不用说衍生出其他法律概念。环境数据加工使用权中应包含许可权与利用权两项权能。数据资源持有人对自身所掌握的环境数据资源,既可以自己进行加工,也可以将环境数据资源交给其他社会主体进行加工。持有人与加工人可根据法律规定或合同约定,分配由谁享有该项权利。具体来看,对于环境数据的加工,现实中可分为简单加工与深度加工。简单加工即对环境数据资源进行简单的信息整合,不会使环境数据资源产生实质变化,不宜认定为法律中的环境数据产品的加工行为。深层加工即实质性加工,是对生态数字资源付出脑力劳动、人力与金钱投入,将环境数据资源进行复杂的环境数据分析与升级,从而使环境数据资源转化为环境数据产品。

3. 数据产品经营权

环境数据产品是环境数据资源的最终形态,是生态环境经济中的重要标的物。数据产品经营权是衍生性权利,对数据产品进行经营的企业需要经过政府部门的许可。数据产品经营权作为衍生性权利的原因是数据产品的价值取决于资源的本身价值,环境数据产品最终能被呈现是基于对环境数据的加工与处理。环境数据产品经营权是权利人基于自身加工的环境数据产品或服务所享有的权利,主要包括以下权能:一是许可权,也即环境数据产品的经营权,既可以自己享有,也可以许可他人享有。二是交易权,该权利是环境数据产品经营权的核心,将环境数据升级为环境数据产品后,能实现对环境数据价值的开发与利用。环境数据产品的交易能够缓解环保领域中很多主体缺少环境数据资源的问题，并且将环境数据产品出售给专业人士，对未来环保产品的研发与升级能起到推动作用，有助于更高水平的环境数据产品的形成。三是收益权，也即环境数据经营者对最终形成的环境数据产品享有获得报酬的权利。将数据分置出三项权利有助于缓解数据产权中的"确权难"问题，不仅有利于实现政府与企业多主体之间的权限分配，也能对多部门之间的数据权益冲突起到缓解作用，为环境数据确权与数据流通构建清晰的产权分配框架。

在经济与科技高速发展的今天，数据产业日趋兴盛，数据交易日益频繁。数据作为新型生产要素正在推动我们社会进行深刻变革，因此具体到环境法领域，明确环境数据确权，构建生态环境数据制度刻不容缓。在以上提及的关于数据权利细化的基础上，根据生态环境数据在环境领域中的具体应用进行归类，构建出更为细致的权利规范的标准与体系。在对环境数据进行确权的研究路径中，要以国家制定的大方向为基础，以环境领域内的专门法律法规为依据，实现"宏观"与"微观"相结合，推动建立生态环境领域内合法合规、归属清晰、高效流转的生态环境数据产权制度，实现不同主体在环境市场中的公平交易。

第二节　大数据时代背景下的环境智慧司法构建

一、问题的提出

在环境司法领域，一直存在着诸如对环境损害事实认定不易、环境证据取得困难等困境。随着大数据技术被逐渐运用到司法领域，在大数据技术背景下构建环境司法体系能够进一步优化审判水平，激励公众参与，提升公众对环境司法领域的信赖感与满意度，最终解决现实中的问题。

在我国环境法学界，环境司法专门化这一议题是长期探索的重要课题，但这并不意味着要将环境司法独立，而是要处理好环境司法与环境行政之间的关系，实现二者之间的衔接与互补，彰显出环境司法的价值理念，实现我国绿色文明的建设目标。

具体到大数据技术领域，环境数据的收集、存储与分析对环境司法的诉讼与执行有着直接影响，环境信息数据的数量与质量是对生态环境进行分析的重要基础因素。目前我国的司法数据服务平台是中国司法大数据服务网，它由最高人民法院信息中心指导，由中国司法大数据研究院实际运营，重点围绕司法大数据资源体系整合、数据资产建设和数据共享应用等内容开展工作。该平台内含丰富的司法数据资源，但是就环境数据而言，并没有与其他数据进行区分，不同数据之间没有明确分类，存在数据混类的现象。并且，平台中的数据具有碎片化和滞后性的特征，且很多并不完整。换言之，目前我国还没有建立起全国统一的环境司法的专门数据平台，仅仅是各省建立起地方的生态环境司法保护一体化平台。而且，大量的数据被收集不可避免地会引发有关个人隐私与国家安全的话题，因此加强对数据的安全保障尤为重要。

虽然我国已经颁布相关法律对数据信息进行保护，但是针对环境法中的数据仍存在规定不详的问题，也即环境法领域的相关数据保障体系仍需要建立与完善。

二、大数据技术赋能环境司法的应对策略

目前将大数据技术与环境司法相融合的路径应立足现实，

第四章　大数据技术赋能环境治理的法律建议

结合当前环境司法运行机制与大数据的技术特色，提出一系列法律方案，以此来应对未来的环境司法发展中可能出现的技术挑战与难题。

（一）构建统一的环境专门化数据平台与保障体系

现在各地已经建立起属于本地区的数据服务平台与生态环境数据资源的共享平台，这就使得可以以各地的平台为基础，建立起覆盖全国多层级的一体化环境司法大数据信息平台，并对环境数据进行筛选，保障进入平台内的环境数据的质量，以此实现区域间司法信息的共享。

通过该平台可以进行专门的数据存储、传输、共享，分析和处理与环境司法相关的数据资源，发挥相应的数据搜集与分析功能，进行区域间环境数据关联处理与未来环境变化趋势分析。在收集数据的过程中，为了解决"数据噪声"问题，需要对不同部门采集数据信息的责任进行明确，具体可以通过设置数据采集目录的方式，来提升环境数据的采集质量与部门的收集能力，明确数据收集的种类与责任，这样就可以避免收集重复的数据或者与环境诉讼案件关联度不高的无用数据信息。[1]

同时，划定各部门之间共享环境数据的范围，以推动相关部门及时上传所收集与掌握的环境数据，实现大数据平台上信息资源的及时整合与动态调整，从而提供更加灵活与便捷的环境数据检索服务，并通过对数据资源进行合理的调度使用，满足各地区与各部门对环境资源的数据需求，形成数据平台为主要获取渠道、部门机关交换共享为辅助的环境数据共享机制。生态环境保护是需要多方力量集合与协同推进的系统性工作。

---

[1] 数据噪声是指在实际数据采集、传输和处理过程中，由于各种不可控因素导致的数据失真或误差。数据噪声可能来源于设备精度不够、人为操作失误、环境干扰等多个方面。

法官担任环境诉讼中的审判者角色，其发挥的作用是解决争议化解纠纷，作出公平公正的审判。法官虽然是法学方面的专家，但却不具备全面的环保科技知识，其不能超越职权去过多地介入预防性的环保工作。由此，法院应当在自己的职权范围内，与其他部门做好交流合作，有机联动，建立起法院、检察院、公安机关、环保行政部门等协调有序的生态环境纠纷解决机制。此外，各部门还可以通过召开联席会议的方式，明确各自在环境诉讼领域中的分工，建立环境司法信息数据共享与环境司法服务机制，充分发挥自身的专业优势，相互配合，实现优势互补。

对于数据要素来说，另一个核心问题，是数据的安全议题。环境数据中所涉及的有关国家安全、个人隐私、商业秘密的信息，都对数据安全保障提出了高要求。数据安全保障机制以数据安全为核心，要求维护大数据平台的运行安全，加强环境数据资源的监控预警能力，实施常态化数据安全监测与平台技术防护，全程监控数据的流转运行。在监控的同时，还要求对大数据环境资源平台进行常态化的运行体检，严格落实数据安全相关责任，形成制度、技术与监管三位一体的全国性数据安全保障体系。因环境数据中涉及国家安全的因素，因此数据的流转需要在国家的统一监管下进行，部门自建的平台也应当纳入国家监管之列。以上提及的数据平台，要加强防御数据风险的能力，利用电子认证和加密手段，在数据传输过程中对重要且敏感的环境数据进行加密处理，防止数据遭到恶意复制、传播、篡改等。也即，要实现访问过程全过程记录留痕，提升感知威胁数据安全行为的能力，做到及时发现、警告、阻止，提升数据安全的监测水平。

由于数据在积累、复制后，可能会产生更大的价值，所以

第四章 大数据技术赋能环境治理的法律建议

在注意数据安全的前提下,还要讨论数据分享使用的问题。在数据的分享使用方面,根据中央的顶层设计,只有通过平台的方式使用和分享数据要素,才能调动数据行业的积极性,并建立起数字基础制度。在中央政府的指导下,在环境数据领域,只有构建起环境司法数据平台,才能够让公众接入,以此来支持其提出合理的诉讼请求和获得及时的信息。具体来说,利用大数据技术能够将生态环境中的地理信息全部转化为数据要素,并使之便于在司法过程中呈现,降低处于不同位置的人员的沟通成本。如此有助于打破传统公共空间与地理位置的限制,让不同环境空间的交流更加顺畅方便。比如,可在有关环境的诉讼中,实现环境数据平台的有效联动协作,促使诸如环保相关机构和组织利用该平台进行即时会议与探讨,推动环境案件事实的审查与纠纷的解决。再比如,过往单纯凭借人力很难对环境污染进行明确的界定与计算,但是将大数据技术运用到环境司法中可以实现环境污染后果的精确计算,继而又能换算成应当赔偿的金额,由此,不仅可以使法官在审理案件时直观清晰地了解危害程度,也能让诉讼参与主体形成直观感受,提升诉讼审理过程的公正合理性。

另外,使用大数据技术进行数据挖掘与分析的成本较高,在现实中,往往是具备一定实力的企业才有此使用数据的能力。这或许就会造成环境司法中的诉讼能力的不平等,因此必须通过一定的法律制度,解决诉讼中因为进行数据挖掘与分析而导致的"数据能力"不同的问题,这也是未来环境诉讼领域发展的重要方向。

(二)构建大数据赋能的环境损害评估机制

在实践中,对环境损害的评估主要依靠现场的采样、勘验等取证手段,以及对污染物进行监测的技术手段。如果大数据技术介入生态环境保护与监测领域中，就可以赋能环境损害评估机制，也就是说，可通过模拟实验、算法计算等大数据技术来对污染来源、污染损害的因果关系、污染损害程度等进行专业的数据分析。例如，在环境公益诉讼案件中，最终的审判结果一般是判定被告人支付赔偿金或者支付恢复生态的修复费用。当此类诉讼程序进入执行阶段时，可以利用大数据技术对被执行人的各个数字支付平台进行数据联通，实行基于数字技术的监管，以便执行机关能够全面查询被执行人的财产状况，分析被执行人的履行能力，防止被执行人实际具有履行能力，但却通过转移或者隐匿财产的行为而故意逃避执行。随着网络经济的迅速发展，财产的种类日益丰富，已经大大超过成文法中规定的范围。传统的财产评估规则是按照以往财产的属性进行设计的，也就是说，一直以来对被执行人的财产状况与履行能力进行评估时，主要看重被执行人的房屋、车辆、股权、银行存款、证券股票之类的传统财产或者财产性权益。而目前出现的新型财产和其衍生财产，在范围上已经突破以上所述的财产种类，仅依靠人力进行查封，效率不高，且很难发现真实情况。利用大数据技术是解决执行难这一问题的有力措施。换言之，大数据技术的普遍应用，除了带来财产种类与侦查手段的扩展，还促使实践中不断探索修复生态环境的新模式，例如"补植复绿"逐渐成为被告人承担损害与补救责任的新方式。由此，大数据技术的应用，使得司法机关对被执行人各方面的评估与分析更加深入与智能。

此外，人工智能与大数据技术在环保领域的运用不仅有助于智慧司法的建设，对生态环境建设本身而言，可以实现对人们日常居住环境与自然环境的全面实时监测。在环境数据平台上，法院可以通过传感器传输回来的环境数据，掌握和分析该

第四章　大数据技术赋能环境治理的法律建议

区域的历史环境与现如今的变化以及未来趋势，这就为进入司法阶段的诉讼保留了原始与客观的证据。当发生环境污染时，数据可被即时记录，通过对现存数据与历史数据进行比对，所呈现出来的客观反映就是环境污染损害的结果。具体而言，利用大数据监测与人工智能的应用与分析，可以预测污染的蔓延轨迹与影响范围，这就为环境行政机关作出应急反应和决策提供了应对的依据。

(三) 防范自动环境监测数据造假

随着环境监测数据的普遍应用，自动监测将会成为环境案件中非现场监测的重要方式之一。[1]观察现实中的自动监测，可以发现，有被监测者会对数据进行造假与篡改，扰乱了环境数据要素领域的秩序，制造了上文所提及的"数据噪声"，所以在环境司法领域中，预防环境数据造假也是十分重要的工作。避免个人与企业在应用大数据技术的过程中进行数据伪造，是保障环境司法案件能够顺利执行，以及及时修复生态环境的关键。

基于上述理由，针对涉及环境数据造假的行为，只有予以重罚，才能达到维护生态环境的目的。2023年，最高人民法院、最高人民检察院联合发布了《关于办理环境污染刑事案件适用法律若干问题的解释》。按照该司法解释的规定，对数据要素领域新出现的行为，例如碳排放数据造假、利用黑客程序篡改数据、干扰环保部门的数据采样机器等行为都属于刑法的调整范围。[2]虽然刑法严厉打击破坏数据要素领域的行为，但是部分

---

[1] 胡淑珠：《从制裁到治理：环境公益诉讼案件生态环境修复执行机制研究》，载《中国应用法学》2023年第1期。

[2] 参见《关于办理环境污染刑事案件适用法律若干问题的解释》(法释〔2023〕7号) 第10条和第11条。

刑法规定仍是要求造成严重后果后，才可以进行定罪处罚，由此可见，此类规定仍没有摆脱对此类案件实行事后整治的思维。

在环境案件中进行数据的伪造和篡改，实际上会对生态环境造成二次损害，因为这使得相关部门无法及时发现和制止污染，加重了对生态环境与人类居住环境的破坏。

对此可以看出，在此类涉及数据要素的环境案件中，案件的办理具有特殊性，因为此类案件不但涉及环境数据要素处置的问题，还具有传统环境法中所具有的环境预防性，所要面临的案件事实较为复杂，需要适用的法律规则也骤然增多。换言之，基于大数据技术所产生的数据要素与传统财产数据有所不同，在环境领域或者说环境数据要素市场中，对具有财产价值的数据进行篡改，损害的不单单是当事人的财产利益，还包含环境案件中可能涉及的人身权、居住权、国家安全等多种权益，因此对该行为的惩罚，可以考虑只要行为人实施了该行为，就处以一定的惩罚，并规定加重情节。在环境保护领域中，高污染高排放的企业是监管的重点对象，因此要将企业的环境监测设备纳入国家的监测平台系统，以便环保部门对企业进行实时监督。在重点的排污单位实施新项目前，要确保其已经连接到监测平台之中。除了环保部门进行监督，企业也需要建立起相应的监管部门，定期组织员工进行数据业务方面的培训，同时，政府部门要增加进入企业宣讲沟通的频率，提高企业自身的觉悟与环境监管水平，做到自觉遵守环保法律法规，坚持把维护生态环境安全放在首位，并在此基础上合理合法追求企业效益。

（四）利用大数据技术构建多元化环境司法执行协作机制

环境司法作为环保综合治理中的关键部分，在以大数据技术为基础的平台上实现互联互通，与其他部门、环保组织和企

第四章 大数据技术赋能环境治理的法律建议

业进行协作，是破除目前环境司法领域中存在的多重障碍的必由之路。因此，在环境司法中进行数据与技术赋能是未来发展趋势。针对环境司法中存在的主体之间协作数据不顺畅的问题，构建多元化的环境司法执行协作机制是必要的。

在学术界与实务界，随着对环境问题研究的不断深入，加之对以往实践经验的总结，无论是针对环境治理或者环境案件的后续执行，加强区域间的协同与部门间的协作已逐步成为共识。在以往的环境案件中，诉讼阶段与后续执行阶段多存在利益冲突、协作不足、信息沟通不畅等问题，并且由于环境案件的跨区域特殊性，不同地区之间的环境案件存在着地理位置、人文因素、社会因素等差异，这使得针对环境案件很难制定出一个统一的执行标准，多重因素的叠加使得环境司法案件的执行呈现出"碎片化"的特征。例如，生态系统的整体性决定了部门之间要跨区域进行协调沟通，但是不同的地区或许存在不同的治理目标，尤其是在河流流域区分上、中、下游的分区治理中，如果各区域的环保部门或者环境司法机构独立划片切割管理，则会打破生态环境治理的整体性与协同性，实际上是违反了生态规律，不利于生态环境的治理与保护。而大数据技术平台的建立可以实现跨部门和跨区域执行的环境案件信息资源有效对接，监测数据共享，促进环境治理协作机制的建立。

在环境司法中，审判机关作出的判决也是环境司法执行机构进行生态修复工作的法律依据。我国坚持恢复性的环境司法理念，因此在当前的环境司法案件中判决结果逐渐侧重要求责任人采用生态修复的方式承担环境方面的法律责任，但是修复生态环境的责任内容大多又不够具体，仅仅是明确被告人要承担环境的修复责任，但是对于修复责任的履行方式、程序与标准,通常又难以作出界定,这就造成了环境司法案件"执行难"、部门之间"协作难"的现象。这就要求环境案件的执行和协作需要明确共同的执行目标,也就是在环境案件的判决结果中需要明确法律责任的承担。如果责任承担不明确,不但会导致相关行政机关与司法机关无法依据同一目标开展后续的工作,而且在进行具体的生态修复时,责任的落实就会不到位,影响环境公共利益。因此,相关部门需要明确所应承担的方式与最终应完成的修复结果,并及时传递给其他参与环境修复和补偿的机构,以便在环境司法数据平台之上与其他机构进行数据的传输与沟通,推动案件后续的执行程序进行。

(五) 推动类案推送精准化

为了配合提高大数据技术在环境司法中的高效率适用,可以对相同或者类似的案例进行归类总结,并以常见的类型化法律技术体现出来。所以,在司法案件数据库中可以进行类案推送的建设工作。

目前我国的环境案件数量已达到可以总结经验的程度,尤其是专门性环境法庭的成立,为了解环境案件审理的特殊性提供了更细致的途径,因此,当前可以审慎地为一些常见的环境案件建立起一套统一的裁判标准,以实现"同案同判"。前文提及,虽然环境案件具有特殊性,但是其作为中国司法的一部分,仍要遵守基本的通用规则。换言之,一般来说,在环境司法过程中,参与主体必须遵守平等的基本准则,而统一适用裁判标准,是遵守平等原则的体现之一,是维护法律公正性的体现。具体到大数据技术领域来看,做到统一适用裁判标准,不但可以消除成文法适用过程中法条理解的差异化,同时也可以对涉及不同种类生态环境的案件作出指导,当然,类型化的思维方式也正契合了大数据技术的标准化思维方式,可以极大地提高环境司法的数字技术化属性。也就是说，利用大数据技术与人工智能在证据分析与汇总学习方面的优势，可在法院的海量案件中对案件数据进行汇总归类，提前设置相同或相似案件的变量，从而实现算法对相似案由的案件进行智能推送裁判依据，为法官预测裁判结果、生成简单的诉讼文书资料等行为提供辅助。在如此不断使用数据的过程中，环境数据因为不断被重复使用在各个司法场景，自身的司法价值被不断重塑和加强，具有了行业内所谓的"自我深度学习"的能力，并通过对案件的归类因素进行不断的修正，使得最终的类案推送结果更加精确与完善，提高了环境司法的能动性。同时，也可以大大减少"同案不同罚"的现象，增强诉讼主体和社会公众对诉讼结果的可接受程度，使普罗大众愿意将环境纠纷诉诸司法途径解决，社会秩序得以用法律手段维护。即使不通过法律手段解决纠纷，对于纠纷中的当事人而言，利用大数据技术赋能的智慧环境司法系统，可以大体预测出自己将要承担的法律成本，如此一来，以先前的案件为基础，进行理性分析后，当事人会选择和解或者调解结案，不深入参与到纠纷解决争端程序中，如此一来，不仅降低了当事人的司法成本，还能够减少司法资源的耗用，让环境司法机构将更多的精力放在典型性和社会影响力较大的重点案件和随着生态环境开发而出现的新型生态环境案件的调查与审理中，为今后的环境司法积累数据资源并创设环境领域的指导性案例。

构建类案制度，从法律实务角度看，不但可以优化环境诉讼的效率，从理论角度看，也可达到反哺诉讼法律制度革新变化的效果。通过案件审理的智能化推进，在诉讼中被法院认定的证据可以直接进入司法案件数据库中，该案的证据与审判结果，可以被后续诉讼所参考或引用，如此，过往的经验就可以根据技术自动保存,成为以后类似诉讼的重要参考,从而减少以后对同一类型案件的多次反复操作,降低诉讼成本。根据如此做法,参与环境司法过程的相关机关可以利用数据平台中所记录的环境数据,从中选择并提取环境案件所需要的客观证据,辅助审判机关在审理案件的过程中准确地提炼出违法主体、侵权行为是否存在、损害后果等重要法律事实,并使法官以此为依据更科学地区分双方责任。

要将以上的效果在司法过程中实现,对算法的掌控是重要的底层数字技术支撑。可以说,算法是大数据技术运行的重要方法之一,运用算法进行的数据分析与人类思维之间存在着巨大的差异,算法分析具有客观性,其结果也具有技术理性,但由于其无形性,在整个分析过程"看不见、摸不着",并不会被参与纠纷解决程序的公众所知晓与理解。从法律实务看,对算法技术的监督还是只能依靠技术,监管要求较高。同时,法律行业对技术带来的便捷可能又具有一定的依赖心理,种种因素叠加或许会给司法机关带来"操作算法"的形象,并对法律的权威感、稳定性造成一定的影响。这是因为,即便是环境司法程序,除了要能解决现实中的纠纷,还负担了一部分化解当事人因为纠纷所引起的激烈情绪的作用,如果算法的"无形"分析过程取代了法庭上的唇枪舌剑,表面上看节约了时间精力,但是却失去了以往法律过程所带来的"程序正义感"。同时,本书还认为,人类是感性思考的生物,人类的思维具有主观性,这是大数据技术难以模仿的。此种主观的价值感会影响到案件中的伦理考量,即使当前再先进的大数据技术也无法分析和模拟人类的复杂思维过程。更不用说,当案件处于规则适用模糊的情景时,此时的法律选择关乎到案件的社会宣示性和社会的长远发展,因此不可能将此类案件的核心问题交由大数据技术

第四章 大数据技术赋能环境治理的法律建议

作出抉择，这就要求对算法进行监管。环境法学是一门科技性较强的学科，与大数据技术结合相得益彰，也具有法律技术上的合理性，但是上述论证中的事实，也是限制大数据技术辅助环境司法的因素。所以，本书所说的类案制度一定不能突破数字技术的边界。

由此，可以进一步认为，未来的大数据技术在环境领域内会在一定程度上实现自主决策。环境领域内的专门机构与工作人员，利用技术辅助作出的司法行为，主要目的是利用技术提高司法效率。大数据技术固然是重要的，也不可否认利用大数据所作出的决策与结果是理性客观的，但是这一过程不能完全代替人类的自我思考。

综上所述，大数据技术目前正处于蓬勃发展的阶段，在环境司法执行与协作领域也将得到更加广泛的运用。我们可以乐观地预见未来司法运行的大趋势，而环保智能平台的构建有助于推进环境司法的智能化进程，环境数据的充分运用有利于构架起环境科学与司法领域之间的技术桥梁。当前我们应当积极地应对环境司法中所存在的挑战，破解大数据技术应用的障碍，培养跨学科的复合型人才，充分挖掘大数据技术的优势，将整体性与协同性的价值理念与大数据技术优势深度融合。

与此同时，还应客观地看待大数据技术对司法领域的影响，我们需要大数据技术，但是司法活动归根到底是人类智慧的体现，因此在司法领域，应当防范司法人员对大数据技术的过度依赖，并对技术保持谨慎的态度，防范大数据技术本身所可能引发的附加风险，只有如此才能构建起司法与大数据技术结合的环境司法协作机制。

第三节　构建数字化生态保护补偿机制

生态保护补偿制度是环境保护领域的一项激励性制度，也是习近平生态文明思想贯彻落实的产物。生态保护补偿制度让受益者承担了补偿的成本，从而对参与环保者进行补偿，可以提升大众参与生态环境治理的积极性，也使得生态要素的价值在补偿活动中得以体现。数字技术的发展对生态保护补偿领域产生着巨大的影响，使生态保护补偿机制朝着数字化的方向发展。但当前的生态保护补偿机制并不完善，数字技术与生态保护补偿机制的融合还不充分，本部分将探讨数字化生态保护补偿机制的构建。数字化生态保护补偿机制是数字技术在生态环境保护领域中应用的重要组成部分，是应对数字化发展带来的生态环境领域的问题所提出的建议。

一、为数字技术融入生态保护补偿构建基础数字制度

构建数字化生态保护补偿机制首先要重视完善制度保障，为数字化生态保护补偿的实践提供指引。在法律层面对生态保护补偿机制进行完善是构建数字化生态保护补偿机制至关重要的内容，也是数字化生态保护补偿机制中不可缺少的部分。为此，需加强区域立法、主体间关系的协调、技术上的合作，同时建立保护地与受益地良性互动的长效合作机制。

由于生态保护补偿具有跨区域性、全局性的特点，所以跨区域尤其是跨省域的横向生态保护补偿立法是构建生态保护补偿机制的重点、难点所在。跨区域政府间的协商成本如何调整、补偿范围如何明确、补偿标准如何统一、补偿如何执行、长期稳定的合作关系如何维护等问题都是构建生态保护补偿机制不得不考虑

第四章　大数据技术赋能环境治理的法律建议

的内容，这些都可以从法律层面进行保障。在中央立法层面，国务院颁布的《生态保护补偿条例》对生态保护补偿进行了定义，鼓励跨区域地方政府自主协商建立生态保护补偿机制；[1]在地方层面，省域间纷纷发布有约束性的文件为促进横向生态保护补偿的合作提供依据。为加强合作的制度保障，跨区域政府间应加快建立一套符合客观实际情况并且能够落实的合作体系，这套合作体系既要包含中央层面关于生态保护补偿的顶层设计，也要符合有关跨区域的法律法规的规定。这些制度安排的作用就是巩固跨区域政府合作的基础，在此基础上，跨区域政府间达成生态保护补偿协议，对生态保护补偿的利益分配、权利义务、责任承担等进行清晰的约定，为生态保护补偿提供制度上的保障。

（一）为数字技术应用于生态保护补偿构建法律规则

《立法法》的修正，促使环境保护在地方立法文件中的占比提升，未来也将持续成为立法的热门领域。[2]其后颁布的《生态保护补偿条例》将生态保护补偿的规定和要求以综合性的行政法规的形式进行了呈现，使生态保护补偿日益法治化、规范化。当前，要尽快落实《生态保护补偿条例》中关于生态保护补偿的要求，引导支持地方生态保护补偿实践。与此同时，总结地方优秀的生态保护补偿的实践经验也能反哺立法。具体到大数据技术领域，法律和技术都是解决生态环境领域问题的手段，二者在很多方面是相互促进、相互融合的，技术可以用来缓解法律的局限性，但又不能完全取代法律。数字技术对生态保护补偿机制的应用效果，不仅依靠数字技术的发展，也取决

---

[1] 参见《生态保护补偿条例》第 2 条第 2 款和第 14 条第 1 款。
[2] 许安标：《我国地方立法的新时代使命——把握地方立法规律 提高地方立法质量》，载《中国法律评论》2021 年第 1 期。

于法律对数字技术应用的调整。将法律规则运用到技术代码之中,在数字技术运行的过程中引入法律规则,从而对数字技术进行全方位、整体性的监管,可以更好地防范技术带来的风险,缓和技术应用过程中的局限性。以生态保护补偿领域的法律文件为导向,引导数字技术不断更新升级,有利于积极探索数字化的生态保护补偿机制。

数字技术需要法律来规范、引导,法律规则也因技术的应用而不断更新与完善。数字化时代,技术赋能使得法律内容面临根本性的重塑。[1]法律规则因增添了数字化的内容而发生改变。数字技术使得数据、算法、代码嵌入社会关系之中,导致法律规则的内容发生更新。数字技术开辟了传统空间之外的维度,法律规则也需要跨越空间,完成协同治理的转变。数字技术赋能促使法律不断更新,治理效果也不断提升。新兴技术催生了各种新兴的法律关系,现行的法律规则体系对此需积极回应,并作出调整。技术发展与法律更新要实现双向的沟通,数字技术应用到生态保护补偿领域,自然会推动生态保护补偿领域的法律不断发生变化。而法律会通过进行不断的调整以适应数字化时代的要求,这种调整是结合了数字化时代发展的要求,也是为了生态保护补偿目标的实现而进行的。数字技术赋能生态保护补偿的发展,不可避免地要对相关法律规则进行革新。

(二)创新数字化生态保护补偿的方式

在具体的数字化生态保护补偿方式方面,首先,推动数字技术在生态保护补偿支付方式上的创新。通过数字技术获取和收集大量的环境数据,然后进行分析以及智能的测算,使各个

---

[1] 史翰青、于浩:《人工智能赋能法治的风险及其应对》,载《理论探索》2024年第2期。

区域或流域的生态保护补偿主体对受益情况有清晰的了解，然后建立起受益方对保护方的横向的补偿支付的方式。其次，运用数字技术明确补偿主体，并且对补偿主体的责任承担也进行明确，增加补偿资金的来源，以降低对中央财政纵向补偿资金的依赖，这种方式很有必要。传统的生态保护补偿主要依靠中央财政的支持，或者专项资金的补充，横向补偿中的利益补偿也不健全，参与环保者得到的受益资金往往不能覆盖因为进行生态保护而付出的机会成本，这对引导行为人的环境保护积极性发挥的作用十分有限。通过受益者权责的明确，可以增加资金的来源，更好地弥补参与环保者的机会成本的损失，从而促进区域间的良性互动，减少参与者利益受损的情况，激发行为人保护环境的积极性，这对于实施生态保护补偿显然是十分有利的。此外，探索多元化的、可持续的补偿模式是非常有必要的，除了资金补偿，还可以拓展其他生态保护补偿的方式，比如鼓励部分地区积极探索和利用数字技术，开发数字化的生态平台，包括但不限于生态文旅、生态产品信息、生态产品交易等平台，以帮助该地区对生态产品价值进行核算评估，实现生态产品的"作价评估"，这样可以促进该地区的生态保护补偿模式从"他人供血式"向"自我造血式"转变，一定程度上缓解中央财政压力，也拓宽补偿资金的来源。

二、推动生态保护补偿数字化进程的核心应用措施

推动生态保护补偿的数字化进程，是数字化生态保护补偿机制的重要举措，可以从以下几个方面入手：构建相关生态保护补偿的数字化环境监测体系；鼓励生态保护补偿的数据共享平台的建立；建立生态产品价值的核算体系。这三个数字化体系分别从数据的获取、共享、变现来推动对生态保护补偿的数

字化进程。除了这三个数字化体系的建设,还要重视生态保护补偿中数字化意识以及数字技术人才的培养。

(一) 构建相关生态保护补偿的数字化环境监测体系

数字化环境监测体系是构建数据共享平台的前提和基础,诸如利用数字技术对上下游流域的水质、污染物等环境要素进行监测,实时获取生态环境数据,并对监测数据进行追踪,为搭建数据共享平台作准备。此种数字化生态保护补偿机制的建设,鼓励流域内、上下游之间等关联生态区域建立一个统一、完备的生态环境监测体系。比如,在各省流域的交界处安放水质监测的设施,将水质、流量等生态环境数据实时精准地上传至数字化云端平台;[1]或者在相关地区安装空气质量或其他生态要素的监测设施,将监测所得数据统一上传至数字化监测平台,以实现对生态环境数据的精准收集与掌握。数字技术能够全方位地监测生态要素,并对生态环境数据进行统计,方便对生态环境数据进行动态评估;可以精准地对各种环境风险进行预测,并对污染源进行及时的追踪和科学的治理;可以对包括山林湖草沙水田在内的各生态要素的生态环境数据进行可视化的呈现,并对生态环境数据进行深度的分析。如此,方便治理主体及时、精准地对生态保护补偿过程中可能出现的问题进行监控并提升预防的能力,对生态信息科学地进行研判与处置,从而有效地提升应对风险的能力,减少人为主观因素的干预,实质性提高生态治理的科学性。

在过去的生态保护补偿实践中,数字技术的应用虽然已经颇具成效,但是应用的广度和深度仍然不足。生态环境数据的动态监测不足,无论是对跨区域间的生态产品的种类,还是对

---

[1] 史歌:《高质量发展背景下黄河流域生态补偿机制的建设思路》,载《经济与管理评论》2023年第2期。

第四章　大数据技术赋能环境治理的法律建议

生态信息的分布掌握的程度都不够，没有形成完整、统一的监测数据库。例如，在黄河流域的内蒙古段，湿地、草地、水资源等生态资源的数据信息不完善，监测体系不健全。[1]部分地区对自己区域内的生态资源的"家底"的了解不够清楚，生态环境数据更新也不及时，生态环境数据碎片化、分散化问题突出，环境数据资源的汇集能力较弱，智能化的体系建设落后，数字技术应用匮乏，数字化程度、智能化应用程度明显不足，亟待构建一个统一、高效的生态环境资源数据监测、收集平台。[2]因此，加快生态保护补偿的数字化进程要求地方运用新兴的数字技术，构建一套完备的环境数据监测体系，实现数据信息联网实时监测，提升汇集环境数据的能力，从而提升数字技术赋能生态保护补偿的能力。有数据才能共享，汇集数据是共享数据的前提，对环境数据的监测收集是搭建环境数据共享平台的前置步骤，也是必不可少的一环，可为有效开展横向和纵向生态保护补偿提供基础。

(二)　构建数字化生态保护补偿的数据共享平台

科技的发展使数字技术在生态保护补偿机制中的应用虽有成效，但难免存在着一定的局限，数字化程度不充分、大数据技术应用不足，限制了生态保护补偿机制的信息共享。其一，跨区域数据采集、收集、监测、评估的平台缺乏，一方面使得区域间政府沟通生态信息的成本较高，另一方面对于生态保护补偿机制的发展也很不利。对环境数据的获取方式包括但不限于地理信息系统的应用、网络数据抓取、地面环境数据监测、

---

[1]　李东海、董杰：《生态产品价值实现的瓶颈制约与路径探寻——基于内蒙古黄河流域的分析》，载《前沿》2023年第3期。

[2]　福建省林业局课题组、李建鹃、蔡诗钗：《建立健全福建省林业生态产品价值实现机制的研究》，载《发展研究》2022年第10期。

卫星遥感技术监测、大数据统计等。[1]其二，数字化场景的应用不足，虽然在区域间的生态保护补偿中已经开始运用互联网、大数据等数字技术，但是应用的范围及成效有限，信息资源不对称、信息的传递、信息的共享未达到数字化的要求，导致生态保护补偿金额和补偿方式不精准、不到位的问题。其三，不同区域的经济发展水平不同，决定了数字技术基础设施建设的水平不一，经济发展相对较好地区对数字技术的应用相对更加便捷，数字技术应用的意识相对更强。其四，不同地区的数字治理能力差异很大，数据的采集、统计以及管理的职能部门可能并不统一，职能分散，导致数据协同治理能力较弱、数据难以被高效利用，限制了生态保护补偿机制的发展。生态保护补偿不是仅一个省或一个市的问题，它往往因地理的原因涉及不同的区域、不同的流域，然而，当前不同区域、不同部门之间的沟通并不通畅，数据来源较为复杂，数据的处理较为混乱，数据共享的标准也未统一，覆盖全流域的数据共享的平台尚未形成，形成了"数据孤岛"的现象，所以将环境数据统一收集并且共享是非常必要的。通过对数字技术的应用，实行对生态环境数据的一体化管理，并构建数据网络，全方面地推进生态保护补偿数字化业务的开展以及数字化流程的建立，有利于生态保护补偿参与者及时了解公开的环境数据信息。

针对以上应用大数据技术出现的问题，要构建数字化生态保护补偿的数据共享平台，要打通跨区域之间、不同部门之间信息沟通和共享的渠道，促进生态环境数据的高效流通。因为，畅通无阻的数据共享渠道是生态保护补偿数字化进程中至关重要的一部分，前文提及的要打造生态环境数据监测体系的内容，

---

[1] 熊丽君、袁明珠、吴建强：《大数据技术在生态环境领域的应用综述》，载《生态环境学报》2019年第12期。

只是措施构建的第一步,接下来就是要对收集而来的数据进行共享,建立一个跨区域、跨流域的生态环境数据共享机制,打破数据传递和利用的壁垒,将数字优势变为治理优势,这对于最大限度发挥数据的价值意义深远。一个覆盖范围大、生态环境数据品类齐全的数据共享平台将推动跨区域间生态保护补偿机制的数字化进程迈向新的高度。换言之,数字化的数据共享平台可以促进跨区域间的生态保护补偿主体的沟通与合作,使各区域间的信息交流更加顺畅,促进一体化的跨区域生态保护补偿,使各区域各司其职、各尽其能,推动生态保护合作更加高效,从而有利于共同应对跨区域间生态保护补偿的问题。

（三）建立生态产品价值的核算体系

生态产品价值的实现,其实就是指生态系统服务的价值实现,本质上是将生态价值转化为经济价值。生态保护补偿通过政策工具和财政支持手段对那些为生态环境的保护作出贡献的主体给予补偿,从而激励更多主体参与生态保护,以推动生态产品价值的实现。生态保护补偿的实践可以"保值"生态产品价值。[1]生态保护补偿通过政府发挥主导作用,来实现生态产品的价值。在此过程中,就需要对生态产品的价值进行核算,以便利生态保护补偿过程的进行。利用数字技术探索建立生态产品价值的核算体系,将分散的各种生态环境数据信息整合进核算平台,并通过算法对各项指标进行分析整理,精准、自动地处理生态产品的数据信息,核算出生态系统生产总值（GEP）。[2]其所形成的 GEP 数据可以帮助生态产品进行交易,更好地确定生态保护

---

[1] 谢花林、陈倩茹：《生态产品价值实现的内涵、目标与模式》,载《经济地理》2022年第9期。

[2] 杨凤华、王璇：《关于数字技术赋能生态产品价值实现的思考——以太湖生态岛为例》,载《生产力研究》2024年第2期。

补偿的金额,推动生态产品价值的实现。[1]通过对数字技术的应用来核算生态产品的价值,可以明确生态保护补偿中应当优先进行补偿的主体,之后再计算生态保护补偿的金额,评估各地区生态保护补偿的紧迫程度,计算出实施生态保护需要付出的成本,再结合生态产品的价值、纵向补偿资金的划拨力度来计算补偿金额。

(四)树立数字化观念,培养数字人才

树立数字化观念对于生态保护补偿机制的构建十分重要,数字技术的发展,为跨区域的生态保护补偿作出了贡献,要求生态保护补偿参与者树立数字化生态保护的思维,引领生态保护补偿制度的实施。其一,要强化生态保护补偿参与者的数字化思维,提高其数字化素养。引导生态保护补偿参与者通过互联网等渠道,进行数字化观念的培训,以提高自身利用数字技术进行生态环境治理的意识,提升运用数字技术进行生态保护补偿的能力。其二,引导治理主体突破传统生态治理观念的束缚,顺应数字化时代的脚步,对生态保护补偿参与者进行常态化的数字技术培训,树立开放、与时俱进的数字化观念,引导生态保护补偿参与者充分地认识到,数字技术是应对生态保护补偿跨区域间治理难题、提升流域间生态保护补偿治理能力的有效手段,用数字化观念引导数字化治理实践,推动生态保护补偿的智能化、数字化。所以,培养数字人才、提高数字人才质量,是构建生态保护补偿数字化的重要内容。加强数字技术教育,加大对数字技术人才培训的力度,强化政府、企业、高校、科研机构等的合作与交流,源源不断地为生态保护补偿、生态治理活动输送数字人才,推进生态保护补偿的数字化进程。

---

[1] GEP,即 Gross Ecosystem Product,指生态系统生产总值。

第四章 大数据技术赋能环境治理的法律建议

之所以强调数字人才的培养,还因为在生态保护补偿的不同区域间,数字人才的培养存在着不平衡的现状,东部发达省份相对于西部欠发达省份更加重视数字化意识的培养和数字人才的引进,数字人才整体上是向东部发达省份流动,西部欠发达省份数字人才的缺口较大,数字人才队伍建设不足,这对于数字化的生态保护补偿施加了一定的压力。其一,填补数字人才的缺口,针对数字人才的需求缺口,可以从教育体系的改革着手,针对不同的需求开展不同层次的数字化培训、职业技能的认证以及数字技术课程的教授,鼓励高校强化"数字技术+人才"的培养模式。[1]其二,强化数字人才队伍建设,培养与生态保护补偿相适应的数字人才,提升数字人才与生态保护补偿的匹配程度。实施高层次的数字人才引进和培养计划,多渠道招聘专业的数字人才,加大对数字人才的考核力度,选拔出真正具有数字化观念和数字化技能的人才,对运用数字技术在生态保护补偿领域作出突出贡献的数字人才进行奖励,提高数字人才运用数字技术进行生态保护补偿的积极性,促进他们主动提升数字化能力,形成数字化生态保护补偿的良性循环。

三、推动生态保护补偿的数字化协同治理

生态保护补偿不是单独一个地区的环境治理活动,而是牵扯到某种生态要素的各区域的共同活动。推动跨区域生态保护补偿的数字化协同治理至关重要,是实现数字化生态保护补偿的重要内容。要推动协同治理,必须鼓励跨区域的数字技术合作、引导涉及的各个地方政府建立良好的合作关系、推进地方

---

[1]"数字技术+人才"的培养模式是指高校在专业设置、师资配备、招生规模等方面向数字人才倾斜,在人才培养环节增设数字技术相关课程,提高实践课程比重,并依据数字化发展的需求,及时调整培养方案的培养模式。

考核体系进行改革,以提高数字化协同治理的能力。此外,不仅要重视重点区域的生态保护补偿机制构建,也要统筹兼顾全流域生态保护补偿的协同治理。

(一) 推进生态保护补偿的数字技术创新合作

鼓励生态保护补偿的各区域构建一个跨区域、一体化的技术合作平台,该平台应该覆盖横向生态保护补偿区域内的各个地区,通过发布技术资源、展示生态保护补偿成果、对生态保护补偿进行政策指导以及技术服务,实现数字技术资源的公开化、透明化,为跨区域进行沟通交流提供方便。通过数字技术手段匹配需求和供给,精准进行补偿,推动数字技术在生态保护补偿领域的应用。面对不同区域生态保护的差异,习近平总书记在2019年的黄河流域生态保护和高质量发展座谈会上提出了"协同推进大治理"的思路。横向生态保护补偿往往涉及不同区域、不同流域,受地理因素和经济发展因素的影响,跨区域的横向生态保护补偿存在区域协调能力较弱、科技创新能力参差不齐的状况。以黄河流域的九个省份为例,上中下游的省份的数字技术的创新投入与产出、数字技术成果的转化等都存在着较大的差异,下游的鲁豫两省相对于上游、中游的省份在数字技术的创新方面显然占据优势。[1]因此,针对黄河流域的生态保护补偿实践,应当加强黄河流域的各个省份的数字技术创新合作,重视各区域之间的协同发展,协同推进生态保护补偿,促进资源的共享、优势的互补;建立流域内各省份间协同创新的机制,依托"生态资源+数字技术",推进上下游之间生态保护补偿的合作,加快数字技术与流域间生态资源的深度融合和转化利用,促进跨区域的协同发展。

---

〔1〕 段炜钰等:《黄河流域科技创新竞争力比较分析》,载《中国科学院院刊》2024年第6期。

第四章 大数据技术赋能环境治理的法律建议

(二) 构建跨区域横向生态保护补偿的合作机制

数字技术的应用需要完善生态保护补偿机制，建立跨区域政府间稳固的合作机制，而稳固的合作离不开利益的共享，推动跨区域的各个参与主体在生态保护补偿领域的合作是必不可少的。通过数字技术对生态保护补偿的主体付出的成本进行准确的计算，更好地调节生态补偿金，避免参与生态保护的人的利益陷入"得不偿失"的状况，平衡不同区域间的利益得失，以更好地鼓励参与者进行生态保护。通过数字技术对生态受益情况和生态保护参与情况进行精准的计算，平衡相关生态保护各方的利益，让受益者补偿实施生态保护的人，此时生态保护就更有持续性，更有助于建立起良好的、稳定的跨区域间的生态保护补偿合作。

政府间的合作对于生态保护补偿机制的构建也是至关重要的，数字化时代下的生态保护补偿机制要在强调整体的公共利益的基础上，通过数字技术赋能，对资源进行协调、整合，促进政府间利益共享、责任共担。生态保护补偿通过维护政府间的合作，运用激励性措施鼓励生态保护受益者，对付出者予以补偿，最终实现"平衡各方利益，保护公益"的目的。这就促使地方政府树立"合作、共赢、发展"的理念，并以"公共利益"为合作的评价标准。生态保护补偿涉及的地方政府间的合作，既要谋求自身利益的实现，又要对跨区域整体的公共利益予以维护，而通过数字技术的应用来缓解、平衡地方政府因合作产生的摩擦，是维护良好合作关系的重要措施。

随着科学技术的发展、数字化进程的不断推进，数字技术在经济发展、生产生活、文化交流、环境保护等各领域都扮演了重要的角色，发挥了很多促进作用。数字技术推动了生态保护补偿制度的升级与更新，"互联网+"、云计算、大数据等的应用，能够使相关主体快速有效地获取各类环境数据信息，使生态保护补偿得以呈现新的模式，对跨区域之间的信息交流与监督、沟通与决策、地方政府间合作等都产生了巨大的影响，不仅提高了决策的科学性，也推动了生态信息的监管新形式的产生，更为公众参与环境治理开拓了新的渠道。数字技术应用到生态保护补偿机制之中，通过强化数字技术的支撑作用，建立系统化的数据监测、分析系统，对所采集的各种环境数据进行计算、分析，为生态保护补偿决策提供支持，同时，数据的公开与共享平台的建设，为区域间的政府探索更好的合作机制和增加公众参与环境治理的渠道，提供了可能性。

但是，跨区域间生态保护补偿具有很大的差异性，因为不同地区之间生态保护补偿的目标可能不完全一致，限制着生态保护补偿的合作。这是因为生态保护补偿具有全局性、跨区域、复杂性的特点，利益关系错综复杂。由此，政府要担任重要的主体角色，发挥巨大的作用。具体来看，参与主体之间能否建立高效率的合作关系，在某种程度上，其实影响着生态保护补偿机制的实施效果。参与主体通过协商谈判，达成补偿协议，对收益与补偿进行约定，从而协调生态保护补偿中保护地与受益地之间的利益平衡。然而，在当前跨区域生态保护补偿的实践过程中，政府对生态环境的整体性保护意识不足，跨区域生态补偿的协商成本较高，并且沟通交流的环境信息也不对称。[1]这些问题使得地方政府之间难以形成稳固的合作关系，相关主体之间的协调难度较大，难以凝聚各自的力量共同应对环境问题，因此，构建横向生态环境补偿机制要重视维护地区间的合作，可通过数字技术完善生态保护补偿的合作机制，为更好地维护

---

[1] 孙博文：《建立健全生态产品价值实现机制的瓶颈制约与策略选择》，载《改革》2022年第5期。

跨区域合作发挥重要的作用。

(三) 推进地方考核体系改革

2016年,《生态文明建设目标评价考核办法》出台,生态文明建设情况进入了考核范围。[1]该考核办法为政绩考核提供了新的导向,提高了生态指标在考核中的比重。尽管生态指标的权重在政绩考核中不断提升,但是对于地方政府而言,经济指标也非常重要。比如,由于地理区位的差异、经济发展水平的不同,处于流域上下游不同的地域,其发展有差异,使得地方政府往往承担着差异化的环境责任,在协商谈判阶段,处于流域上下游的不同地区对于生态补偿问题,往往也有着各自的意见。可以看出,不同地区对生态指标的理解存在差异,由此,环境治理面临着高额的支出与成本。因此,推动地方考核体系的改革也就有了必要性。具体如下:

第一,鼓励将数字化治理能力纳入地方考核体系。生态保护补偿主体考核的重要指标可包含生态保护补偿过程中的数字化意识和数字化治理能力,在生态保护补偿的某一区域,将数字化意识、数字化治理能力作为重要的考核指标,对于推动地方政府积极培养数字意识、数字能力有着重要的作用。这将推动地方政府积极探索数字技术与生态保护补偿等生态治理活动的融合,并且促进生态保护补偿的方式向着科学化、数字化治理的方式转变,进而对更加高效地实施生态保护补偿发挥较大的影响。

第二,进行差异化的考核,缓和地区之间的考核竞争。尤其是在跨区域间对同一生态要素的治理责任并不平衡的条件下,上下游的不同地区的生态治理责任差异较大,补偿方式不同,

---

[1] 参见2016年12月中共中央办公厅、国务院办公厅印发的《生态文明建设目标评价考核办法》。

补偿金的流向等方面存在较大的差异。此时，可通过大数据技术的应用，为科学地评判不同地区的治理责任以及治理的方式提供一种可行的方案，以此来调节区域间环境治理要素的权重，不同区域适用不同的生态指标权重，这对缓解区域间因环境考核压力和差异化的责任所带来的问题能够发挥巨大的作用，也能以此来弱化地区之间因环境治理而引发的竞争，对促进地方政府之间的合作，实施生态环境补偿意义重大。

第三，将生态系统生产总值 GEP 纳入地方考核。鼓励部分试点地区创新考核方式，将 GDP 和 GEP 同时纳入地方的考核制度之中，建立一个"双考核"的考核体系，兼顾生态指标与经济指标，既要重视 GDP，也不能忽视 GEP，重点关注生态环境保护的治理成效，着重考核生态保护补偿的状况以及生态产品价值的实现。此外，还可以加强生态产品价值核算在地方考核中的比例，推动考核结果在生态保护补偿中的应用。

第四节　大数据技术赋能环境治理中的公私合作

公私合作，是顺应社会发展而诞生的一个传统法学上的研究领域。环境治理领域的公私合作是该研究领域在环境法上的实践探索。大数据、区块链等数字技术不断发展，并开始应用到环境法领域的公私合作之中。不过，区块链等数字技术在环境领域的公私合作上的应用产生了一些影响，法律需要对数字技术的应用进行回应。由此，在本部分，将探讨数字技术应用在公私合作中的法律对策。

自 20 世纪 90 年代以来，国民经济逐步从传统计划经济向市场经济转型。正是在这一时期，私营企业大量出现，开启了我国公私合作领域的实践进程。公私合作发展至今，已经涉及了

第四章 大数据技术赋能环境治理的法律建议

大量领域,其中也包括环境保护领域的公私合作。环境保护领域的公私合作涵盖了垃圾处理、城市污水处理、河道改善等内容。这些环境保护事务传统上由政府机关负责,民间力量的加入既弥补了政府依靠自身力量进行环境治理的局限性,也使得环境保护更加高效,环保效果也大大提升。同时,2020年颁布的《关于构建现代环境治理体系的指导意见》也支持并鼓励企业或者个人等民间力量积极地参与环境保护的活动,为环境治理维度中的公私合作提供了宏观上的指导。[1]

作为科学技术发展的重要成果,区块链等数字技术的应用也拓展到环境治理之中,例如,区块链技术因具有"去中心"结构、"去信托"架构和"精确化"机制等特征,为现代公共事务的"合作化"提供了有效的技术支撑,使得它在促进环境领域的公私合作方面具有显著的优势。[2]具体而言,大数据技术融入环境法领域的公私合作模式之中,此时,需要对以下的事务做出法律上的回应:

一、数字技术提供公私合作的新模式

公私合作使得企业、个人等民间力量进入公共事务的领域之中,协助政府进行社会治理。这一特征决定了公私合作是由多元主体参与的合作。公私合作的主体包括以政府为代表的公权力机关与以企业、个人等为代表的私主体。其合作的目标是共同参与到环境公共事务中,以维护环境公共利益。从这种参与背景看,公私合作之中的环境治理要求参与主体对彼此信任,

---

[1] 2020年3月3日中共中央办公厅、国务院办公厅印发的《关于构建现代环境治理体系的指导意见》强调健全环境治理企业责任体系和全民行动体系。

[2] 胡象明:《区块链在公共事务中的应用:探索与挑战》,载《人民论坛·学术前沿》2020年第5期。

信任是公私合作环境治理的重要因素，良好的信任关系是促成合作的关键。

大数据技术应用到环保领域，可以为公私合作提供一种基于数字技术而产生的新的信任模式。该信任模式必将对传统社会交往合作产生一定影响。因为数字技术能够为合作交往提供技术上的支持，帮助各个主体之间形成稳定的信任连接。这种新型的数字化交往，正在成为合作事项中各个主体共同关注的焦点。[1]因此，新的数字信任模式正在逐渐渗入社会领域中，并对社会信任体系产生一定的影响。当然，本书并不认为新的信任模式会替代过往的规则，而是说，至少在环境法领域中，大数据技术带来的信任模式，是对传统信任模式的补充。[2]

（一）以区块链技术为代表的数字技术为公私合作提供新的信任模式

区块链技术使得公私合作新型信任模式的出现成为可能。区块链技术具有数据防篡改的明显特征，这种特征也使得区块链的代码相比于传统数字技术代码具备了更可靠的特性，以往依托传统数字技术的数据可能有被篡改的风险，影响合作伙伴信任机制的建立，导致合作效果出现折扣，这对于双方或多方的合作不利，甚至产生阻碍效果。而区块链技术以其防篡改的特征，应用到环境治理的活动当中，能为公私合作提供一种新的合作方式。

以区块链技术为例，其技术特点可以促进环保领域中的公私合作更好地开展。这是因为：其一，区块链技术可以提供一

---

〔1〕 王治东、苏长恒：《数字化时代的"普遍交往"关系及其实现逻辑》，载《探索与争鸣》2021年第9期。

〔2〕 周济南：《数字技术赋能城市社区合作治理：要素激发、现实制约与优化路径》，载《重庆社会科学》2024年第6期。

第四章 大数据技术赋能环境治理的法律建议

个不可篡改的、透明的数据记录系统,这对于环境监测和数据的共享尤为重要,可以确保政府、企业和个人都能访问到准确、真实的环境数据;其二,通过区块链技术,可以建立基于数字加密技术的信任机制,减少中间环节,降低信任成本。这有助于不同主体之间建立更紧密的合作关系,共同推进环境治理。其三,区块链技术可以通过智能合约应用到环境治理的合作之中,达到"自动"执行环境治理协议的效果,确保环境治理的运行效率。此外,将区块链技术引入环境治理领域,还可以鼓励企业、个人和政府,在环境治理各个方面进行更多的创新,比如,政府可以利用区块链技术来制定和执行环境政策,确保政策的透明度和执行力。同时,区块链技术还可以帮助政府更有效地监管和评估政策的实施效果。

有了以上技术的加持,就可以为公私合作中的难点提供解决问题的思路,例如,在公私合作之中,多方参与主体的信任关系是复杂的。从政府的角度看,政府作为公私合作的主导者和发起者,往往对民间参与者的选用有一定的标准,也即政府往往通过招标、法律尽职调查、财务尽职调查等方式,筛选值得信任的合作参与者,建立起信任关系。而区块链技术所产生的信任模式,能够使合作的多方主体更快速地产生信任,即使是初次合作,但有了区块链技术的应用,合作过程中的关键内容和信息全都记录在区块链节点上,使合作各方的交流没有延迟,更容易建立起彼此间的信任。

(二)发挥联盟链的技术信任特性,助力公私合作

如何发挥好区块链技术在公私合作中的特性,关键要看采用什么方式使用区块链技术。前文论述了区块链技术能为公私合作提供新的信任模式,但不是所有的区块链类型都适合应用在公私合作之中,因环境治理具有公益性、多方主体合作等特

征，综合考虑公有链、私有链以及联盟链的特征，可以看到联盟链的去中心化程度介于公有链与私有链之间，交易速度快、交易成本更低，能兼顾公私各方合作和数据隐私的保护，契合公私合作的场景。联盟链的应用可以更好地发挥信任优势，助力公私合作在环境治理中的效果。比如，在公私合作的情况下，多元主体之间的数据互通存在困难，导致信息传递不及时，环境公共利益难实现，对于这些问题，可以通过数据存证、数据追踪、智能合约等"自动化"方式来应对。区块链技术的特征与这些问题的解决刚好契合，可以为化解这些困境提供新的思路，也即在环境治理活动中，将区块链技术的应用进行融合是可行的。

具体来看，可以通过在政府、企业等主体之间构建联盟链的方式来提高环境治理的效能。因为公私合作往往涉及企业的经营情况等隐私数据，不适合上传到公有链上，因此用联盟链的方式更为适合。通过构建联盟链，为参与合作的多元主体设置相应的读写权限，让链上的数据有序地进行流转和披露，可以使政府部门和合作的相关主体对环境治理的数据进行及时的同步、查看和调用，为进行环境治理提供协调手段和技术支持。在这种区块链技术提供的信任模式下，数据共享变得更为高效，环境治理的效能也显著提升。该联盟链也可以与相关环境监管部门、法院系统对接，方便进行监管，同时也有利于对电子数据进行固定，做好区块链的存证工作，当产生争议时，固定好的数据可作为可信度高的电子证据使用。

二、法律须为数字技术赋能公私合作提供制度导向

数字技术应用到环境治理的活动之中，必须坚持以维护环境公共利益为价值导向，并在此基础上，促进与法律的融合，

提升公私合作的效率。

(一) 坚持以维护环境公共利益为导向

维护环境公共利益，是公私合力进行环境保护的目标，也是对数字技术应用于环境治理活动的法律规则所应当坚持的共识。环境治理活动具有公共属性，私主体参与环境治理的同时具有一定程度的逐利属性，环境治理的公共性与私主体的逐利性之间存在着一定程度的张力，但我们必须明确，即使在环境治理中存在逐利的空间，但最终目的仍是对环境公共利益的维护。具体来说，在达成维护环境公共利益共识的基础上，通过制度设计对数字技术应用到环境治理的范围、方式等各方面进行厘清。一方面，明确数字技术应用活动的范围。数字技术在环境治理中的应用主要包括数据的共享以及治理的智能化等方面。对于公私合作的环境数据共享可以利用数字技术搭建一个合作共享的治理平台，环境数据信息在政府、企业或个人等多方主体之间进行共享，形成维护环境公共利益的共识。因为，通过统一的接口、标准能使公私合作的各个主体间实现环境数据共享，提高环境治理的效能。另一方面，选择合适的数字技术来进行合作。前文论证了公私合作进行环境治理活动中，选择联盟链的方式更为合适。在推进公私合作活动的区块链应用中，使用联盟链同样是较为稳妥的方式，在此不再赘述。

(二) 促进技术与法律相融合，提升公私合作互动效率

数字技术与公私合作活动相融合必须有法律的支撑，在合法、合规的条件下进行环境保护的活动。由于是新事物，在二者融合的具体操作层面上，还需要具体的操作规则。现阶段关于数字技术和公私合作相融合的法律缺失，亟待通过详细的法律规则来对公私合作中如何应用数字技术进行引导和制约。因为只有通过技术的实际应用，总结成功的实践经验，才能为制

定具体的法律规则积累经验，缓和法律规则滞后而带来的影响。此外，法律制度与数字技术相互融合能够激发合作的内生力量。比如，颁布相关数字技术赋能公私合作的有约束性的法律文件，能使各主体合作参与的机制透明化，让每一个参与合作的主体对当前的合作现状有一个清晰、客观的认识，消除信息偏差，促进环保效能的提高。

三、健全数字制度保障，推进公私合作发展

制度保障是推动环境治理公私合作走向法治化的重要条件。完善的制度保障能够更好地推进多元主体合力进行环境保护，发挥制度实效。数字技术赋能公私合作是一场制度的变革，在变革的过程中，需要法律规则来进行规范。但目前相应的法律规范不健全，导致数字技术赋能遭遇困境。因此，完善顶层设计很有必要，应健全相应法律法规，对公私合作环境治理进行规范，并且差异化地制定制度以应对不同的环境保护需求，更好地推进数字技术赋能环境保护的实施。[1]

（一）构建大数据技术赋能公私合作领域的法律框架

从大数据技术的角度来看，技术的进步层出不穷；从环保领域中的公私合作的角度来看，合作的形式也在不断变化。所以，这里所提及的调整公私合作的法律制度一定是框架性的法律制度。换言之，通过原则性、政策性的法律制度，为需要调整的领域留出未来发展的空间，能为多元主体合作提供行动的准则，进行科学的行动指导。但是，我国现行环保公私合作的数字化还缺乏技术指导和理论支撑，相关制度发展不完善，数字技术赋能公私合作的具体环节落实有一定的困难，难以保证

---

〔1〕 王洁钰：《数字技术赋能政府治理：机制、困境与路径》，载《理论导刊》2024 年第 6 期。

第四章 大数据技术赋能环境治理的法律建议

数字技术高质量地赋能环境保护工作。因此，有必要从全局谋划，出台具有操作性的数字技术规范，优化环保领域中的多元主体合作。也即，对公私合作进行科学的规划，落实数字化合作的流程，这样才能更好地实现科学化、智能化。在现实中，具体的法律需求是：其一，将数字化的理念融入环境保护的全过程，提升各个主体进行环境保护的数字意识和能力。其二，形成政府与其他主体进行环境保护的合力，保障数字技术赋能环境治理目标的实现，构建一体化的合作格局。其三，健全对数字技术应用的保障，推进数字技术与环境保护的融合，降低数字技术赋能环境保护的风险。

因此，如果要健全相关法律制度，推动政府及相关合作主体运用数字技术开展环境保护工作，可以先从法律政策入手，也即制定针对数字技术在公私合作中应用的法律政策，将其作为具体操作的行动指南。前文论述到公私合作的运作需要构建起相应的法律框架，其中制定相应的法律政策是要求之一。因为法律政策相比较于制定法，具有相应的灵活性。而数字技术在不断迭代升级，因此制定法的"机械性"在处理数字技术的升级替换时，就会显得"滞后"。因此，制定相应的法律政策是较为妥当的处理方式，例如，我国在2022年颁布的《数据二十条》就属于数据领域的顶层设计，为数据要素在我国各个领域的发展提供了指导。具体到环境法领域，环境法律政策的制定至少需要政府人员、法学专家、数字技术领域专家等专家学者来共同讨论，以应对和适应数字技术的快速发展。

（二）差异化政策应对不同的科技治理需求

应当综合考察不同地区、不同场景环境治理的需求和现状，因地制宜地完善各地的公私合作政策，结合不同的环境保护需求，实行特色化、差异化的数字治理方案。不同地区的发展现状不同，对环境治理的需求也不同，数字技术的发展水平存在差异，也使得数字技术应用到合作领域中的差异较大，各地方可以综合本地环境治理实际，结合本地社会力量，融合数字技术的发展优势，制定科学的地方政策，实施具有地方特色的方案。这不仅是在回应传统环境法上各地要因地制宜地处理生态环境差异大的议题，也是在回应适用大数据技术时，要体现地理的差异性对于技术落地适用的影响，最典型的例子就是"东数西算"的国家大数据计算工程。[1]

第五节　大数据技术赋能环境信息披露制度

近年来，人工智能、大数据、区块链等先进技术的广泛应用，使信息的获取、处理和传递方式发生了革命性的变化。这种变化不仅给商业、医疗、金融等领域带来了深刻的影响，同时也给环境保护领域，特别是环境信息披露制度带来了新的机遇。也即，旨在通过公开透明的信息流动，促使企业、政府和公众在环境保护方面承担更多的社会责任。然而，传统的环境信息披露制度往往存在信息不对称、公开不及时、数据不完整等问题，这不仅限制了公众的知情权和参与权，也削弱了环境保护的实际效果。

大数据技术能够实时收集和分析海量的数据，从而为环境决策提供更为精确的依据；区块链技术则因其不可篡改的特性，为环境信息的真实性和透明度提供了技术保障；人工智能技术

---

[1] "东数西算"中的"数"，指的是数据，"算"指的是算力，即对数据的处理能力。"东数西算"是通过构建数据中心、云计算、大数据一体化的新型算力网络体系，将东部算力需求有序引导到西部，优化数据中心建设布局，促进东西部协同联动。

第四章　大数据技术赋能环境治理的法律建议

则可以通过智能算法预测环境风险，提升环境治理的效率和效果。如何有效地将数字技术应用于环境信息披露制度，成为亟待解决的课题。这不仅涉及对现有法律制度的完善和修订，还需要考虑到技术本身的发展动态及其可能带来的法律风险。

本章节的目的即在于从法律制度的视角出发，探讨数字技术对环境信息披露制度的影响，分析其在法律层面上可能带来的机遇，并提出相应的制度建构建议。通过深入分析数字技术与环境信息披露制度之间的互动关系，希望为构建一个更为有效的环境保护法律制度提供实践参考。

一、构建具有联合性的 ESG 环境信息披露规则

（一）构建 ESG 环境信息披露规则的必要性

在全球节能减排发展的大趋势下，环境、社会及治理已成为评估企业可持续发展能力的重要标准。ESG 信息披露，尤其是环境信息披露，不仅是企业责任的一部分，也是资本市场与公众评估企业可持续发展的重要依据。ESG 环境信息披露规则的制定与完善具有以下几方面的必要性：

首先，全球气候变化与环境污染问题日益严峻，企业作为资源消耗者和污染排放者，必须承担起相应的环境责任。环境信息披露能够展示企业在环境保护方面的努力和成果，如碳排放管理、水资源保护、废弃物处理等。这些信息的公开透明，能够促使企业在环境治理上更加自律，并推动整个行业向绿色、低碳方向发展。

其次，随着绿色金融和责任投资理念的兴起，越来越多的投资者开始关注企业的环境表现。通过环境信息披露，投资者能够更好地评估企业在环境风险管理方面的能力，并据此作出更为理性的投资决策。例如，企业的碳足迹、能源使用效率以

及环境合规性等，都可能影响其长期的财务表现和市场竞争力。环境信息披露规则的实施，为投资者提供了透明、可信的环境数据，降低了投资风险。在消费者日益重视环保和可持续发展的背景下，企业的环境表现成为其品牌形象的重要组成部分。通过披露环境信息，企业可以增强公众和消费者的信任，提升品牌的社会价值和市场影响力。同时，遵守环境信息披露规则的企业往往被视为具有较高社会责任感的企业，这对于吸引客户、合作伙伴以及优秀人才具有重要意义。

最后，在应对环境变化的过程中，政府和监管机构需要获取及时、准确的信息以制定和执行相关政策。环境信息披露规则的实施，有助于政府获取企业的环境表现数据，从而进行有效的监管和执法。例如，企业的排放数据和污染治理情况，可以帮助政府评估环境政策的效果，并及时调整监管措施。环境问题具有跨国性和全球性，解决环境问题需要国际社会的共同努力。各国间的环境信息事务合作，能够为全球环境治理提供科学依据和数据支持。而 ESG 环境信息披露规则的统一化和标准化，有助于推动各国在环境领域的合作，共同应对全球性的环境挑战。

（二）ESG 环境信息披露规则的设计

1. 环境信息披露规则的法律依据

许多国家的环境信息披露规则受到国际公约和协议的影响，如《巴黎协定》《联合国气候变化框架公约》等。这些国际条约规定了各缔约国在应对气候变化、减少碳排放等方面的义务，推动了各缔约国政府制定和完善本国的环境信息披露规则。

在许多国家，环境信息披露的要求已经被纳入国家的环境保护法律中。在我国，《环境保护法》《清洁生产促进法》和《环境信息依法披露制度改革方案》等相关法律法规和文件，明确

第四章 大数据技术赋能环境治理的法律建议

规定了企业在环境信息披露方面的义务。这些规则不仅为环境信息披露制度的制定提供了法律依据，也为其实施提供了法律保障。许多国家的证券监管机构都要求上市公司披露其 ESG 信息，尤其是环境信息。这些要求通常包含在金融类法律中。例如，在我国，香港联合交易所要求上市公司在其《环境、社会及管治报告指引》中披露环境信息，这为 ESG 环境信息披露规则的制定提供了重要参考。[1]一些地方政府和行业协会也制定了相应的环境信息披露规则，适用于特定地区或行业。这些地方性法规和行业标准不仅补充了国家层面的法律规定，也根据当地或行业的特点明确了更为具体的披露要求。

2. 数据收集与处理的技术要求

环境信息的数据收集需要系统性地覆盖企业的各个运营环节，包括但不限于资源消耗、污染排放、废弃物处理、碳足迹等方面。这些数据必须来源可靠、采集规范，并通过统一的指标体系进行统计和汇总，以确保数据的全面性和一致性。需要采用标准化的计算方法和技术工具，确保不同来源和类别的数据能够被有效整合和分析。例如，温室气体排放数据的计算应符合温室气体排放核算标准或类似的国际标准，以确保数据处理的规范化。[2]

环境信息数据的存储需要符合安全性要求，以防止数据的泄露、篡改或丢失。同时，数据的存储和管理系统应具备良好的可追溯性，能够记录数据收集、处理、审核等各环节的操作，以便在必要时进行数据的追溯和验证。为实现信息的公开透明，

---

[1] 操群、许骞：《金融"环境、社会和治理"（ESG）体系构建研究》，载《金融监管研究》2019 年第 4 期。

[2] 童俊军：《国际温室气体核算标准比较分析》，载《中国标准导报》2011 年第 12 期。

企业需要建立有效的数据信息共享和公开平台。这些平台应具备友好的用户界面和强大的数据处理能力,能够实时更新和展示企业的环境信息,并允许公众、投资者和监管机构进行查询和下载。

3. 信息披露的标准与规范

环境信息披露的标准应明确规定披露内容的范围和深度,包括企业的环境政策、目标、措施和绩效等。这些内容应涵盖企业环境管理的各个方面,如资源利用、排放控制、环境影响评估等,以全面反映企业的环境表现。为便于信息的理解和比较,环境信息披露应采用统一的格式和结构。环境信息披露的时间要求应被明确规定,以确保信息的时效性和连续性。通常,企业应每年定期披露环境信息,并在重大环境事件发生时及时更新相关信息。为保证信息披露的真实性和可靠性,企业的环境信息披露应接受独立的第三方审核。这些审核机构应具备专业资质和独立性,能够对企业披露的数据和信息进行客观、公正的评估,并出具审核报告。这不仅有助于提高信息披露的公信力,也为投资者和公众提供了可靠的信息来源。

二、完善企业环境信息披露法律框架的措施

(一) 构建企业环境信息披露的法律框架

1. 构建环境信息披露框架的法律依据

环境制度的制定必须以现有的国家环境保护法律法规为基础,包括《环境保护法》《水污染防治法》《大气污染防治法》等。以上的法律法规规定了企业在污染排放、环境监测、信息披露等方面的具体要求,为制度的制定提供了法律依据。除了国家层面的法律法规,行业标准和国际准则也为制度的制定提供了重要依据。例如,ISO14001环境管理体系标准、全球报告

第四章 大数据技术赋能环境治理的法律建议

倡议（GRI）等国际标准。

数字技术的应用也要相应地遵守相关数字领域的法律法规，如《网络安全法》《数据安全法》《个人信息保护法》等。这些法律规定了数据收集、存储、处理和传输的合法性和安全性，为数字技术的使用提供了法律保障。环境制度的制定还需结合政府发布的政策文件和监管要求。例如，各地政府发布的环保政策和行业指南，以及环保部门的监管规定，都需要在制度中得到体现，以确保制度的合法性和操作性。[1]

2. 企业信息披露框架建立流程

利用物联网传感器、自动化监测设备和大数据技术，实时收集企业在生产运营过程中产生的环境数据，如排放物、能源消耗、水资源利用等。这些数据应当通过统一的接口汇总至企业环境管理平台，确保数据的完整性和及时性。在收集到环境数据后，利用大数据分析和人工智能技术，对数据进行分析与评估。企业通过构建环境风险评估模型体系，能够精准识别并预见潜在的合规性挑战，进而针对性地设计并执行预防策略以规避风险。此外，借助深入的数据分析手段，企业还能发掘提升环境绩效的潜在机遇，推动资源利用效率的优化升级，并有效减轻自身运营对环境造成的负面影响，实现可持续的发展目标。

根据分析结果，企业应制定和更新环境合规管理计划，明确各部门和岗位的职责和任务。企业还需要定期生成环境合规报告，报告应涵盖环境绩效、合规状态、改进措施等内容。通过数字化管理平台，这些报告可以自动生成，并便于提交给监管机构和利益相关方。定期进行内部审核，检查企业环境合规

---

[1] 刘宇飞：《〈数据安全法〉视域下档案数据安全保护义务制度的规范化构建》，载《档案学通讯》2024年第1期。

管理的执行情况和效果。利用区块链技术，可以确保审核记录的不可篡改性，增强数据的可信度。在发现合规问题或风险后，企业应及时采取整改措施，并跟踪整改效果，确保合规管理的持续改进。此外，企业应通过公开平台向公众和监管机构披露其环境合规信息。

3. 违规行为的处置规划

利用数字技术，企业可以实时监测和识别可能的环境违规行为。例如，通过监测排放数据的异常或环境监测设备的故障，及时发现潜在的合规问题。一旦识别出违规行为，系统应自动生成警报，并通知相关管理层和监管机构。对于识别出的违规行为，企业应立即展开调查，确定问题的根源和责任部门。调查过程应依托数字化平台进行记录和管理，确保调查的透明度和完整性。在调查结束后，企业应根据调查结果，制定并实施纠正和预防措施，以避免类似问题的再次发生。

根据企业内部管理规定，对违规行为的责任人员或部门进行处罚。处罚措施可以包括警告、罚款、责任人调整等。同时，企业还需根据违规行为的性质和影响，进行相应的纠正措施，如设备改造、工艺优化、操作规程修订等，确保问题得到彻底解决。企业应积极与监管机构沟通，及时汇报违规行为的处理情况，并提交相关的整改报告。通过透明的沟通和合作，企业可以获得监管机构的指导和支持，确保合规管理的持续改善。

(二) 构建保障相关法律框架运行的措施

1. 监管机制的建立与完善

为确保基于数字技术的企业环境合规管理制度得到有效实施，必须建立健全保障措施。这些措施不仅包括完善的监管机制，还涉及企业内部的培训和外部的宣传，旨在全面提升企业的环境合规能力和社会责任感。建立多层次的监管框架，包括国家、地方和行业三个层面。国家层面的监管机构负责制定总体政策和法律法规，确保全国范围内环境合规管理的统一性和规范性。地方政府则根据区域特点，制定具体的实施细则和执行措施，确保指引的落地实施。同时，各行业协会也应发挥行业自律作用，制定行业内的环境合规标准和自律规则，推动行业内部的监督与互助。

利用数字技术建立一个统一的环境监管平台，该平台集成了数据收集、实时监测、分析评估和信息披露等功能。监管机构可以通过平台实时获取企业的环境数据，快速识别和处理潜在的合规风险。这样做不仅能提高监管的效率和透明度，还能降低监管成本。通过与企业内部的数字化合规管理系统对接，监管机构能够更好地追踪企业的环境表现和合规情况。政府和监管机构应定期评估现行的监管措施，根据新型环境问题、技术进展和国际标准的变化，及时更新监管政策和要求。这样可以确保监管机制始终保持适应性和前瞻性，促进企业持续改进环境合规管理。

2. 培训与宣传的加强

随着数字技术在环境合规管理中的应用，企业员工需要掌握相关的技术技能。企业应为员工提供数字技术的专项培训，如物联网设备的操作、大数据分析的应用、区块链技术的理解等。同时，企业还应提供技术应用的指导手册和支持服务，帮助员工在实际工作中更好地运用这些技术工具，提高合规管理的效率和准确性。除了内部培训，企业还需加强外部宣传，提高社会公众对企业环境合规管理的认知和理解。通过媒体、社区活动、企业开放日等形式，向社会宣传企业在环境保护方面的努力和成果，提升企业的社会形象和品牌价值。此类宣传活动在强化企业社会责任感的同时，也能展现企业良好的社会形象，进而吸引更多投资者与消费者的青睐与支持，构建起一个正向反馈的循环机制，促使企业与社会各界之间形成更为紧密和谐的互动关系。

3. 建立环境数据管理系统

建立环境数据管理系统是企业环境信息披露框架的重要组成部分，也是提高环境管理效率和数据透明度的关键举措。随着数字技术的发展，企业面临着日益复杂的环境数据处理需求，不仅包括收集和存储数据，还涉及数据的分析、披露以及对监管要求的合规性。一个完善的环境数据管理系统能够有效解决这些问题，并为企业提供全面、准确的环境信息。通过传感器网络、物联网等技术，企业可以实时监测生产过程中的环境数据，如排放量、资源消耗和污染物浓度等。这些数据应集中存储在一个安全且易于访问的数据库中，以便随时调取和分析。为了保障数据的完整无缺与精确无误，该系统需构建一套严苛的数据录入准则与质量控制流程，旨在从根本上杜绝因数据输入失误或遗漏所引发的信息披露偏差问题，确保信息输出的真实性与可靠性。

通过大数据分析和人工智能技术，该系统可以对大量的环境数据进行深入挖掘，识别潜在的环境风险和管理改进点。例如，该系统可以自动生成趋势分析报告，帮助企业预测未来的环境表现，并制定相应的应对措施。此外，数据分析功能还可以为企业的环境决策提供科学依据，支持企业在环境管理上的持续改进。该系统应能够根据不同的披露需求，生成符合国家或行业标准的环境报告，如年度环境报告、可持续发展报告等。此外，该系统还应具备多语言、多格式的数据输出功能，以满足不同利益相关方（如政府监管机构、投资者、公众等）的需求。通过系统化的数据披露流程，企业可以确保信息披露的及时性、准确性和透明度，从而增强公众和监管机构对企业环境管理的信任。

4. 引入企业内部合规审计机制

引入企业内部合规审计机制是确保环境信息披露准确性和合规性的重要保障措施之一。随着环境法律法规的日益严格，以及公众和投资者对企业环境表现关注度的提高，企业必须在内部建立一个系统化的合规审计机制，以确保其环境管理和信息披露符合相关要求。通过定期的内部审计，企业可以系统地检查其环境管理实践，包括污染物排放控制、资源利用效率、废弃物处理等方面。通过审计可以揭示企业在环境管理中存在的薄弱环节和潜在违规风险，从而为企业制定整改措施提供依据。这种预防性的风险管理有助于企业减少未来因不合规行为而可能面临的法律处罚和声誉损失。

企业在环境信息披露过程中，必须确保所有数据和信息的真实性和完整性。通过内部审计，企业可以验证其数据的准确性，核查披露内容与实际环境表现之间的一致性，防止因数据错误或不当处理导致的信息失真。通过审计还可以检查企业是否严格遵循了相关的信息披露标准和法规要求，从而降低披露过程中的合规风险。

企业可通过与外部审计机构合作，确保内部审计结果的客观性和专业性，并通过外部审计进一步验证内部合规工作的有效性。这样的双重审计机制可以增强企业的环境管理透明度和可信度，提高利益相关方对企业环境表现的信任。通过有效的内部审计机制，企业可以更好地识别和应对环境风险，确保信息披露的准确性和透明度，并推动环境管理的持续改进。

参考文献

一、著作类

（1）王利军、李大庆主编：《人工智能法学导论》，法律出版社2022年版。

（2）李爱君、于施洋：《论数据治理》，法律出版社2024年版。

（3）冯子轩主编：《人工智能与法律》，法律出版社2020年版。

（4）王润华、张武军：《人工智能法律分析》，知识产权出版社2023年版。

（5）[印]石天傑、郭栋、[英]安妮·辛普森：《金融生态：金融如何助力可持续发展》，郭栋、马文杰译，中国金融出版社2024年版。

（6）林毅夫等著，王贤青主编：《新质生产力——中国创新发展的着力点与内在逻辑》，中信出版社2024年版。

（7）黄奇帆：《新质生产力》，浙江人民出版社2024年版。

（8）李斌主编：《生物经济：一个革命性时代的到来》，中国民主法制出版社2022年版。

（9）[英] IT Governance 隐私小组：《欧盟通用数据保护——GDPR合规实践》，刘合翔译，清华大学出版社2021年版。

（10）吴及、陈健生、白铂编著：《数据与算法》，清华大学出版社2017年版。

（11）金晶：《数据交易法：欧盟模式与中国规则》，中国民主法制出版社2024年版。

（12）王利明：《法学方法论：以民法适用为视角》（第2版），中国人民大学出版社2021年版。

（13）厉以宁：《超越市场与超越政府：论道德力量在经济中的作用》（修

订版），商务印书馆2023年版。

（14）[德]彼得·黑贝勒、[德]米夏埃尔·基利安、[德]海因里希·沃尔夫编：《20世纪公法学大师》，王银宏等译，商务印书馆2022年版。

（15）[美]劳伦斯·弗里德曼：《私人生活：家庭、个人与法律》，赵彩凤译，商务印书馆2022年版。

（16）[美]凯文·D. 阿什利：《人工智能与法律解析——数字时代法律实践的新工具》，邱昭继译，商务印书馆2020年版。

（17）[美]弗吉尼亚·尤班克斯：《自动不平等：高科技如何锁定、管制和惩罚穷人》，李明倩译，商务印书馆2021年版。

（18）[美]赫伯特·霍温坎普：《数字平台企业反垄断救济新论》，李中衡译，商务印书馆2023年版。

（19）武长海、肖宝兴主编：《数据法学前沿》，中国政法大学出版社2024年版。

（20）黄道丽编著：《数据安全法——国际观察、中国方案与合规指引》，华中科技大学出版社2023年版。

（21）泮伟江：《法律系统的自我反思——功能分化时代的法理学》，商务印书馆2020年版。

（22）韦春发：《环境污染犯罪疑难问题研究》，华中科技大学出版社2023年版。

（23）魏磊杰编：《法律东方主义在中国：批判与反思》，商务印书馆2022年版。

（24）郑玉双：《道德的法律强制：原则与界限》，商务印书馆2023年版。

（25）陆宇峰：《系统论法学新思维》，商务印书馆2022年版。

（26）宋亚辉：《超越公私二分：风险领域的公私法合作理论》，商务印书馆2022年版。

（27）孙笑侠主编：《数字法治：人与科技间的秩序》（科际法学第2辑），商务印书馆2022年版。

（28）孙笑侠主编：《科技与权利》（科际法学第3辑），商务印书馆2024年版。

（29）崔亚东主编：《法治文明溯源：中华法系经典案例解析》，商务印书馆 2023 年版。

（30）崔亚东主编：《人工智能辅助办案》，上海人民出版社 2021 年版。

（31）杨华主编：《人工智能法治应用》，上海人民出版社 2021 年版。

（32）[法] 乔治·佩雷克：《物》，龚觅译，上海人民出版社 2023 年版。

（33）商建刚、孙建伟编著：《数据合规师概论》，中国政法大学出版社 2023 年版。

（34）贾宇主编：《大数据法律监督办案指引》，中国检察出版社 2022 年版。

（35）昂扬编著，林胜强、李晟修订：《数理逻辑的思想和方法》，上海人民出版社 2024 年版。

（36）侯猛：《司法的运作过程：基于对最高人民法院的观察》，中国法制出版社 2021 年版。

（37）[美] 王造：《极简央行课》，李卓楚译，格致出版社 2023 年版。

（38）[美] 道格拉斯·A. 凯萨：《无根的管制：环境法与客观性的追寻》，庄汉、汪再祥译，中国社会科学出版社 2022 年版。

（39）张晓晶主编：《中国金融报告 2023：中国特色金融发展之路》，中国社会科学出版社 2024 年版。

（40）龚宏龄：《公众参与环境治理的理论与实践》，中国社会科学出版社 2024 年版。

（41）杨忠宝、佘向飞主编：《大数据与人工智能》，北京大学出版社 2022 年版。

（42）张学永、孟庆勇主编：《污染环境罪典型案例侦诉辩审评析》，中国人民公安大学出版社 2021 年版。

（43）汤珂主编：《数据资产化》，人民出版社 2023 年版。

（44）[美] 威廉·马格努森：《区块链与大众之治》，高奇琦、陈志豪、张鹏译，上海人民出版社 2021 年版。

（45）张平文、邱泽奇编著：《数据要素五论：信息、权属、价值、安全、交易》，北京大学出版社 2022 年版。

（46）王汉生等：《数据思维：从数据分析到商业价值》（第 2 版），中国人民大学出版社 2024 年版。

（47）何渊主编：《数据法学》，北京大学出版社 2020 年版。
（48）武腾：《数据交易的合同法问题研究》，法律出版社 2023 年版。
（49）程啸主编：《数据权益与数据交易》，中国人民大学出版社 2024 年版。
（50）黄春林：《网络与数据法律实务——法律适用及合规落地》，人民法院出版社 2019 年版。

二、期刊类

（1）徐政、郑霖豪、程梦瑶：《新质生产力助力高质量发展：优势条件、关键问题和路径选择》，载《西南大学学报（社会科学版）》2023 年第 6 期。

（2）吕忠梅：《环境法典编纂：实践需求与理论供给》，载《甘肃社会科学》2020 年第 1 期。

（3）吕忠梅：《生态环境法典编纂的立法选择》，载《江淮论坛》2024 年第 1 期。

（4）胡铭：《区块链司法存证的应用及其规制》，载《现代法学》2022 年第 4 期。

（5）郭武：《论中国环境诉讼类型的整合策略》，载《东方法学》2022 年第 6 期。

（6）秦天宝：《人与自然和谐共生的现代化与环境法的转型》，载《比较法研究》2024 年第 3 期。

（7）王凤荣、王玉璋、高维妍：《环保法庭的设立是环境治理的有效机制吗？——基于企业绿色并购的实证研究》，载《山东大学学报（哲学社会科学版）》2023 年第 3 期。

（8）王栋、徐祥民：《国际环境法主权规制研究：义务本位的规制路径及其实现方式》，载《学术探索》2023 年第 8 期。

（9）郑少华、张翰林：《数智时代环境智理的内涵与构建路径》，载《甘肃社会科学》2023 年第 5 期。

（10）李忠操：《数字法治的法理解析：形式、实质与程序》，载《中国海商法研究》2023 年第 4 期。

（11）闫立东：《以"权利束"视角探究数据权利》，载《东方法学》2019

年第 2 期。

（12）展鹏贺：《数字化行政方式的权力正当性检视》，载《中国法学》2021 年第 3 期。

（13）王鸿：《数字技术赋能环境治理中的风险与法律防范》，载《社会科学家》2023 年第 12 期。

（14）管兵：《数字治理的多重边界》，载《浙江学刊》2023 年第 5 期。

（15）盛斌、吕美静、朱鹏洲：《数字经济与全国统一大市场建设：基于城市层面的研究》，载《求是学刊》2024 年第 3 期。

（16）侯东德、张可法：《算法自动化决策的属性、场域与风险规制》，载《学术研究》2022 年第 8 期。

（17）许中缘：《论智能机器人的工具性人格》，载《法学评论》2018 年第 5 期。

（18）于文轩、冯瀚元：《碳达峰碳中和视域下我国生态安全的现状、难点及进路》，载《新疆师范大学学报（哲学社会科学版）》2024 年第 4 期。

（19）龚小平、任雪萍：《"双碳"战略与企业绿色发展自律研究》，载《学术界》2022 年第 7 期。

（20）于文轩：《绿色低碳能源促进机制的法典化呈现：一个比较法视角》，载《政法论坛》2022 年第 2 期。

（21）王莉：《我国环境治理的新需求及法治因应》，载《江西社会科学》2023 年第 4 期。

（22）黎梦兵：《新兴信息技术赋能下环境法律规制的革新》，载《理论月刊》2022 年第 11 期。

（23）许阳、胡月：《政府数据治理的概念、应用场域及多重困境：研究综述与展望》，载《情报理论与实践》2022 年第 1 期。

（24）王文琪、包存宽：《中国环境治理的"三重"逻辑》，载《复旦公共行政评论》2023 年第 1 期。

（25）顾金喜：《生态治理数字化转型的理论逻辑与现实路径》，载《治理研究》2020 年第 3 期。

（26）郑智航、曹永海：《数字时代司法质量量化评估的困境与因应》，载

《甘肃社会科学》2024年第2期。

(27) 米加宁、孙源、彭康珺:《大数据驱动政府监管的变革之道》,载《行政论坛》2024年第2期。

(28) 马方、唐娜:《大数据视域下侦查预测性思维的运行路径》,载《甘肃政法大学学报》2024年第1期。

(29) 关保英:《行政法经验主义及其在数字时代的走向》,载《法学杂志》2024年第1期。

(30) 孙一鸣、沈歆:《论大数据技术在困境企业重整价值识别中的应用》,载《法律适用》2023年第12期。

(31) 欧阳康、胡志康:《大数据时代的社会治理智能化探析》,载《天津社会科学》2023年第6期。

(32) 陈朵、高芙蓉:《论大数据技术预防公共安全风险之界限》,载《社会科学家》2023年第8期。

(33) 刘鲁宁、何潍涛:《大数据赋能共建共治共享的社会治理制度建设:理论问题和实现路径》,载《西安交通大学学报(社会科学版)》2023年第5期。

(34) 何红锋、张宇轩:《数字时代个人健康信息合理使用中的利益冲突与弥合——以"设计保护"为进路》,载《科技与法律(中英文)》2023年第4期。

(35) 孔祥俊:《商业数据保护的实践反思与立法展望——基于数据信息财产属性的保护路径构想》,载《比较法研究》2024年第3期。

(36) 张宇、陈志广、宋佳莹:《数字经济对基本公共服务均等化的影响及其作用机制研究》,载《经济问题探索》2024年第6期。

(37) 马怀德:《数字法治政府的内涵特征、基本原则及建设路径》,载《华东政法大学学报》2024年第3期。

(38) 胡铭:《中国自主数字法学知识体系的研究进路》,载《华东政法大学学报》2024年第3期。

(39) 郑琼:《数字赋能视角下数字政府整体智治的实现路径》,载《郑州大学学报(哲学社会科学版)》2024年第3期。

(40) 王博阳:《信用联合奖惩的制度演化与法理逻辑》,载《法商研究》

2024年第3期。

（41）马贤茹：《数据竞争行为的类型化重构及法律规制》，载《法商研究》2024年第3期。

（42）魏斌：《论新一代法律智能系统的融合性道路》，载《法学论坛》2023年第3期。

（43）龚祥瑞、李克强：《法律工作的计算机化》，载《法学杂志》1983年第3期。

（44）高翔：《人工智能民事司法应用的法律知识图谱构建———以要件事实型民事裁判论为基础》，载《法制与社会发展》2018年第6期。

（45）左卫民、沈思竹：《兼容与迭代：数字诉讼的三种形态》，载《四川师范大学学报（社会科学版）》2024年第3期。

（46）熊文聪：《论数据产权即著作权》，载《中国法律评论》2024年第3期。

（47）王荣余：《在"功利"与"道义"之间：中国人工智能立法的科学性探析》，载《西南交通大学学报（社会科学版）》2022年第2期。

（48）张新平：《网络平台治理立法的反思与完善》，载《中国法学》2023年第3期。

（49）周尚君、罗有成：《数字正义论：理论内涵与实践机制》，载《社会科学》2022年第6期。

三、网络文献类

（1）《习近平在宁夏考察时强调：建设黄河流域生态保护和高质量发展先行区 在中国式现代化建设中谱写好宁夏篇章》，载 https://www. gov. cn/yaowen/liebiao/202406/content_ 6958575. htm，2024年6月30日访问。

（2）《习近平：开创我国高质量发展新局面》，载 https://www. gov. cn/yaowen/liebiao/202406/content_ 6957469. htm，2024年6月30日访问。

（3）《生态环境部：未来五年是美丽中国建设重要时期》，载 https://www. gov. cn/lianbo/bumen/202403/content_ 6942075. htm，2024年6月30日访问。

（4）《马克思恩格斯的法治观》，载 https://www. ccdi. gov. cn/yaowen/202012/t20201208_ 231496. html，2024年6月30日访问。

后　记

我们在热衷讨论数字法学的同时，也不能忘记数字技术本身的局限性。因为从技术的角度看，数学、算力等事物本身是有边界的，而依托在此之上的大数据技术，基于此，其本身也会有局限性。由此，我们得出一个结论："大数据技术在法律事务中的应用是有边界的，我们应该谨慎行事！"即使是这样，也给未来的法律制度留出了无限发展的空间。在法律的智能化转型时期，本书算是为这一趋势献出一份微薄的力量。

本书的写作，大部分由我个人完成，其余部分由本学院的研究生一起参与完成，现将他们的工作予以展示。以下提到的名单，排名不分先后，每一位都值得感谢。

杨泽霖[1]参与本书"第二章"部分内容的缮写工作，字数为10 100字。

田晓栋[2]参与本书"第四章第四节、第五节"部分内容的缮写工作，字数为10 020字。

---

[1] 杨泽霖（1999年-），男，山东威海人，青岛科技大学法学院法律（非法学）2023级硕士研究生，主要研究方向：民商法学、环境与资源保护法学。

[2] 田晓栋（1998年-），男，山东临沂人，青岛科技大学法学院法律2023级硕士研究生，主要研究方向：环境与资源保护法学。

马一方[1]参与本书"第四章第一节、第二节"部分内容的缮写工作,字数为 10 010 字。

唐小妹[2]参与本书"第一章第五节"部分内容的缮写工作,字数为 10 030 字。

吴彤[3]参与本书"第四章第三节、第四节"部分内容的缮写工作,字数为 10 020 字。

秦　楠

于山东青岛太平山上

---

[1] 马一方(1999 年-),女,山东临沂人,青岛科技大学法学院法律(法学)2023 级硕士研究生,主要研究方向:民商法学。

[2] 唐小妹(1998 年-),女,贵州兴义人,青岛科技大学法学院法律(非法学)2023 级硕士研究生,主要研究方向:法理学。

[3] 吴彤(1999 年-),女,黑龙江绥化人,青岛科技大学法学院 2023 级硕士研究生,研究方向:环境与资源保护法学。